HEINZ SCHÄFFER (Hrsg.)

Wirtschaftsrecht und Europäische Regionen

Schriften zum Europäischen Recht

Herausgegeben von

Siegfried Magiera und Detlef Merten

Band 18

Wirtschaftsrecht und Europäische Regionen

Herausgegeben von

Heinz Schäffer

Duncker & Humblot · Berlin

Gedruckt mit Unterstützung der Stiftungs- und
Förderungsgesellschaft der Paris Lodron-Universität Salzburg

Die Deutsche Bibliothek – CIP-Einheitsaufnahme

Wirtschaftsrecht und europäische Regionen / hrsg.
von Heinz Schäffer. – Berlin :
Duncker und Humblot, 1994
(Schriften zum europäischen Recht ; Bd. 18)
ISBN 3-428-08034-3
NE: Schäffer, Heinz [Hrsg.]; GT

Fremddatenübernahme und Druck:
Berliner Buchdruckerei Union GmbH, Berlin
Printed in Germany

ISSN 0937-6305
ISBN 3-428-08034-3

Im Gedenken an
Wilfried Haslauer,
den bedeutenden Mentor
des Föderalismus

Vorwort

Das „europäische Haus“, dessen Bau beziehungsvoll schon vor der großen politischen Wende von 1989/90 beschworen wurde, ist nicht erst jetzt im Aufbau, sondern — um im Bild zu bleiben — in ständiger Erweiterung und zugleich im Umbau begriffen. Die Wandlungen in der Staatenwelt und auch die Praxis ehedem zentralistischer Systeme haben bewirkt, daß neben den echten Bundesstaaten sich auch Staaten mit präföderalen oder föderalismusähnlichen Strukturen entwikkelt haben. Der fortschreitende Prozeß der europäischen Rechtsbildung und die Frage nach der Rolle der Regionalgewalten im Staat und im werdenden Europa gab schon vor längerer Zeit den Anstoß zu einer auf diese Themenbereiche bezogenen Forschungskooperation zwischen Deutschland, Österreich und Spanien. Der vorliegende Band dokumentiert eine Tagung, die im Rahmen dieser Kooperation speziell dem Verhältnis von *Wirtschaftsrecht und europäischen Regionen* gewidmet ist. Die Tagung fand zu einem Zeitpunkt statt, als das Zustandekommen des Europäischen Wirtschaftsraumes (EWR) schon greifbar schien. Die darauf folgenden Verzögerungen des Ratifikationsprozesses und die Notwendigkeit der Nachverhandlung (wegen des negativen Schweizer Volksentscheides) waren zunächst nicht abzusehen. Doch hat mittlerweile die europäische Integration durch die gleichfalls nach Hindernissen gelungene Ratifikation des Europäischen Unionsvertrags (EUV) an Dynamik gewonnen. Im Augenblick stehen die neuen Beitrittswerber zur Europäischen Union, nämlich Österreich und die skandinavischen Staaten Norwegen, Schweden und Finnland nach mehrjährigen Verhandlungen noch immer vor den Toren der Europäischen Union, und die Einhaltung des politisch erwünschten Beitrittsfahrplans ist keineswegs gesichert.

Was den EWR anbelangt, so wurden letztlich die Ratifikationsurkunden aller Vertragsstaaten des EWR-Abkommens bis Anfang Dezember 1993 beim Generalsekretariat des Rates der Europäischen Union hinterlegt. Das Europäische Parlament hatte dem Vertragswerk bereits früher zugestimmt. Die letzte Hürde für das Inkrafttreten zum 1. 1. 1994 ist sodann mit dem Beschluß des Rates der Finanz- und Wirtschaftsminister der Mitgliedstaaten der Europäischen Union über die Annahme dieses Vertrages am 13. 12. 1993 gefallen. Mit 1. 1. 1994 eröffnet sich somit ein gemeinsamer Markt für 18 Staaten in Europa (12 Mitgliedstaaten der Europäischen Union und sechs EFTA-Staaten), der rund 372 Millionen Einwohner erfaßt und mit einer Wirtschaftsleistung von rund 80.000 Milliarden Schilling die bedeutendste Wirtschaftszone der Welt darstellt. Etwa 40 % des Welthandels werden innerhalb des EWR abgewickelt. Der EWR beruht auf gemeinsamen Rechtsvorschriften und schafft gleiche Wettbewerbsbedingungen. Insbesondere gelten hiemit die vier Grundfreiheiten der EG/EU auch für die EFTA-Länder, nämlich die Freiheit des Verkehrs von Personen, Waren und Dienstleistungen sowie das Recht auf Niederlassung. Die Teilnahme der EFTA-Vertragsstaaten am Binnenmarkt der EU ist gleichwohl noch unvollständig. Vom EWR-Abkommen werden beispielsweise folgende Politiken der Europäischen Union nicht erfaßt: Gemeinsame Handelspolitik, gemeinsame Agrarpolitik, Zollunion, Wirtschafts- und Währungsunion, Steuerharmonisierung — insbesondere bei der Mehrwertssteuer und den Verbrauchssteuern —, gemeinsame Außen- und Sicherheitspolitik sowie Zusammenarbeit in Justiz und inneren Angelegenheiten. Der Auf- und Ausbau dieser Politiken wird gewiß noch einige Zeit in Anspruch nehmen.

Auf eine zweite wichtige Entwicklungslinie ist hinzuweisen. Sie ist in diesem Tagungsband selbst nicht tiefer analysiert, zumal ein gewisser Durchbruch erst in jüngster Zeit gelang. Das Konzept eines „Europa der Regionen" beginnt mit der Anerkennung des Subsidiaritätsprinzips im EUV und mit der Schaffung eines eigenen Regionalorgans juristische Konturen anzunehmen. Das Selbstbewußtsein und Kompetenzverständnis der Regionen kommt insbesondere in einer Entschließung der 5. Konferenz „Europa der Regionen" (vom April 1992) zum Ausdruck, welche im Anhang 1 dieses Bandes dokumentiert wird. Davon ist vor allem die kompetenzbegrenzende Sicht des Subsidiäritätsprinzips und der Appell an die Europäische Gemeinschaft von Bedeutung, Kompetenzen und Handlungsfreiräume der Länder, Regionen und Autonomen Gemeinschaften zu respektieren, neue Zuständigkeitsbereiche der Gemeinschaft nur maßhaltend zu gebrauchen und insbesondere Gestaltungsfreiheit für eine eigenständige Strukturpolitik der Regionen auch in Hinkunft zu ermöglichen. Besonders bemerkenswert erscheint schließlich die Empfehlung, die Regionen zu stärken, wo sie bestehen, oder Regionen zu schaffen, wo solche noch nicht vorhanden sind.

Unter den geschilderten Umständen scheint es durchaus gerechtfertigt, mit dem vorliegenden Tagungsband die Rechtslage in der Übergangsphase zu dokumentieren und die zu erwartenden Veränderungen im Rahmen des EWR sowie in einer künftig erweiterten EG / EU in den Blick zu nehmen. Dabei geht es vor allem darum, die Handlungsspielräume für eine verhältnismäßig selbständige Wirtschaftspolitik der Regionen im europäischen Rahmen auszuleuchten. Die (ungekürzten) Referate sowie die Diskussionsberichte werden im Folgenden abgedruckt. Die Drucklegung wurde in dankenswerter Weise von der Stiftungs- und Förderungsgesellschaft der Paris-Lodron-Universität Salzburg gefördert. Um die Ausarbeitung der Diskussionsberichte und die Betreuung des gesamten Manuskripts hat sich meine Mitarbeiterin Dr. *Susanne Bachmann* besonders verdient gemacht, der ich hiefür herzlichen Dank sage.

Heinz Schäffer

Inhaltsverzeichnis

Begrüßungsworte

des Landeshauptmann-Stellvertreters Dr. Arno Gasteiger

Herr Landeshauptmann Dr. Haslauer!

Herr Prof. Schäffer!

Meine sehr geehrten Damen und Herren!

Liebe Gäste aus Spanien, aus Italien, aus der Bundesrepublik Deutschland und aus Österreich!

Alle, die sich für den europäischen Integrationsprozeß interessieren und sich damit befassen stellen sich heute die Frage: Wie wird Europa in 20 Jahren aussehen? Wird McDonald's die gastronomische Kultur von Hamburg bis Catania prägen? Wird Benetton zum alleinigen Textilausstatter ganz Europas? Wird es das Einheitshaus mit einheitlichem Stil zwischen Burgund und Mecklenburg geben, mit einem Wort, wird Europa seine Vielfalt bewahren können oder wird es zur Vereinheitlichung Europas kommen?

Neben den zitierten Beispielen, die sicherlich übertrieben und polemisch erscheinen mögen, möchte ich doch einige ernstere Probleme und Standpunkte aufzeigen: Wird es dazu kommen, daß nur noch der europäische Einheitslandwirtschaftsbetrieb mit mehr als 500 ha Anbaufläche überlebensfähig sein wird? Werden unsere alpinen Bauern, unsere Bergbauern, nur noch Landschaftsgärtner sein, die die agrarische Produktion als Hobby betreiben und überwiegend von staatlichen Zuschüssen als Ausgleich für ihre Funktion der Landschaftserhaltung leben? Wird es dazu kommen, daß es nur noch Einkaufszentren für jeweils 20.000 Einwohner gibt, und alle anderen mögen selbst dazusehen, wie sie zu ihrer Lebensmittelversorgung kommen? Wird es Zweitwohnkolonien in den besonders attraktiven Orten geben oder Pensionsmetropolen? Wird es zu einer großen Trennung zwischen Arbeitsplätzen auf der einen und Freizeiteinrichtungen auf der anderen Seite kommen? All diese Fragen stellen sich heute bei uns in der aktuellen Situation um die europäische Integration, und all diese Fragen, für die es keine befriedigenden Antworten geben kann und daher auch nicht gibt, verunsichern die Bevölkerung und prägen auch das Meinungsbild im Verhältnis zur europäischen Integration. Wir diskutieren daher Fragen und versuchen Antworten auf diese Fragen zu geben. Das ist im Einzelfall nicht möglich, aber es gibt eine generelle Antwort, die heißt: Wir wollen den wirtschaftlichen Großraum auf der einen Seite, wir wollen, daß unnötige Grenzen fallen, aber auf der anderen Seite wollen wir starke und selbstbewußte Regionen. Und dieser Begriff von den starken und selbstbewußten Regionen muß mit Inhalt gefüllt werden, denn sonst wäre es ein Placebo, ein Medikament ohne Inhalt und daher auch nur mit psychologischer Wirkung. Diese starken Regionen müssen entsprechende Kompetenzen haben, um die regionalen Eigenarten zu erhalten, die regionale Vielfalt zu sichern und damit das zu garantieren, was Europa eigentlich so attraktiv und sympathisch macht, das ist die Vielfalt der Kultur, die Vielfalt der Ausdrucksformen auf relativ kleinem Raum. Eine Vielfalt, die historisch entstanden ist und die einfach auf die Unterschiedlichkeit der Menschen in den Regionen baut. Sie hat ihren Ausdruck gefunden in unterschiedlichen Verfassungen und unterschiedlichen Rechtsordnungen. Denn es ist so, daß Arbeits- und Sozialrecht die Betriebsformen prägen, daß Raumordnung und Baurecht das Architekturbild prägen. Es ist so, daß wesentliche rechtliche Grundlagen ihren Ausdruck im Erscheinungsbild der Regionen finden. Daher brauchen wir nicht nur auf dem Papier starke Regionen und nicht nur ein Lippenbekenntnis zu starken europäischen Regionen, sondern wir brauchen die Anerkennung dieser Regionen in der europäischen Verfassung, wie immer sie heißt und wann immer sie definiert werden wird, und in den Verfassungen der einzelnen europäischen Staaten. Wir brauchen das Bekenntnis der europäischen Gemeinschaft zu den Regionen, wir brauchen einen starken Einfluß der Regionen auf die Entwicklung der europäischen Gemeinschaft und ihres Rechts und wir brauchen diese starke Anerkennung der Regionen in den staatlichen Verfassungen.

Wir haben heute ganz wenige Staaten in Europa, die wirklich das Prädikat föderalistisch verdienen, viele sind scheinföderal, die meisten sind Zentralstaaten mit einer eindeutigen und klaren Dominanz der staatlichen Gesetzgebung und der staatlichen Verwaltung. Ich bin überzeugt davon, daß der europäische Integrationsprozeß nur dann zur Zufriedenheit der Bevölkerung in den europäischen Regionen funktionieren kann, wenn hier ein Umdenken vor sich geht, wenn tatsächlich den Regionen ein neues Schwergewicht und ein neuer Schwerpunkt eingeräumt wird. *Hermann Lübbe* spricht vom Recht der Menschen in den Regionen, anders zu sein und anders zu bleiben. Ich kann diesen Grundsatz nur aus voller Überzeugung unterstreichen und meine, daß sich die europäische Politik zu einer europäischen Regionalpolitik entwickeln muß, getragen und geprägt vom Grundsatz und der Grundforderung, den Menschen in den Regionen das Recht zu garantieren, anders zu sein und anders zu bleiben. Mit diesem Wunsch und dieser Aufforderung an die Europäischen Staaten und an die Europäische Gemeinschaft möchte ich Sie, meine sehr geehrten Damen und Herren, hier in Salzburg im Namen von Landeshauptmann Dr. *Katschthaler* sehr herzlich begrüßen. Ich hoffe, Sie fühlen sich bei uns in Salzburg wohl und bin überzeugt, daß von dieser Tagung wichtige Impulse für den europäischen Regionalismus ausgehen können. In diesem Sinne wünsche ich Ihnen einen erfolgreichen Tagungsverlauf!

Wirtschaftsrecht und Europäische Regionen

Zur Einführung in das Tagungsthema

Begrüßungsworte
des Tagungsleiters Univ.-Prof. Dr. Heinz Schäffer

1. Am Beginn der Tagung steht die Hoffnung und die Erwartung, daß die Mischung von Tagungsteilnehmern aus der Praxis und aus der Wissenschaft verschiedener Länder zu einem fruchtbaren Gedankenaustausch über unser Tagungsthema führen möge. Besonderer Dank gilt dem Land und der Stadt Salzburg sowie zahlreichen öffentlichen und privaten Förderern, die die Durchführung dieser Tagung erst ermöglichten.

Salzburg ist nicht nur ein schönes Land, das für seine Tourismusmöglichkeiten berühmt ist und kulturell mit Wien im Wettstreit steht, ja man könnte fast sagen, so etwas wie die heimliche Kulturhauptstadt Österreichs ist. Salzburg ist auch ein neues Wirtschaftszentrum, gleichsam ein neuer Wirtschaftsmagnet geworden, und dies gerade auf Grund der aktiven Wirtschaftspolitik des Landes. Man hat ganz bewußt auch „High Tech" hier angesiedelt und viele Aktivitäten gesetzt, die Salzburg im Kreis der österreichischen Bundesländer vom wirtschaftlichen Standpunkt zum zweitstärksten und zweitdynamischesten Bundesland gemacht haben.

Daß das Thema dieser Tagung das Verhältnis von Wirtschaftsrecht und europäischen Regionen betrifft, beruht nicht bloß auf zufälligen persönlichen und wissenschaftlichen Kontakten, sondern vor allem auf der Tatsache, daß das Thema hochaktuell, aber wissenschaftlich noch nicht genügend aufgearbeitet und ausgeleuchtet ist. Es gibt seit einigen Jahren eine sehr intensive und fruchtbare wissenschaftliche und politische Zusammenarbeit zwischen den Institutionen föderalistisch und regionalistisch strukturierter Staatswesen. Und es gibt eine informelle Kooperation zwischen den Universitäten Barcelona, Speyer und Salzburg, in deren Rahmen bereits Tagungen veranstaltet wurden, die sich mit der Rolle der Länder und Regionen unter verschiedenen Aspekten beschäftigten,[1] und die auch den organisatorische Rahmen für diese Tagung bildet.

---

1 Institut d'Estudis Autonòmics (Hrsg.), Seminari sobre el federalisme austríac [1989] (Barcelona 1990); *Detlef Merten* (Hrsg.), Föderalismus und Europäische Gemeinschaften — unter besonderer Berücksichtigung von Umwelt und Gesundheit, Kultur und Bildung (Berlin 1990). Der Tagung über „Wirtschaftsrecht und Europäische Regionen" (Herbst

2. Die große und dynamische Wirtschaftsmacht Europäische Gemeinschaft[2], war lange Zeit — wie das in der deutschen Staatsrechtslehre einmal sehr plastisch gesagt worden ist[3] — gleichsam mit *„Landes-Blindheit"* geschlagen, dh sie nahm in keiner Weise Bedacht auf die föderalistische Struktur eines Bundesstaates und natürlich auch nicht auf die regionalistische Struktur von Mitgliedsstaaten, die zwar nicht oder noch nicht echte Bundesstaaten sind, aber sich dieser Struktur angenähert haben. Jedenfalls hat in der Gründungsphase der Europäischen Gemeinschaft dieser Gedanke keine entscheidende Rolle gespielt. Andererseits erleben wir nun schon seit vielen Jahren eine ständig steigende Bedeutung und eine Vitalisierung des Föderalismus und des Regionalismus in vielen Gebieten Europas. In den letzten Jahren hat aber auch in der EG selbst eine intensive Diskussion über den Aufbau und über die Aufgabenzuweisung nach dem Subsidiaritätsprinzip begonnen und schließlich zur Verankerung desselben durch den Vertrag von Maastricht geführt (vgl. Art. 3b EGV).[4] Freilich besteht, über die Verankerung regionalistischer Strukturen und Repräsentationsorgane noch keine endgültige Klarheit. Was bisher erreicht worden ist, ist bloß ein konsultatives Organ. Diese Entwicklung zu einem *„Europa der Regionen"* schien zunächst eine rein politische Vision der Föderalisten und Regionalisten zu sein.[5] Sie hat aber schon vor dem Vertrag von Maastricht und nunmehr in diesem eine erste institutionelle Verankerung gefunden.[6] Der Beirat der Regionen ist aber vielleicht die Keimzelle für eine neue, mindestens dreistöckige Organisation der Europäischen Union.[7] Das ist zu hoffen, wenn die wichtige Rolle der Regionen und der Länder in einem künftigen Europa verwirklicht werden soll.

3. Zunehmend wichtig und zwar sowohl für die Teilnehmerstaaten der Europäischen Gemeinschaft als auch für Österreich, das seit seinem Beitrittsantrag

---

1991) ist der vorliegende Band gewidmet. Dem Seminar über Planungs- und Städtebauwesen am Sitz des Institut d'Estudis Autonòmics (März 1993) wird wieder eine Publikation dieses Instituts gewidmet sein, Barcelona 1994, im Druck.

2 Ab dem Inkrafttreten des Vertrages von Maastricht am 1.11.1993: „Europäische Union" (EU). Zu den neuen Bezeichnungen siehe Titel I Art. A bzw. Titel II Art. G lit. A Punkt 1 EUV; vgl. auch Euro Echo 7/93, 1.

3 *Hans Peter Ipsen,* Als Bundesstaat in der Gemeinschaft, Hallstein-FS (1966), 248, 256 ff; *Detlef Merten,* Föderalistische Mitgliedstaaten in einer Europäischen Union, in: L. Adamovich-FS (Wien-New York 1992) 446.

4 Vgl. dazu statt vieler *Detlef Merten* (Hrsg.), Die Subsidiarität Europas (Berlin 1993).

5 Siehe z. B. *Denis de Rougemont,* L'avenir est notre affaire (Paris 1977, deutsch: Die Zukunft ist unsere Sache (München, dtv 1987)), 294 ff.; *Fried Esterbauer,* Regionalismus als Konfliktlösung an „heißen" Grenzen, in: *Felix Ermacora / Hannes Tretter / Alexander Pelzl* (Hrsg.), Volksgruppen im Spannungsfeld von Recht und Souveränität in Mittel- und Osteuropa, ethnos 40 (1993) 226 ff.

6 Siehe dazu im einzelnen *Georg Lienbacher,* Bundesstaatlichkeit und Föderalismus aus der Sicht der Organe der EG, in: *Wolfgang Schuhmacher* (Hrsg.), Auf dem Weg nach Europa. „Ringvorlesung Europa" der RW-Fakultät der Universität Salzburg (Wien 1994, im Druck).

7 Vgl. zu den Entwicklungsperspektiven des europäischen Föderalismus *Heinz Schäffer,* Europa und die österreichische Bundesstaatlichkeit, DÖV 1994, 181 ff.

zur EWG vom 17. Juli 1989[8] nunmehr gleichsam am Eingang zur Europäischen Union steht, ist ausreichende Klarheit über gegenwärtige und *künftige Handlungsspielräume der regionalen Ebene*. Das ist sowohl für die Staaten mit Landesgliederung als auch für solche mit bloßer Regionalgliederung von Bedeutung. Damit sind wir schon bei einem Terminologieproblem, das unumgänglich schon am Eingang der Tagung kurz angesprochen werden muß.

Region im staatsrechtlichen Sinne bezeichnet eine territoriale Ebene unterhalb jener des Zentralstaates und ist mit den Ländern in den Bundesstaaten zwar nicht völlig, aber in ihrer politischen Funktion bis zu einem gewissen Grade vergleichbar, wenn eben diese Regionen eine eigene Gesetzgebung und / oder eine eigene Verwaltung haben, wenn sie eigenständige Finanzquellen haben und wenn sie in gewissen Grenzen eigenständige wirtschaftspolitische Aktivitäten im Rahmen des Gesamtstaates entfalten können.[9] Daneben begegnet uns im nationalen Bereich, aber auch im europäischen Gemeinschaftsrecht ein anderer Regionsbegriff, der insbesondere für die Raumplanung und für die wirtschaftliche Förderung eine Rolle spielt *(funktioneller Regionsbegriff)*. In der nationalen Rechtsterminologie, die den Regionsbegriff enger faßt, wird er kleinräumiger verwendet, und er bezeichnet dann Planungsregionen oder Förderungsregionen als Teileinheiten von Ländern oder gelegentlich sogar als Zusammenschluß von Gemeinden, in diesen Fällen somit als territoriale Einheiten unterhalb der Länder und oberhalb der Kommunen. Auch in der europarechtlichen Terminologie finden wir kleinräumigere Regionen, zum Teil auch mehrfach räumlich abgestuft.[10] Sie bringen, aufbauend auf statistischen Merkmalen, die Grade der Förderungswürdigkeit zum Ausdruck und bilden die Basis der Förderungstätigkeit der europäischen Förderungseinrichtungen.

Für beide Regionstypen gibt es vielfältige Regionalpolitiken, die teils dem Wachstumsentwicklungsziel verpflichtet sind, teils dem Stabilitätsziel dienen. Vor allem aber steht bei der Regionalpolitik, sei es im europäischen Rahmen oder im nationalstaatlichen Bereich, immer auch der Ausgleichsgedanke im Hintergrund, der darauf abzielt, zumindest in einigen elementaren Aspekten ähnliche Lebensverhältnisse zu schaffen. Völlig gleiche Lebensverhältnisse wird man wohl nie schaffen können, aber doch annähernd gleiche oder vertretbare, was

---

[8] Siehe die Dokumentation bei *Gerhard Kunnert*, Spurensicherung auf dem österreichischen Weg nach Brüssel (Wien 1992, fortgesetzt von *demselben*, Österreichs Weg in die Europäische Union (Wien 1993)), beide Bände in der Schriftenreihe Europa des (österreichischen) Bundeskanzleramts.

[9] Etwa in diesem Sinne die Definition in Art. 1 der Gemeinschaftscharta der Regionalisierung, ABl Nr C 326, 289 ff., 19.12.1988; ähnlich schon früher die Konvention des Europarates über Probleme der Regionalisierung vom 30.1./2.2.1978.

[10] Diese Regionen werden in der Form von sog. NUTS-Ebenen erfaßt, die auf die nationalen Verwaltungsgliederungen abstellen. Vgl. dazu z. B. *Alexander Schink*, Die europäische Regionalisierung — Erwartungen und deutsche Erfahrungen, DÖV 1992, 385 ff.

politisch mit dem Prinzip der Solidarität bezeichnet werden kann und wofür sich europapolitisch neuerdings das Schlagwort der Kohäsion eingebürgert hat.

Diese angesprochene Doppeldeutigkeit des Regionsbegriffes muß man, um Mißverständnisse zu vermeiden, sowohl in der rechtlichen wie in der politischen Diskussion stets im Auge behalten, wenn man von Regionalpolitik und regionaler Wirtschaftspolitik im europäischen und im nationalen Kontext sprechen und ihre Wirkungen und Voraussetzungen analysieren will. Das große Spannungsverhältnis zwischen Einheitlichkeit der Lebensverhältnisse — heute nicht nur ein Schlagwort, sondern auch ein geradezu selbstverständliches Ziel im Leistungsstaat der Gegenwart — einerseits und Erhaltung und Förderung der Vielfalt andererseits, ein Spannungsverhältnis, das ja schon dem klassischen Bundesstaat immer zu eigen war, kehrt nun in der Europäischen Gemeinschaft auf höherer Ebene wieder, nämlich auf der Ebene des sich wirtschaftlich und politisch neu formierenden Europa. Es ist hier nicht der Ort und die Absicht, über das „Europa der Regionen" in konstitutioneller und institutioneller Hinsicht zu reflektieren.

Bei dieser Tagung geht es — und dieses Anliegen ist anspruchsvoll genug — darum, gewissermaßen eine Momentaufnahme von der Bedeutung der Regionalpolitik in der wirtschaftlichen Entwicklungspolitik der Länder und Regionen in Staaten mit annähernd vergleichbarer Struktur zu machen, um auf dieser Grundlage auch Entwicklungsperspektiven für die verbleibenden und künftig zu nutzenden Handlungsspielräume dieser kleineren Einheiten auszuloten. Denn sie erweisen sich ja nicht nur historisch-politisch als vitale dynamische Einheiten, sondern sie bilden im Sinne des Subsidiaritätsprinzips tatsächlich jene Einheiten, die den Gesamtstaat tragen, entlasten und auch weiterentwickeln.

Aus diesen Grundüberlegungen erklärt sich das *Gesamtkonzept der Tagung,* nach welchem in einem ersten Themenkreis die praktische Regionalpolitik der Länder und Regionen in der Europäischen Gemeinschaft und auch die Rolle des Europäischen Regionalfonds durch verschiedene nationale Referate vorgestellt und analysiert werden. In einem zweiten Themenkreis sollen sodann die rechtlichen Instrumente der wirtschaftlichen Entwicklungspolitik in den Ländern bzw Regionen (und zwar den nationalen Regionen) vergleichend dargestellt werden. Ein dritter, noch konkreterer Themenkreis wird sich dann den Finanzhilfen der Länder bzw der autonomen Gemeinschaften zuwenden und sie einer näheren Betrachtung unterziehen, um auf diese Weise zu ermitteln, inwieweit eine eigenständige Rolle der europäischen Regionen in der Zukunft gegeben sein kann. Damit schließt sich auch der Kreis zu der allgemeinen Perspektive, welche Rolle in Zukunft insgesamt den Regionen im Rahmen der Staaten und im Rahmen des größeren „europäischen Hauses"[11] zukommen wird.

---

[11] Von einem solchen sprach nicht erst der vielzitierte ehemalige sowjetische Präsident *Michail Gorbatschow,* sondern schon lange zuvor der österreichische Bundeskanzler *Josef Klaus* 1965 bei einer Rede vor dem Europarat in Straßburg.

Thema 1

Die praktische Regionalpolitik der Länder und Regionen und der Europäische Regionalfonds

Praktische Regionalpolitik in Salzburg

Von Wilfried Haslauer (†)

I. Die Rechtslage in Österreich auf dem Gebiet der Regionalpolitik

1. Die zentrale Stellung des Bundes

Die österreichische Bundesverfassung weist zwar unsere Republik formell als Bundesstaat aus, aber im materiellen Gehalt ist eher eine unitaristische Wertung am Platze.[1] Denn vier entscheidende bundesstaatliche Elemente sind zu 90% der Bundeskompetenz vorbehalten: Justiz, Polizei, Schulwesen und Finanzwirtschaft. In der Wirtschaftsrechtssetzung und als Wirtschaftsrechtsträger nimmt der österreichische Gesamtstaat die zentrale Stellung ein. Davon ist natürlich auch die Regionalpolitik als eigenständiger Zweig der allgemeinen Wirtschaftspolitik stark betroffen.

Nach unserer Verfassungsordnung verbleiben zwar alle nicht dem Bund vorbehaltenen Angelegenheiten in der Gesetzgebungskompetenz der Länder. Aber alle bedeutenden Materien sind dem Bund eingeräumt, so daß für die Länder herzlich wenig übrig bleibt. Allein Art. 10 B-VG (Gesetzgebung und Vollziehung Bundessache) enthält über 100 wichtige und zum Teil umfangreiche Materien.

2. Die Gesetzgebungskompetenz der Länder

Daher beschränkt sich die regionalpolitisch relevante Regelungskompetenz der Länder im wesentlichen auf die „Restzuständigkeit" aus den hoheitlichen Wirtschaftskompetenzen des Bundes, unter anderem auf den Fremdenverkehr, auf Landesplanung und Raumordnung, auf die Landwirtschaft, auf Teile der Elektrizitätswirtschaft und des Verkehrswesens, auf das Wohnungs- und Siedlungswesen (zum überwiegenden Teil) und auf den Grundverkehr.[2]

---

1 *W. Haslauer,* Der Föderalismus Österreichs in der politischen Praxis, in: Alois Mock / Herbert Schambeck (Hrsg.), Bundesstaat heute, Wien 1983.

2 Erschöpfende Aufzählung: *Peter Pernthaler,* Die föderalistische Bedeutung der Landes-Hypothekenbanken für die Länder, Wien 1988.

Was die Raumordnung betrifft — ein eigener Kompetenztatbestand fehlt — hat der österreichische Verfassungsgerichtshof zwar mit einem im Verfassungsrang stehenden Rechtssatz festgelegt, daß Landesplanung und Raumordnung grundsätzlich Landessache in Gesetzgebung und Vollziehung seien, aber mit der Einschränkung, daß nicht Maßnahmen betroffen werden, die in Gesetzgebung oder Vollziehung dem Bund vorbehalten sind. Das erdrückende Gewicht der Bundeskompetenzen schränkt auch dabei die Planungshoheit der Länder erheblich ein. Und was die Kompetenz der Länder zur Regelung des Grundverkehrs betrifft, so handelt es sich um verwaltungsbehördliche Beschränkungen für den Verkehr mit land- oder forstwirtschaftlichen Grundstücken und für den Grundverkehr mit Ausländern. Die zivilrechtliche Zuständigkeit liegt aber beim Bund. Gegenwärtig steht zwar für den Liegenschaftsverkehr eine Regelungsreform unter dem Gesichtspunkt einer Teilnahme Österreichs an der europäischen Integration zur Diskussion,[3] aber für einen Ausbau der Länderkompetenzen auf diesem Gebiete läßt sich daraus aller Voraussicht nach nichts gewinnen. Bestenfalls wird dadurch der unerwünschte Trend zum Vollzugsföderalismus[4] gestärkt, in dem die Grundsatzentscheidungen bei der Zentrale bleiben und die Länder auf Exekutionsfunktionen beschränkt werden.

3. Die Privatwirtschaftsverwaltung

Diese „kopflastige" Kompetenzaufteilung zwischen Bund und Ländern bezieht sich in Österreich auf die Gebiete der Gesetzgebung und Vollziehung. Sie gilt nach Art. 17 B-VG nicht für das weite Gebiet der sogenannten Privatwirtschaftsverwaltung. Das bedeutet für die eigenunternehmerische Tätigkeit, für das Förderwesen, für die Auftragsvergabe und für die Subventionsverwaltung, um nur einige herausragende Bereiche aus diesem Gebiet der Privatwirtschaftsverwaltung zu nennen, eine gewisse Chancengleichheit[5] zwischen Bund und Ländern. Von den rechtstheoretischen Problemen,[6] die mit diesem Zweig der Verwaltung verbunden sind, hat hier ebensowenig die Rede zu sein, wie von den vielen Fällen des Mißbrauches der Privatwirtschaftsverwaltung durch den Bund zur Umgehung oder Aushöhlung von Länderkompetenzen oder zur kompetenzwidrigen finanziellen Inanspruchnahme der Länder.[7]

---

3 Schlußbericht der Arbeitsgruppe EG / Föderalismus, Expertengruppe „Liegenschaftsverkehr" vom 18.4.1991, Bundeskanzleramt — Verfassungsdienst, GZ 671.805127-V / 8 / 91.

4 *Pernthaler / Kathrein / Weber,* Der Föderalismus im Alpenraum, 1982.

5 *H. Schambeck,* Entwicklungstendenzen und Perspektiven des Föderalismus in Österreich, in Politik für die Zukunft, Festschrift für Alois Mock, 1984.

6 *H. Schäffer,* Die sogenannte Privatwirtschaftsverwaltung und das Gesetz, in *Ermacora / Winkler / Koja / Rill / Funk,* Allgemeines Verwaltungsrecht, 1979.

7 Beispiele bei *Haslauer,* FN 1.

Was aber die Regionalpolitik in ihren beiden Funktionen, der raumordnungspolitischen und der wirtschaftspolitischen, betrifft, liegt der Schwerpunkt des Engagementes der Länder in diesem kompetenzfreien Raum. Hoheitliche Maßnahmen (Gesetze, Verordnungen, Bescheide) werden vor allem auf den Gebieten der örtlichen und überörtlichen Raumordnung, des Landschafts- und Naturschutzes, des Wohn- und Siedlungswesens sowie in Teilbereichen des Fremdenverkehrs eingesetzt. Alle anderen regionalpolitischen Maßnahmen, wie zur Wirtschaftsförderung, zur Arbeitsplatzsicherung, zur Investitionsförderung oder zur Erarbeitung von Strukturkonzepten oder Entwicklungsprogrammen erfolgen überwiegend im weiten Bereich der Privatwirtschaftsverwaltung. Es gibt in Österreich keine ausdrückliche Verpflichtung der Rechtsordnung zur Regionalpolitik. Aber aus der politischen Praxis ist in der Wahrnehmung der Regionalpolitik eine eindeutige Dominanz der Länder zu ersehen. Sie fühlen sich wegen ihrer Nähe zu den einzelnen Regionen und deren Bewohnern primär verpflichtet, für annähernd gleichwertige Lebensbedingungen zu sorgen. Sie können besser als die Zentrale „vor Ort" die vielfältigen Folgewirkungen, Verflechtungen, wechselhaften Bedingungen und gegenseitigen Beeinflussungen von regionalpolitischen Maßnahmen beurteilen und sie verschaffen sich leichter die notwendigen Basisinformationen zur Erarbeitung des notwendigen Gesamtzusammenhanges als die fernen Zentralstellen des Bundes.

II. Zu den Begriffen „Regionalpolitik" und „Region"

1. Abgrenzung

Bis heute fehlt eine allgemein akzeptierte Abgrenzung des Begriffes „Regionalpolitik"[8]. Es gibt sogar den Ratschlag, sich überhaupt „aus dem Dschungel der Begriffe und der zugehörigen Definitionen" herauszuhalten.[9] Aber das hilft niemandem, der damit zu tun hat. Genausowenig nützt die These, daß es sich bei diesem Begriff nicht um einen systematischen, sondern um einen historischen handle, der erst relativ spät als Antwort auf die wirtschaftlichen und sozialen Probleme der industriellen Entwicklung entstanden sei.[10]

Am gebräuchlichsten werden heute in der Literatur und in der wirtschaftspolitischen Praxis die Begriffe „regionale Wirtschaftspolitik", „Regionalpolitik","Regionalökonomie" und „regionale Strukturpolitik" synonym verwendet.

Die Regionalpolitik geht vom Gefälle wirtschaftsstarker und wirtschaftsschwacher Regionen aus, von der disparitären Entwicklung im Raum, in der Einkommensverteilung und in der Infrastruktur. Dementsprechend werden als Kriterien

---

8 *E. Landesmann,* Grundlagen einer Theorie der Regionalpolitik, 1973.

9 *N. Kloten,* Alternative Konzeptionen der Regionalpolitik, 1968.

10 *Ch. v. Ferber,* Sozialpolitik in der Wohlstandsgesellschaft, 1967.

zur Abgrenzung entwicklungsbedürftiger Gebiete, etwa in der Bundesrepublik Deutschland oder in Österreich, das Arbeitsplatzdefizit, das Pro-Kopf-Einkommen und die Versorgung mit Infrastruktureinrichtungen herangezogen. So charakterisieren drei Erscheinungen ganz allgemein die Grundproblematik der Regionalpolitik: Das ist zunächst die Agglomeration und die Deglomeration (Ballungs- und Entleerungsgebiet), das ist dann die Änderung der räumlichen Arbeitsteilung und der Siedlungsstruktur und das ist schließlich die Entwicklung der räumlichen Einkommensverteilung.

Als relativ eigenständiger Zweig der allgemeinen Wirtschaftspolitik hat die Regionalpolitik in England die längste Tradition. Zwar lassen sich staatliche Hilfsmaßnahmen in europäischen Ländern, so z. B. in Österreich, in Deutschland und in England, schon in und nach der Weltwirtschaftskrise (1929-1933) für die besonders betroffenen Regionen nachweisen, aber dabei handelte es sich um punktuelle Lösungsversuche. Erst der im Jahre 1940 in England veröffentlichte „Barlow-Report" [11] über die alten englischen Industriegebiete, die sich überhaupt nicht mehr aus der schweren Depression der Weltwirtschaftskrise erholen konnten, brachte erste entscheidende Ansätze für die Entwicklung einer umfassenden regionalpolitischen Problemlösungsstrategie.

Nach dem zweiten Weltkrieg erfolgte eine systematische Entwicklung der Regionalpolitik. Sie begann mit einer „Notstandsbekämpfung" für Sanierungsgebiete in den fünfziger Jahren, verstand sich in einer zweiten Phase als die „wirtschaftliche Dimension der Raumordnung" und wurde in einer dritten, heute noch gültigen Phase zur „regionalen Wirtschaftspolitik" ausgebaut, die zwar den Bezug zur Raumordnungspolitik nicht verliert, aber in der die wachstums- und ausgleichspolitische Orientierung überwiegt. So versucht sie auf der Grundlage der sozioökonomischen Besonderheiten einer Region mit dem regional differenzierten Einsatz wirtschaftspolitischer Mittel gesamtwirtschaftliche Zielsetzungen effizienter zu erreichen.

2. Die Begriffe in der EG und im Europarat

Das ist auch das Anliegen der europäischen Regionalpolitik in der EG. Sie will den Rückstand wirtschaftsschwacher Regionen über eine direkte oder indirekte Beeinflussung des Regionalgefüges einer Volkswirtschaft, auch im Hinblick auf eine bessere Durchsetzung gesamtwirtschaftlicher und gesamtgesellschaftlicher Anliegen verringern. [12] Denn mit jeder der drei Erweiterungen der Europäischen Gemeinschaft seit dem Jahre 1973 sind die Einkommensunterschiede zwischen den Staaten und Regionen der Gemeinschaft gewachsen. Und der Beitritt

[11] Royal Commission on the Distribution of Industrial Population.

[12] *Spieckermann / v. Malchus / Ortmeyer / Schuster / Olbrich,* Europäische Regionalpolitik, 1988.

von Spanien und Portugal im Jahre 1986 führte zu einem weiteren Anstieg der Disparitäten in der wirtschaftlichen Leistungskraft. Ein Vergleich zwischen den 10 schwächsten und den 10 stärksten Regionen in der Gemeinschaft zeigt heute ein Gefälle der erwirtschafteten Einkommen von 1 : 3.

Die Regionalpolitik der EG wurde erst im Jahre 1975 durch Ratsbeschluß auf der Grundlage des Artikels 235 EWGV aus der Taufe gehoben. Darüber und über die Entwicklung seither wird sicherlich im nächsten Referat Näheres zu hören sein. Aus österreichischer Sicht ist dabei aber noch von besonderem Interesse, daß es bisher in der EG noch keine einheitliche Definition der Begriffe „Region" oder „Europäische Region" gibt, genausowenig wie eine allgemein gültige Größenordnung einer Region auf europäischer Ebene. Die Gemeinschaft mußte sich daher bisher für ihre Regionalpolitik mit einer administrativen Regionsabgrenzung begnügen. Für die Verwaltungseinheiten liegen auch regionale Statistiken vor, während für andere Abgrenzungskonzepte kaum Daten zur Verfügung stünden.

Auf der Ebene des Europarates wurde allerdings ein anderer Regionsbegriff gewählt. Dort ist eine Region die ausgedehnteste Gebietseinheit innerhalb jeder Nation, die unmittelbar auf der Stufe unterhalb der Zentralregierung liegt und die über eine eigene politische Repräsentanz verfügt.[13] Das sind z. B. in Deutschland heute die 16 Länder und Stadtstaaten, in Frankreich die 22 Regionen, in den Niederlanden die 11 Provinzen, in Belgien die 3 Regionen, in Dänemark die 15 Ämter bzw Provinzen und in Österreich die 9 Bundesländer. Freilich ist dieser Regionsbegriff für eine wirksame regionale Wirtschaftspolitik wenig tauglich. Zu groß und zu unterschiedlich sind diese räumlich-politischen Kategorien, die in sich selbst wiederum erhebliche Disparitäten aufweisen und die daher, wie am Beispiel Salzburgs zu zeigen sein wird, für ihren eigenen Bereich vielfach Regionalpolitik zu betreiben haben. Konkrete Analysen und Therapiekonzepte läßt dieser Regionsbegriff gar nicht zu. Diese Begriffsbestimmung auf der Ebene des Europarates ist somit föderalismuspolitischen Kategorien zuzuordnen und nicht regionalpolitischen. Das gleiche gilt für eine Untersuchung über den „föderalistischen Standard" im Alpenraum,[14] die bei den „Realien der Region" von den bestehenden politischen Gliederungen, räumlichen Abgrenzungen und historisch gewachsenen, landschaftsgeprägten und ethnisch individualisierten Regionen ausgeht. Eine andere Untersuchung über regionale Organisationen und über Raumplanung in Österreich, der früheren Bundesrepublik Deutschland und der Schweiz[15] verwendet den Begriff „Region" unprätentiös für Räume, die das Gebiet wenigstens von zwei Gemeinden umfassen, sich aber nicht mit dem Gebiet

13 Europäische Raumordnungscharta, Beschluß der Europäischen Raumordnungsministerkonferenz v. 20.5.1983.

14 *P. Pernthaler / J. Kathrein / K. Weber,* FN 4.

15 *H. U. Evers,* Regionalplanung als gemeinsame Aufgabe von Staat und Gemeinden, 1976.

eines Landes decken. Inwieweit damit sozio-ökonomischen Entwicklungen Rechnung getragen werden kann, mag dahingestellt bleiben.

III. Ziele und Träger der Regionalpolitik

1. Ziele

Es ist heute schon eine communis opinio, daß aus gesellschaftspolitischen Leitbildern abzuleitende Zielbestimmungen sehr leicht Gefahr laufen, Leerformeln zu bleiben. Das gilt natürlich auch für die Zielbestimmung der regionalen Wirtschaftspolitik. Dennoch haben sich in der Literatur[16] für das allgemeine Ziel einer Verbesserung der regionalen Wirtschaftsstruktur drei konkretere Ziele herausgebildet: das Wachstums- oder Entwicklungsziel, das Stabilitätsziel und das Ausgleichsziel.

Das Wachstumsziel geht davon aus, daß zwar die Arbeitskraft mobil, aber der Boden immobil ist und eine Abwanderung der Bevölkerung aus den Förderregionen im Sinne einer passiven Sanierung aus gesellschaftspolitischen Gründen nicht erwünscht ist. Daher sollen Anreize Kapital in diese Regionen führen, Investitionen gefördert und Betriebe mit öffentlicher Hilfe angesiedelt werden. Das Stabilitätsziel faßt vor allem jene Regionen ins Auge, die gefährdete Monostrukturen aufweisen, Gebiete, in denen Branchen dominieren, die vom Strukturwandel negativ betroffen werden oder für konjunkturelle Veränderungen besonders anfällig sind, wie z. B. die Textil- oder Bekleidungsindustrie. Das Stabilitätsziel versucht Konjunktur- und Strukturkrisen abzuschwächen oder sogar ganz zu vermeiden, damit regionale Arbeitsplätze nicht gefährdet werden und sich die relative Einkommenssituation nicht verschlechtert. Es strebt eine breite Branchenstreuung und eine Betriebsgrößenstruktur an, die eine weitgehende konjunkturelle Sicherheit gewährleisten soll. In der Stabilitätspolitik wird zwischen kurzfristigen und langfristigen Maßnahmen unterschieden. Erstere wollen mit „ad hoc"-Interventionen als Teil regionaler Konjunkturpolitik einer durch Firmenzusammenbrüche, Betriebsverlagerungen, Personalabbau und ähnliches zu befürchtenden Arbeitslosigkeit begegnen. Die langfristige Stabilitätspolitik will dagegen eine Reduzierung der konjunkturellen und strukturellen Anfälligkeit von regionalen Standort- und Produktionsstrukturen erreichen und damit eine stabile Beschäftigungs- und Einkommensentwicklung ermöglichen. Und das Ausgleichsziel hat die Aufgabe, externe interregionale Differenzen im durchschnittlichen Pro-Kopf-Realeinkommen und im Angebot vor allem öffentlicher Dienstleistungen abzubauen und damit nach oben nivellierend zu wirken. In den entwicklungsbedürftigen Regionen soll mit dem Ausgleichsziel eine im Vergleich zum Bundesdurchschnitt als ausreichend empfundene Wohlfahrtssituation erreicht werden.

16 *H. K. Schneider,* Über die Notwendigkeit regionaler Wirtschaftspolitik, 1968.

Die wirtschaftspolitische Praxis hat diese dreifache Zielsetzung der Regionalpolitik längst übernommen[17], wobei das Wachstums- oder Entwicklungsziel eindeutig den Vorrang genießt. Für die EG umschreibt diese Zielsetzung der Art. 130c EGV als Aufgabe des Europäischen Fonds für regionale Entwicklung (EFRE). Auch in Österreich orientiert sich die Regionalpolitik an diesen drei Zielen. Dabei wird zwischen dem wachstumspolitischen, dem versorgungspolitischen, dem stabilitätspolitischen und dem konjunkturpolitischen Aspekt unterschieden[18], eine Unterscheidung, die sich mit dieser dreifachen Zielbestimmung deckt.

Allerdings wird in Österreich noch eine weitere Differenzierung in der Zielsetzung regionaler Wirtschaftspolitik getroffen, nämlich zwischen „leitbildorientierten" und „problemorientierten" Zielen. Erstere enthalten wegen ihrer allgemein gehaltenen Formulierungen oftmals tatsächlich — wie schon gesagt — reine Leerformeln. In der Praxis der österreichischen Bundesländer kommt daher den „problemorientierten" Zielen die größere Bedeutung zu. Damit liegt die Betonung weniger auf dem deklamatorischen als auf dem realen Wert, also auf der „Operationalität", nämlich auf der Eignung, aus einer bestimmten wirtschaftlichen, räumlichen und strukturellen Situation die konkrete Zielbestimmung entwickeln zu können.

Um auf die dreifache Zielbestimmung der Regionalpolitik zurückzukommen, ist noch besonders zu betonen, daß es sich bei den wachstums-, stabilitäts- und ausgleichspolitischen Zielsetzungen nicht um Einzelziele handelt. Ihre Komplementarität und Interdependenz begründen vielmehr ein Zielsystem, das allerdings von Zielkonflikten nicht frei ist. So kann das gesamtwirtschaftliche Wachstumsziel mit dem Ausgleichsziel kollidieren oder die Stabilitätspolitik mit der Ausgleichspolitik in Widerspruch geraten.

2. Träger der regionalen Wirtschaftspolitik

Dabei ist von einer Trägerpluralität auszugehen. Träger der Regionalpolitik sind nämlich der Gesamtstaat (Bund), die Länder (Provinzen) und die Gemeinden (Kreise), die in ihrem Eigentum stehenden Unternehmen, ferner eine Reihe von Körperschaften des öffentlichen Rechtes, die über eigene Steuerungskapazitäten verfügen, wie die Wirtschaftskammern (Industrie- und Handelskammern in Deutschland, Kammer der gewerblichen Wirtschaft in Österreich) und die von ihnen getragenen Einrichtungen zur Wirtschaftsförderung sowie auch private Interessenverbände, wenn sie rechtlich legitimiert sind, wirtschaftspolitische Maßnahmen zu setzen oder daran mitzuwirken (wie z. B. Entwicklungsvereine oder Gesellschaften zur Förderung bestimmter Gebiete).

---

17 *Schmidjell / Fink / Plunger / Moser,* Die Regionalpolitik der österreichischen Bundesländer, 1983.

18 *R. Schmidjell,* Die Wirtschaftspolitik der Bundesländer, 1976.

Die ganzheitliche Wirtschaftstheorie[19] geht davon aus, daß die Trägerschaft der Wirtschaftspolitik einem Stufenbau unterliegt, beginnend mit der Weltwirtschaft als oberste Stufe bis hin zu den Betrieben in ihrer „außenwirtschaftlichen" Funktion. Ob man damit übereinstimmt oder nicht, so dürfen in der räumlichen Dimension der Regionalpolitik und ihrer Träger die hierarchisch abgestuften wirtschaftlichen Beziehungen zwischen den Zentren der Weltwirtschaft und zwischen diesen und den peripheren Ländern und Regionen nicht übersehen werden, wobei sich die Verflechtung nicht auf den „Staatsraum",sondern auf den „Wirtschaftsraum" bezieht. Gerade die Abgrenzung entwicklungsbedürftiger Regionen deckt sich oftmals nicht mit den politischen oder administrativen Grenzen; ein zusätzliches Problem der Regionalpolitik, auf das nicht näher eingegangen werden kann, auf das aber hingewiesen werden soll. In Österreich versucht man diesem Problem zumindest teilweise mit Länderverträgen auf dem Gebiete der Raumordnung Herr zu werden, wie z. B. mit einer Vereinbarung zwischen den Bundesländern Salzburg und Oberösterreich über den gemeinsamen Grenzraum aus dem Jahr 1978 oder mit dem Vertrag zwischen den Bundesländern Salzburg, Kärnten und Steiermark über die Zusammenarbeit im Lungau-Murau-Nockgebiet aus demselben Jahr.

IV. Die Regionalpolitik in Österreich am Beispiel Salzburgs

1. Kurze Landeskunde

Salzburg ist unter den neun österreichischen Bundesländern das drittkleinste. Es nimmt eine Fläche von 7.153 km^2 ein und weist eine Bevölkerungszahl von 483.000 Einwohnern auf. Der Flächenanteil am österreichischen Staatsgebiet macht 8,5% aus und der Anteil an der gesamtösterreichischen Bevölkerung ist auf 6,2% angewachsen. Allein in den letzten 10 Jahren ist die Bevölkerung um 9,4% gestiegen. Seine erste Besiedelung ist bereits seit der Jungsteinzeit, 3000 v Chr, nachweisbar. In seiner fünftausendjährigen Geschichte erfuhr Salzburg mehrmals einen Wechsel der Schwerpunkte in der Siedlungs-, Wirtschafts- und Kulturintensität zwischen den gebirgigen südlichen und den flachen nördlichen Landesteilen, je nachdem, ob die Landwirtschaft oder der Bergbau als Lebensgrundlage überwog.

Nach fast eintausendjähriger Selbständigkeit als geistliches Fürstentum kam Salzburg erst im Jahre 1816 endgültig zu Österreich, allerdings unter schweren Verlusten an Landesteilen und an wirtschaftlicher, kultureller und politischer Bedeutung. Heute nimmt Salzburg in Österreich hinsichtlich der meisten ökonomischen Indikatoren eine Spitzenposition ein. Das Pro-Kopf-Einkommen liegt

---

19 *A. Rosenfeld,* Weltwirtschaft — Ganzheitliche Prinzipien — Friedensordnung, Zeitschrift für Ganzheitsforschung Nr. I / 19, 1991.

erheblich über dem EU-Durchschnitt und das Steueraufkommen pro Kopf der Bevölkerung übertrifft weit den österreichischen Durchschnitt. Die wirtschaftliche Ausrichtung auf den EG-Raum ist stärker als in allen anderen Bundesländern und liegt erheblich über den gesamtösterreichischen Werten. Politisch ist Salzburg einschließlich der autonomen Landeshauptstadt in 6 politische Bezirke mit 119 Gemeinden gegliedert.

Trotz der wirtschaftlichen Spitzenposition gibt es Disparitäten zwischen dem Salzburger Zentralraum, der bereits an den Grenzen seiner ökonomischen und sozialen Belastbarkeit angelangt ist, und den südlichen Landesteilen. Durch die seit 30 Jahren betriebene Regionalpolitik konnte dieses Nord-Süd-Gefälle zwar abgebaut, aber nicht überwunden werden. In dieser Zeit wurden die regionalpolitischen Instrumente und Methoden ausgebaut und entwickelt. Heute unterscheiden wir, so wie in den anderen österreichischen Bundesländern[20], die regionalpolitischen Maßnahmen in solche der Entwicklungsplanung, der Wirtschaftsförderung, der Informationspolitik und in Maßnahmen regionalpolitischer Relevanz. In diesem Rahmen kann aus Zeitgründen nur von den beiden erstgenannten regionalpolitischen Maßnahmen die Rede sein.

2. Regionale Entwicklungsplanung

Die regionale Entwicklungsplanung will vornehmlich mit den Instrumenten der Raumordnung das Wachstum einer Region stärken und sogenannte „entwicklungsbedürftige Gebiete" fördern. Das setzt eine Erfassung der Regionen und die Festlegung von Kriterien zur Feststellung des Entwicklungsstandes voraus. Die österreichischen Bundesländer haben dazu verschiedene Wege eingeschlagen. Im Gegensatz zu anderen Bundesländern hat Salzburg bewußt auf eine Einteilung des gesamten Landesgebietes in Planungsregionen verzichtet. Das Salzburger Raumordnungsrecht verpflichtet die Salzburger Landesregierung, Entwicklungsprogramme zu erstellen, die für das gesamte Bundesland und für Teile desselben für raumbezogene Sachbereiche zu gelten haben. Solche Entwicklungspläne liegen für die Stadt Salzburg und das Umland, für den Pinzgau, den Pongau und den Lungau vor, sowie Regionalpläne für bestimmte kleinere Gebiete oder Fachplanungen für verschiedene Sachbereiche. Einen Landesentwicklungsplan gibt es dagegen noch nicht. Das hat verschiedene Gründe. Einer davon ist die Einsicht, daß der Erstellung von Regional- und Entwicklungsprogrammen für bestimmte Gebiete jedenfalls der raumordnungspolitische Vorrang gegenüber einer landesweiten Rahmenplanung zukommt. Ein anderer Grund liegt in der Erfahrung, daß ein Entwicklungsplan manchmal nach dem endlichen Abschluß des mühsamen und überaus zeitaufwendigen, meist mehrjährigen Erarbeitungsprozesses schon mit der Fertigstellung von der tatsächlichen Entwicklung über-

---

20 *R. Schmidjell / Fink / Plunger / Moser,* FN 17.

holt wird und daher eigentlich mit seiner Proklamation schon wieder der Überarbeitung bedürfte. Und ein dritter Grund ist ordnungspolitischer Natur: Jene Planungsphilosophie zu verhindern, die glaubt, die Gestaltung des Raumes durch Reglementierung und Dekretierung in allen Bereichen und durch Bindung und Festlegung bis in das letzte Detail nach dem Reißbrett vornehmen zu können und die die Entwicklungsplanung mit theoretischen Sandkastenspielen verwechselt. Auch in der Raumordnungspolitik hat die Vision von der „totalen Machbarkeit" allemal noch kläglichen Schiffbruch erfahren.

Die Salzburger Entwicklungs- und Regionalprogramme vermeiden daher Konkretisierungen dort, wo sie zu Spekulationen werden und verzichten auf Fixierungen, die sich dem Einfluß der öffentlichen Hand entziehen. Ihr Wert liegt vor allem in der Bindung der örtlichen Raumplanung, im Ausweis bevorzugter Nutzungen, wie zur Erschließung von Fremdenverkehrsgebieten oder für die Ansiedlung von Betrieben, im Vorbehalt von Landschafts- und Naturschutzgebieten, in der Information über den Entwicklungsstand und über die Entwicklungsziele. Die Österreichische Raumordnungskonferenz, ein im Jahre 1971 geschaffenes gemeinsames Organ der Gebietskörperschaften und der Sozialpartner, hat schon im Jahre 1975 zur Angleichung, Abstimmung und Vereinheitlichung der von den Gemeinden, Ländern und vom Bund zu verfolgenden raumordnungspolitischen Ziele einen umfassenden Zielkatalog beschlossen, der sich in staatsbezogene Ziele, in raumbezogene, gesellschaftsbezogene und wirtschaftsbezogene Ziele gliedert. Sie betreffen die Entwicklung der Land- und Forstwirtschaft, die Sicherung und Verbesserung der Konkurrenzfähigkeit von Gewerbe und Industrie, die Entwicklung des Fremdenverkehrs und die Förderung von Dienstleistungseinrichtungen zur optimalen Versorgung der Bevölkerung. Die Salzburger Raumordnungspolitik hält sich weitgehend daran, um damit zur notwendigen Koordination der Raumordnung in Österreich beizutragen.

3. Regionale Wirtschaftsförderung

Maßnahmen der regionalen Wirtschaftsförderung beziehen sich entweder unmittelbar auf einzelne Betriebe der gewerblichen Wirtschaft oder der Landwirtschaft und auf den Wohnbau oder in der Infrastruktur auf eine Vielzahl von Betrieben oder auch auf Gemeinden.

Salzburg hat dafür als einziges Bundesland im Jahre 1975 mit dem von mir initiierten „Strukturverbesserungsfondsgesetz" ein umfassendes Instrument der Regionalpolitik geschaffen. Der auf Grund dieses Gesetzes eingerichtete Fonds hat Maßnahmen zu fördern, die der Verbesserung der branchenmäßigen und betrieblichen Struktur dienen, auf die Festigung und Schaffung von Dauerarbeitsplätzen abzielen sowie zur Anhebung der Wirtschaftskraft in entwicklungsfähigen Gebieten, insbesondere im ländlichen Raum, geeignet sind.

Die betriebsbezogene Wirtschaftsförderung umfaßt direkte und indirekte Finanzierungshilfen. Direkte Hilfen sind Investitionszuschüsse, zinsgünstige Kredite, Zinsenzuschüsse, Haftungsübernahmen und Bürgschaften. Die indirekten Finanzierungshilfen beziehen sich auf die Bereitstellung kostengünstiger Grundstücke, auf Aufschließungsmaßnahmen, auf befristete Grundsteuerbefreiungen und auf ähnliches. Für die direkten Finanzierungshilfen stehen in Salzburg noch zwei weitere Instrumente zur Verfügung: Das Kleingewerbe-Darlehensfondsgesetz aus dem Jahre 1955 und das ebenso von mir veranlaßte Betriebsfestigungsgesetz für Klein- und Mittelbetriebe aus dem Jahr 1983. Danach sind Kleinbetriebe Unternehmen, die nicht mehr als 20 Arbeitskräfte und Mittelbetriebe, die nicht mehr als 200 Arbeitskräfte beschäftigen. Ohne Betriebsgrößenbeschränkung gibt es eine Reihe weiterer direkter Finanzierungshilfen, die durch Richtlinien bestimmt werden, wie zur Innovationsförderung, oder zur Finanzierung von Anlagen gegen Lärm-, Rauch- und Geruchsbelästigung oder zur Übernahme von Betrieben oder zum Bau von Liftanlagen und zur Förderung von Fremdenverkehrseinrichtungen.

Für die indirekten Finanzierungshilfen hat sich die vor 14 Jahren von der Landesregierung mit der Kammer der gewerblichen Wirtschaft und den Salzburger Kreditinstituten geschaffene „Betriebsansiedlungsgesellschaft" außerordentlich bewährt. Durch Grundbeschaffung, Standortberatung und Aufschließungsfinanzierung konnte diese Gesellschaft bisher die Errichtung von 165 neuen Betrieben mit zusätzlichen 6.250 Arbeitsplätzen bewirken. Ein neuer Schwerpunkt dieser Gesellschaft in anderer organisatorischer Form wurde in den letzten Jahren der Aufbau eines großen Technologiezentrums, das schon internationale Anerkennung genießt. Ab März des nächsten Jahres stehen in einem 6. Ausbauabschnitt bereits 14.100 m^2 Nutzfläche für 60 junge technologie-orientierte Firmen zur Verfügung. Zur Förderung der Kooperation der Wirtschaft mit den Computerwissenschaften wurden in diesem Zentrum auch drei Universitätsinstitute aufgenommen und deren Existenz finanziell abgesichert.

Die enorme Knappheit an Flächen für Wohnbau und Betriebe im Salzburger Zentralraum hat die Betriebsansiedlungsgesellschaft erst vor wenigen Wochen (Ende August 1991) zur Neuorientierung ihrer Aufgaben gezwungen, die auch in einer Änderung ihrer Bezeichnung zum Ausdruck kommt. Als „Tech-Invest-Gesellschaft für Betriebsansiedlung, Wirtschaft und Technologie" soll die Hochtechnologie gefördert und die Internationalisierung der Salzburger Wirtschaft unterstützt werden. Nach Erreichung der Grenzen des Wachstums im Salzburger Zentralraum geht es der Gesellschaft nunmehr um den Ausbau der qualitativen Strukturen[21]. Daher werden in Hinkunft auch nicht mehr alle Ansiedlungswünsche erfüllt werden können. Vorrangiges Ziel der Gesellschaft ist für die Zukunft nur mehr die Förderung umweltfreundlicher und technologie-intensiver Betriebe.

---

21 *A. Gasteiger,* Salzburger Wirtschaft, Nr. 35 / 91.

Zum strukturbezogenen Teil der regionalen Wirtschaftsförderung gehört nunmehr die verstärkte Zusammenarbeit der Gesellschaft mit den Salzburger Gemeinden. Mit Hilfe von Treuhandverträgen will die Gesellschaft in Hinkunft für die jeweilige Standortgemeinde größere Grundstücke als Gewerbegebiete ankaufen und an standortsuchende Betriebe mit Zinsenzuschüssen des Landes zu Preisen weitergeben, die die Gemeinde selbst festlegen kann.

Im Jahre 1983 hat der Salzburger Wirtschafts- und Arbeitsmarktbeirat — eine von mir seinerzeit geschaffene formlose Einrichtung der Landesregierung mit den Interessenvertretungen und der Arbeitsmarktverwaltung — einen umfassenden Bericht über die regionale Wirtschaftsförderung erarbeitet. Dieser Bericht weist nach Sachgebieten gegliedert sage und schreibe insgesamt 47 (!) verschiedene Maßnahmen der regionalen Wirtschaftsförderung betriebs- und strukturbezogener Art für die gewerbliche Wirtschaft, für die Land- und Forstwirtschaft, für die Wohnungswirtschaft und für die Gemeinden auf. Daran wird eines der Hauptprobleme der Regionalpolitik deutlich: Bedingt durch die Trägerpluralität, von der schon die Rede war, kommt es bei den Finanzierungshilfen zu Überschneidungen, zu Doppelförderungen, zu wechselseitig abhängigen Förderungen, zu unterschiedlichen bürokratischen Anforderungen für Antrag und Abwicklung, zu verschiedenen Prüfungsverfahren und damit zu einer Unüberschaubarkeit, die den Zugang zu diesen Förderungsaktionen in der Hauptsache auf Spezialisten beschränkt.

Die Bundesländer unternehmen zwar erhebliche Anstrengungen zur Koordinierung in formalrechtlicher (die Institutionen betreffend) und in materieller (die Ziele und Instrumente betreffend) Hinsicht, aber ihr Erfolg hält sich auf der kompetenzrechtlichen Ebene sowohl vertikal (Bund, Länder, Gemeinden) als auch horizontal (zwischen den Ländern) in Grenzen. Auch liegt eine Reihe von umfassenden Empfehlungen für die rechtliche[22] und für die wirtschaftspolitische[23] Komponente der Regionalpolitik vor. Doch ihre Verwirklichung steht im wesentlichen noch aus. Mit Recht wird daher von einem „Wildwuchs" an regionalpolitischen Institutionen und Aktionen auf Bundes- und Landesebene und im hoheitlichen wie im privatwirtschaftlichen Bereich gesprochen.

Auf ein weiteres geradezu unverständliches Problem der regionalpolitischen Praxis in Österreich muß ich dabei noch verweisen. Wenn das Land einem Unternehmen, das Gewinne erwirtschaftet, eine direkte Finanzierungshilfe gewährt, dann ist diese nach dem österreichischen Einkommensteuergesetz voll zu versteuern. Sie mindert entweder als Direktzuschuß die Abschreibungsbasis oder

---

[22] *Rill / Schäffer,* Die Rechtsnormen für die Planungskoordinierung seitens der öffentlichen Hand auf dem Gebiete der Raumordnung, 1975.

[23] Beirat für Wirtschafts- und Sozialfragen, Vorschläge zu regionaler Strukturpolitik 1972; *Schmidjell / Fink / Plunger / Moser,* FN 17; Das österreichische Raumordnungskonzept zur Koordinierung der regionalpolitischen Maßnahmen der Gebietskörperschaften, 1981.

senkt als Zinsenzuschuß den Zinsaufwand. Der Zuschuß des Landes wird daher zum Großteil von den Finanzbehörden des Bundes wieder „weggesteuert". Selbst wenn dieses Unternehmen im Jahr der Investition keine Gewinne erwirtschaften kann, mindert die Hilfe des Landes die steuerlichen Investitionsbegünstigungen, die dem Unternehmen zustehen. Das bedeutet letztlich, daß der Bund an den finanziellen Anstrengungen des Landes in den betriebsbezogenen, direkten Finanzierungshilfen profitiert. Alle Appelle, diesen die Effizienz der regionalen Wirtschaftsförderung schwer beeinträchtigenden Unsinn zu beseitigen, blieben bisher vergeblich.

Allerdings darf die Bedeutung der direkten Finanzierungshilfen für Standortentscheidungen, von Großprojekten abgesehen (wie es etwa bei der Ansiedlung des japanischen Sony-Konzerns in Salzburg der Fall war), nicht überbewertet werden. Es gibt in Österreich noch keine Erfolgskontrolle. Dennoch bestätigt die Erfahrung der Salzburger Betriebsansiedlungsgesellschaft, daß für die Ansiedlungsbereitschaft eines Unternehmens die indirekten Finanzierungshilfen, wie ausreichendes Betriebsgelände, niedrige Grundstückspreise, vorhandene Betriebsgebäude, Aufschließung des Grundes, ausreichendes Arbeitskräftepotential wichtiger sind. Eine im Jahre 1974 in Hessen durchgeführte Studie über Effizienz und Effizienzkontrolle der regionalen Wirtschaftsförderung kommt zu dem gleichen Ergebnis.

V. Die Zukunft der Regionalpolitik

Die Regionalpolitik hat in Salzburg auf Grund der vielfachen Anstrengungen und Initiativen sichtbare Erfolge aufzuweisen. Alle regionalen Disparitäten im infra-, erwerbs- und siedlungsstrukturellen Bereich konnten freilich damit nicht überwunden werden. Sie werden auch angesichts der Unterschiede in den „Grundtatsachen" des Raumes nie zur Gänze beseitigt werden können. Darin liegen die Grenzen, die jeder Regionalpolitik gesetzt sind. Aber die Disparitäten wären ohne die gesteigerten regionalpolitischen Anstrengungen unzweifelhaft wesentlich ausgeprägter.

Unser Interesse gilt aber jetzt der Zukunft einer im wesentlichen doch relativ autonomen Regionalpolitik in einem gemeinsamen Europa. Die deutschen Erfahrungen[24] mit der Regionalpolitik in der Europäischen Gemeinschaft registrieren für die letzten Jahre zunehmend zentralistische Tendenzen der Kommission. Und was wir in Österreich beklagen, zeigt sich im Nebeneinander von Vorschriften der EU und von nationalen und regionalen Regelungen mit divergierenden Zielvorstellungen und unterschiedlichen Instrumentarien auch in der Gemeinschaft. Aber nicht alle Politikbereiche eignen sich in gleicher Weise für eine Zentralisierung auf höherer Ebene. Gerade föderalistische Gesichtspunkte verlangen, daß

24 *Spieckermann / v. Malchus / Ortmeyer / Schuster / Olbrich,* FN 12.

verschiedene Aufgabenbereiche ganz den Mitgliedsstaaten und ihren Gebietskörperschaften überlassen bleiben, weil deren wirtschaftlicher und sozialer Nutzen nur auf einen räumlich begrenzten Bevölkerungskreis ausgerichtet ist. Das gilt im besonderen für die Regionalpolitik.

Salzburg ist im Vorjahr der vom bayerischen Ministerpräsidenten *Max Streibl* ins Leben gerufenen Konferenz „Europa der Regionen" beigetreten. Sie soll konkrete Vorschläge für die Ergänzung und Änderung der Römischen Verträge erarbeiten. Der bayerische Regierungschef verfolgt damit das Ziel[25], daß das künftige gemeinsame europäische Haus nach den Bauprinzipien des Föderalismus und der Subsidiarität in drei Stockwerken errichtet wird: Mit den Ländern, Regionen und autonomen Gemeinschaften im Erdgeschoß, mit den Mitgliedsstaaten im ersten Stock und mit der Europäischen Gemeinschaft im Dachgeschoß. In einem solchen europäischen Haus könnte sich auch die Salzburger Regionalpolitik zu Hause fühlen!

---

25 *M. Streibl,* Europas Zukunft: Ein Kontinent der Regionen, West-Ost-Journal, Nr. 1/2 1991.

Die Wirtschaftspolitik der Autonomen Gemeinschaften Spaniens und der Europäische Regionalfonds

Von Miquel Puig

I. Diagnose

Jede Darstellung über die Politik der wirtschaftlichen Entwicklung einer bestimmten Region muß meines Erachtens mit einer Diagnose begonnen werden, die eine Beschreibung der Wirtschaft sowie eine Bewertung ihrer Problematik umfaßt, dies insbesondere dann, wenn das Publikum die Gegebenheiten nicht kennt, wie es hier der Fall ist.

Katalonien ist geographisch eine relativ kleine wirtschaftliche Region (32.000 km^2) — ein Drittel von Österreich — und hat 6 Millionen Einwohner ($^2/_3$ von Belgien und $^3/_4$ von Schweden).

Das Gebiet ist in Form eines Dreiecks von den Pyrenäen, dem Mittelmeer und den halbtrockenen Ebenen des Binnenlandes der iberischen Halbinsel bestimmt. Die Orographie und das Klima sind sehr komplex. Im allgemeinen ist das Klima an der Küste mediterran, im Norden alpin und im Binnenland kontinental. Die ebene Oberfläche ist sehr klein und zum größten Teil die trockenste Ebene des Landes.

Katalonien ist arm an Mineralien, und Wasser ist nicht gerade reichlich vorhanden. Und doch hat Katalonien seit den 60er Jahren vom Klima und der schönen Küste profitiert und Touristen aus Nordeuropa angezogen; derzeit rechnet Katalonien jedes Jahr mit 16 Millionen.

Im Vergleich zu anderen Regionen in Spanien ist die Lage Kataloniens relativ günstig, denn Katalonien verbindet die iberische Halbinsel mit dem Herzen Europas. Und doch hat diese Lage keinen relevanten wirtschaftlichen Wert: Abgesehen vom Tourismus ist das Mittelmeergebiet arm an Wirtschaft, außerdem besteht zwischen Katalonien und dem ökonomischen Zentrum in Europa noch ein großer Abstand. Bis zur Eingliederung Spaniens in die EWG 1986 war die Lage Kataloniens allerdings noch ungünstiger.

Trotz dieser Einschränkungen hat Katalonien eine relativ gute wirtschaftliche Bilanz: Das Pro-Kopf-Einkommen betrug 1988 85% des EWG-Durchschnitts, trotz der Einwanderung in den letzten 40 Jahren, die ungefähr die Hälfte der derzeitigen Bevölkerung ausmacht. Für Spanien ist Katalonien sehr wichtig: Auf 6,3% der Oberfläche konzentriert Katalonien 16% der Bevölkerung, 20% des Bruttoinlandsprodukts sowie 25% des industriellen Bruttoinlandsprodukts und der Exporte. Das Pro-Kopf-Einkommen ist 25% höher als der Durchschnitt in Spanien.

Die Basis der katalanischen Wirtschaft beruht — wie schon erwähnt — auf dem Tourismus und der Industrie. Katalonien ist eine der am meisten industrialisierten südlichen Regionen in Europa: Der Sekundärbereich (ohne das Bauwesen) erzeugt 32% des Nettoinlandsprodukts, während die Landwirtschaft nur 2% erreicht.

Die katalanische Industrie weist folgende Charakteristiken auf:

— Die Verschiedenheit der Sektoren: Alle Industriezweige haben eine ähnliche Bedeutung: Die Chemie (17% des industriellen-VAB), Ernährung (13%), Textilien- und Bekleidungsindustrie (13%), Transportmaterial (10%), Metallprodukte (9%) und Papier und graphische Kunst (8%) sind die wichtigsten Zweige.

— Die Bedeutung der Klein- und Mittelbetriebe: Unter anderem aus kulturellen Gründen hat Katalonien keine großen Betriebe gegründet, und viele der größten Firmen sind Filialen von ausländischen Multinationalen. Es herrscht jedoch ein großer Unternehmergeist.

— Die Verarbeitungsindustrie spielt eine Hauptrolle: Da Katalonien nicht selbst über Rohstoffe verfügt, abgesehen von der Petrochemie, hat sich das Land auf die Verarbeitung von importierten Rohstoffen spezialisiert.

— Die Gebietskonzentration: Verschiedene Ursachen, ua die schwache Infrastruktur, haben dazu beigetragen, daß sich die katalanische Industrie und Bevölkerung in der Umgebung von Barcelona konzentriert. Derzeit finden 75% der industriellen Tätigkeiten in einem Umfeld von 30 km um Barcelona statt.

Diese Gebietskonzentration hat zu einer tiefgreifenden demokratischen und wirtschaftlichen Ungleichheit in Katalonien geführt. Die Hälfte des Binnenlandes ist nur von 6% der Bevölkerung bewohnt; der Anteil der alten Leute beträgt mehr als 80% und die Bevölkerung nimmt ständig ab; außerdem beruht die wirtschaftliche Basis dieses Innenlandes auf der Landwirtschaft. Daher besteht die Gefahr, daß die Bevölkerung kurzfristig abwandert.

Die wichtigsten industriellen Infrastrukturen sind folgende:

— Bezüglich der Elektrizitätserzeugung ist Katalonien Selbstversorger; 70% der Elektrizität stammen aus Kernkraftwerken. Der Energiesektor hängt sehr stark vom Erdöl ab (57%). Der Erdgasverbrauch ist relativ hoch (11%); es stammt aus Nordafrika, da das nicht sehr entwickelte spanische Netz nicht mit dem europäischen verbunden ist.

— Katalonien ist bezüglich der Erdölderivate auf Grund der Raffinerien in Taragona auch autark.

— Das Autobahnnetz in Katalonien führt vom Norden (Frankreich) in den Süden und vom Westen in den Osten. Jedoch hat das Eisenbahnnetz keine Bedeutung für die Industrie und der Anschluß an das europäische Netz der Fernzüge ist erst für Anfang des nächsten Jahrhunderts vorgesehen.

— Der Hafen in Barcelona ist einer der aktivsten am Mittelmeer, doch ist er im Vergleich zu anderen Häfen in Nordeuropa sehr klein.

— Im allgemeinen ist das Land in Katalonien ärmlich und teuer und es gibt gravierende Probleme mit der Wasserversorgung: Nur in Taragona ist dieses Problem vor kurzem mit einem Aquädukt von mehr als 100 km Länge gelöst worden (die petrochemische Industrie ist in dieser Stadt konzentriert und außerdem ist Taragona die zweitwichtigste Region in Katalonien).

Jetzt wollen wir die Wettbewerbsfähigkeit der katalanischen Industrie analysieren: Eine aktuelle Studie der Universität in Löwen / Lovain (Belgien) über „Europäische Regionen mit industrieller Tradition" hat die Wettbewerbsfähigkeit mehrerer Regionen auf Grund von vier verschiedenen Kriterien analysiert. Wir werden jetzt die Situation von Katalonien auf diese Kriterien bezogen untersuchen:

1. Industrielle Struktur

In der katalanischen Industrie sind — im Vergleich zum Durchschnitt in der EG — die Sektoren, die Technologie empfangen (Ernährung, Textilien, Schuhwerk, Holz, Papier usw.) sowie die Hersteller von Primärprodukten (Chemie) wichtiger als die, welche gleichzeitig Empfänger und Erzeuger von Technologie sind (Maschinenbau und Produktionsausrüstungen, elektrisches und elektronisches Material). Die Bedeutung der sogenannten „schwachen" Sektoren (Textilien, metallische Produkte, nichtmetallische verarbeitete Minerale usw.) ist in Katalonien höher (33%) als in der EG (27%).

2. Ausbildung

Die Berufsausbildung in Katalonien — so wie in anderen Regionen am Mittelmeer — ist wenig praxisbezogen und abgekoppelt von den Anforderungen der Industrie.

Das durchschnittliche Niveau ist, auf Grund der Einwanderung von Leuten mit einem niedrigen Ausbildungsniveau, relativ niedrig. Jedoch ist die Zahl der Studenten an den Universitäten zufriedenstellend (25,5 Promille). Die Tendenz zeigt, daß die Studenten eher Diplome als Vordiplome machen und daß sie die Natur- und Sozialwissenschaften den Wirtschaftswissenschaften vorziehen.

3. Forschung und Entwicklung

Dies ist sicherlich der schwächste Punkt in der katalanischen Industrie. Das ist auf folgendes zurückzuführen:

— Das Angebot zur Forschung in den Firmen ist nie relevant gewesen.

— Die Kosten: Weniger als 0,5 % des Bruttoinlandsprodukts geht an F & E. In anderen EG-Ländern sind es 2 %.

— Die geringe Zahl der Fachleute und Ingenieure (7 Promille, z. B. beträgt die Zahl in Baden-Württemberg 17 Promille).

4. Die Infrastruktur der Verkehrsverbindungen

Katalonien ist vom wirtschaftlichen Zentrum Europas weit entfernt und daher von der Verbindung mit Fernlinien abhängig. Das Autobahnnetz ist jedoch relativ dicht und mit dem europäischen Netz gut verbunden. Der kritischste Punkt ist die Verkehrssituation in Barcelona; derzeit werden große Anstrengungen unternommen, um Investitionen voranzutreiben. So gibt es in Katalonien 0,1 km Autobahn auf 1000 Einwohner, in Spanien ist das Verhältnis 0,06 km, in Italien und Dänemark 0,1.

Das Telekommunikationswesen ist relativ gut ausgebaut; es werden hier auch große Investitionsanstrengungen unternommen. Zur Zeit gibt es in Katalonien 40,5 Fernsprechleitungen pro 100 Einwohner; die Zahl ist höher als in Spanien und Italien, jedoch niedriger als in Frankreich, Deutschland und Großbritannien. 1985 gab es 31 Leitungen pro 100 Einwohner, für das Jahr 2000 ist eine Zahl von 60 projektiert.

II. Politik der wirtschaftlichen Entwicklung

Nach der Analyse der wichtigsten Eigenschaften und Probleme der katalanischen Wirtschaft und vor der Darstellung der Entwicklungspolitik der autonomen Regierung in Katalonien ist auch die Kompetenz dieser Regierung zu betrachten.

Das Budget liefert uns die wichtigsten Daten. 1991 betrug das Budget (ohne Überweisungen an Gemeinden) 1,06 Milliarden Peseten, was 12 % des Bruttoinlandsprodukts in Katalonien entspricht. Der größte Teil geht an das Gesundheits- und das Ausbildungswesen:

Gesundheitsabteilung	34 %
Ausbildungsabteilung	23 %
Abteilung für Territorialpolitik und öffentliche Bauten	7 %

Außerdem muß man bei den verschiedenen Bereichen berücksichtigen — besonders bei der Wirtschaftsförderung —, daß die Kompetenzen der verschiedenen öffentlichen Verwaltungen in Spanien unkoordiniert sind. Katalanische Firmen haben Zugang zu zentralen Förderungsmitteln. Das betrifft vor allem die Subventionspolitik für Investitionen im Förderungswesen, wo die Verwaltung in den letzten Jahren sehr aktiv war. Diese Angebote bedingen, daß Aktivitäten der Generalitat, der autonomen Regierung Kataloniens, weniger erforderlich sind.

Zunächst möchte ich die wichtigsten Aktionen der Generalitat in den letzten Jahren darstellen:

1. Im Bereich der Ausbildung versuchte das erste Programm der Generalitat, das Defizit an Grund- und Hauptschulen zu beseitigen: Zwischen 1984 und 1988 wurde im Durchschnitt eine Schule pro Woche gegründet. Auf dieser Basis wird die Ausbildung an den Universitäten gefördert und verbessert. In den letzten zwei Jahren hat die Zahl der öffentlichen Universitäten zugenommen (von zwei auf sieben), auch eine private Universität wurde gegründet. Derzeit ist die Generalitat auch bestrebt, die Berufsausbildung zu verbessern, z. B. indem sie Praktika fördert. Jedoch müssen die Infrastrukturen noch verbessert werden.

2. In bezug auf Verkehrsverbindungen werden zur Zeit wichtige Maßnahmen ergriffen, um das Verkehrschaos in Barcelona zu reduzieren. U. a. wurde eine dritte Autobahn gebaut und eine vierte ist in Planung. Die Verbindung zwischen den Regionen soll auch verbessert werden, indem vier Nord-Süd-Achsen gebaut werden (Barcelona wird z. B. mit Toulouse verbunden, wenn Frankreich mit dem Bau des Pyrenäen-Tunnels fertig ist) und zwei Ost-West-Achsen.

3. Vorwiegend in Barcelona, jedoch auch in anderen armen Regionen hat man der Industrie Grundstücke zur Ansiedlung von Betrieben zur Verfügung gestellt.

4. Die Generalitat fördert die Industrialisierung der ärmeren Regionen (jener Hälfte des Landes, von der wir schon gesprochen haben) durch Schaffung von Arbeitsplätzen. Diese Politik versucht, die derzeitige Bevölkerung zu halten, um zu vermeiden, daß die Bewohner des Binnenlandes Kataloniens wandern.

Das gravierendste Hindernis dieser Politik sind die Kriterien der Abt. IV der Kommission der EG. Nach dem Prinzip der Abt. IV können die Staaten den ärmsten Regionen helfen; da die ärmsten Regionen in Katalonien im Vergleich zum spanischen Durchschnitt ein höheres Pro-Kopf-Einkommen haben (Dank der Einwanderung an der Küste) brauchen sie keine Unterstützung zu bekommen (im Gegensatz zu den Regionen nördlich der Pyrenäen).

5. Die Generalitat hat vor allem Infrastrukturen für die Industrie geschaffen. U. a. hat sie mit einer Investition von 8 Milliarden Peseten ein Forschungslabor gegründet (Kalibrierung, Elektrizität, Elektronik, Feuer, Bauten und Chemie, Metallurgie, Verpackung usw.), derzeit wird auch mit dem Bau eines Kraftfahrzeugforschungsinstituts begonnen, mit einer Investition von 10 Milliarden Peseten (mit Probepisten für Autos und einem Forschungslabor für Komponenten-De-

sign). Außerdem ist ein Zentrum für industrielle Anwendungen des Lasers gegründet worden und es wurde mit dem Bau einer chemischen Pilotfabrik begonnen.

All diese öffentlichen Zentren streben ein Kostengleichgewicht an (ohne die Amortisierung von Investitionen zu berücksichtigen).

Auch sind Investitionssubventionen seitens privater Zentren gewährt worden, besonders in der Textilindustrie und für die Fertigung von Werkzeugen und Matrizen.

All diese Zentren haben das Ziel, die Verbesserung der Qualität der Produkte zu erleichtern und die Technologien zu verbreiten; deswegen können sie strenggenommen nicht als Forschungszentren betrachtet werden.

Die Forschung, von der wir gesprochen haben, ist bis jetzt nicht gerade eine Priorität für die Generalitat gewesen. Das ist auf folgende Gründe zurückzuführen:

a) Die aktive Präsenz der zentralen Verwaltung in Katalonien, was z. B. die Gründung von öffentlichen Forschungsinstituten betrifft (1991 sind ein Institut für Mikroelektronik und ein anderes für neuere Materialien eröffnet worden) sowie bezüglich Unterstützungen für Firmen, die F & E-Projekte verwirklichen.

b) Man war der Meinung, daß man eher die Ausbildung an den Universitäten und die angewandte Forschung favorisieren müßte, als die Grundlagenforschung.

6. Es ist eine Kampagne durchgeführt worden, um den Energieverbrauch der Industrie und anderer Dienste mit Hilfe von Beratungsstellen zu rationalisieren.

7. Die Generalitat hat auch Aktivitäten gesetzt, um die katalanische Industrie von der Wichtigkeit der Qualität — im Design und in der Produktion — zu überzeugen, und zwar mittels Audits.

8. Die Generalitat fördert zur Zeit die Internationaliserung der katalanischen Industrie, da der spanische Markt bis zur Eingliederung in die EG 1986 relativ isoliert war, was unsere Industrie stark behindert hat. Diese Politik wird auf der Basis von drei wichtigen Aspekten durchgeführt:

a) Mit Hilfe ausländischer Investitionen, die von Barcelona und von Außenstellen in Tokio, San Francisco, New York und Brüssel acquiriert werden sollen. Katalonien bekommt derzeit 40% der ausländischen Industrie-Investitionen in Spanien (und 90% der japanischen Industrie-Investitionen in Spanien).

b) Mit Hilfe von Handelsdelegierten im Ausland.

   Derzeit gibt es 39 in ausländischen Städten.

c) Mit Hilfe von Subventionen für Firmen, die versuchen, Marken im Ausland zu verbreiten.

Auch werden Aktivitäten durchgeführt, um Barcelona mit der Barcelona-Messe als Handelszentrum zu etablieren und derzeit wird die Möglichkeit untersucht, Vertriebshandelszentren zu bilden.

9. In bezug auf den Tourismus besteht eines der gravierendsten Probleme in der Raumordnung und der Schaffung von Infrastrukturen (Wasserversorgung, Bau von Fußgängerzonen usw.) in den von 1960 bis 1975 besonders belasteten Regionen.

Außerdem werden die Infrastrukturen gefördert, die das Niveau der Angebote für Touristen verbessern (Bau von Golf- und Sportplätzen) sowie den Tourismus auf den Bergen (Verbesserung der Skipisten usw.).

Schließlich muß man betonen, daß die Politik der Generalitat selten auf Unterstützungen für private Firmen basiert (nur zur Angleichung von Regionen) und daß sie auch nicht eine markante sektionelle Politik betreibt. Die Generalitat hat nur private Firmen unterstützt, die sich in einer Krise befanden, wenn diese hohe Sozialkosten mit sich gebracht hat.

III. Katalonien und der EFRE (Europäischer Fonds für regionale Entwicklung)

Wie allgemein bekannt ist, vergibt der EFRE Unterstützungen für die Entwicklung von europäischen Regionen, die folgendermaßen klassifiziert werden:

Zielgruppe 1: Regionen mit einem Pro-Kopf-Einkommen von 75% unter dem europäischen Durchschnitt;

Zielgruppe 2: Krisenregionen, die eine Reduzierung von industriellen Arbeitsplätzen erlebt haben;

Zielgruppe 3: Entwicklung von ländlichen Regionen, die nicht unter Punkt 1 berücksichtigt werden.

Mehr als die Hälfte Spaniens kann unter Punkt 1 subsumiert werden. In Katalonien fällt einer großer Teil unter Punkt 2 bzw. 3; daher profitieren sie von den Unterstützungen des EFRE.

Die Unterstützung des EFRE werden der öffentlichen Verwaltung für die Realisierung von Projekten gegeben, welche im voraus genehmigt worden sind. Die Unterstützung wird gewährt, wenn das Programm realisiert ist und kann bis zu 50% der Gesamtkosten betragen.

Es kann sich sowohl um infrastrukturelle als auch um Programme der Privatwirtschaft handeln. Eine Norm des EFRE, die allerdings nicht schriftlich fixiert worden ist, bestimmt sogar, daß 15% der Gesamtbeträge an diese zweite Art von Projekten gehen müssen.

In der Praxis werden die Unterstützungen auf der Basis von territorialen Kriterien vergeben: Jeder Staat verfügt über eine bestimmte maximale Summe und muß Projekte vorstellen, die mindestens das Doppelte dieser Summe ausmachen; der EFRE kann sich frei für bestimmte Projekte entscheiden. Gleichzeitig wird diese Aktion in Spanien wiederholt, indem der spanische Staat eine maximale Summe für jede autonome Region festlegt. Diese stellen dem Staat die Projekte vor, welche der Staat dann der Abt. 16 der EG-Kommission präsentiert.

Also hängt die Summe, die Katalonien vom EFRE bekommt, nicht von der Qualität der Projekte ab, sondern von der Zuteilung seitens des spanischen Staates, die die ärmsten Regionen in Spanien begünstigt.

Katalonien wurde im Maßnahmenprogramm 92/93 als Region der Zielgruppe 2 klassifiziert und bekommt eine Subvention von 13 Milliarden Peseten, was 0,6% seines Budgets für diese Jahre entspricht. Als Region der Zielgruppe 3 ist die Summe geringfügig (weniger als eine Milliarde Peseten). Diese Zuweisungen reichen nicht aus, d. h. man kann davon ausgehen, daß es ein fixes Einkommen aus dem Fonds geben wird, und die Regierung nachträglich Projekte einreichen muß, die den Kriterien der Abt. 16 entsprechen und deren Durchführung unabhängig von der Zuteilung der Subventionen geschehen wird.

In der Praxis hat diese Tatsache zur Folge, daß die finanzielle Bilanz mit der EG negativ ist, obwohl Katalonien ein Pro-Kopf-Einkommen unter dem EG-Durchschnitt hat und die Steuerbilanz mit dem Rest Spaniens 11% des Brutto-Inlandsprodukts beträgt. Das bedeutet, Katalonien bringt mehr in die EG ein, als es an Subventionen von der EG empfängt.

Im Zyklus 1990/91 wurden folgende Bereiche aus dem Fonds gespeist:

Forschungsinstitut für den Kraftfahrzeugbereich (IDIADA)	1.153,05
Chemische Pilotfabrik (LGAIN)	115,0
Förderung und Unterstützung für die PIMES	538,2
Vorbeugung der industriellen Umweltverschmutzung	156,1
Meß- und Kontrollsysteme für die Umwelt	350,0
Aktivitäten bezüglich Industrieabfällen	313,4
Universitäten (Architektur, Wirtschaft, Ökologie und EDV)	790,0
Institut für Forschung und Agrartechnologie (IRTA)	73,8
Verkehrsverbindungen	576,1
Zugang zu Binnenstädten	723,2
Finanzierung eines Autobahngürtels um Barcelona	1.606,6
Andere	29,9

Auf Grund einer nicht schriftlich festgelegten Regel gehen grundsätzlich keine EFRE-Unterstützungen der Generalitat an private Unternehmen. Obwohl die Abt. 16 uns ihre Sorge diesbezüglich mitgeteilt hat, ist es praktisch so, daß sowohl das Ausmaß eine seriöse Politik in diesem Sinne nicht gerade erleichtert, als auch, daß die Abt. 4 diese Möglichkeit nicht gestattet, da die Kriterien bezüglich der Vergabe von Subventionen es praktisch unmöglich machen.

Bis jetzt haben wir nur über die Unterstützungen des EFRE für Projekte der Generalitat Kataloniens gesprochen. Tatsächlich machen sie die Hälfte der Unterstützungen für Katalonien aus. Die zweite Hälfte wird von anderen öffentlichen Verwaltungen aufgebracht (zentrale und lokale Verwaltung); diese Summe entspricht 1,1 % des Budgets der Generalitat und 0,2 des katalanischen Brutto-Inlandsprodukts.

Die Gesamtsumme, die 1992/93 für Katalonien bestimmt wird (rund 26 Milliarden Peseten) entspricht 40% der Summe, die der EFRE für Spanien und die zweite Zielgruppe bestimmt hat (65 Milliarden Peseten) und 8 % der Summe, über die der EFRE insgesamt verfügt (325 Milliarden Peseten, von denen 260 für die Zielgruppe 1 bestimmt sind). Diese für Spanien bestimmten 8 % entsprechen den Unterstützungen, die der Staat aus dem sogenannten interregionalen Ausgleichsfonds vergibt: Ein Fonds (er verfügt über die Hälfte der Summen, die wir genannt haben), aus dem der Staat an die autonomen Regierungen Mittel für die Finanzierung von neuen Investitionen vergibt.

Schließlich kann man sagen, daß der Beitrag des EFRE zur Realisierung einer Politik beruhend auf der wirtschaftlichen Entwicklung in Katalonien gering ist:

— Schon von der Beitragshöhe her und

— weil er in der Praxis keine wirkliche Unterscheidung zwischen den konkreten Projekten trifft und daher auch ihre Realisierung nicht beeinflußt, und

— weil der EFRE keine Nettoüberweisung für Regionen wie Katalonien vornimmt, deren Pro-Kopf-Einkommen höher ist als die im Rest Spaniens, obwohl es unter dem EG-Durchschnitt liegt.

Diese Schlußfolgerung gilt in anderen spanischen autonomen Regierungen nicht, insbesondere in den ärmsten Regionen, da die Unterstützungen des EFRE relativ höhere Summen darstellen können und weil der EFRE die Realisierung von konkreten Projekten anordnet (einige autonome Regierungen haben jedes Jahr Schwierigkeiten, um die Summen zu rechtfertigen, die sie bekommen haben, weil sie keine interessanten Projekte haben bzw. keine Kapazität, um sie durchzuführen). Z. B. ist die Situation in der autonomen Regierung Extremadura ganz anders als in Katalonien; Extremadura ist am meisten unterentwickelt, hat ein Brutto-Inlandsprodukt pro Einwohner, das 64,9% des spanischen und 49,3 des EG-Durchschnitts entspricht und 26,4% Arbeitslosigkeit.

Das Budget von Extremadura (eine Million Einwohner) entspricht 7,9 % seines Brutto-Inlandsprodukts. Die Finanzierung des EFRE 1989 (4 Milliarden Peseten) entspricht 0,5 % des regionalen Brutto-Inlandsprodukts und 12,1 % des Budgets der autonomen Regierung.

Abschließend könnte man sagen, daß der Einfluß des EFRE auf die Politik der wirtschaftlichen Entwicklung in Katalonien kurzfristig zunehmen kann, und zwar dann, wenn das Budget zunimmt. Derzeit wird die Möglichkeit untersucht, das Budget aller struktureller Fonds zu verdoppeln. Diese Änderung kann für Katalonien negativ sein, wenn die aktuellen Kriterien zur Verleihung beibehalten werden (auf Grund der Steuerbilanz). Jedoch könnte die Situation verbessert werden, wenn der EFRE eine Politik zur Förderung der unterentwickeltsten Regionen jeder Regierung und nicht jedes Staates führen würde. Diese Änderung ist jedoch kurzfristig nicht möglich.[1]

---

[1] Ergänzender Hinweis des Hrsg.: Vgl. zur jüngsten Entwicklung der europäischen Regional und Strukturpolitik *Gabriele Trondl,* Die Revision der Strukturfonds unter dem Maastrichter Kohäsionsziel, Wirtschaftspolitische Blätter 1993/5, S. 534 ff.

Die Strukturfonds (Europäischer Fonds für regionale Entwicklung — EFRE, Europäischer Sozialfonds — ESF, Europäischer Fonds für die Landwirtschaft — EAGFL/Abteilung Ausrichtung) dienen der Finanzierung der *EG-Regionalpolitik* (Art. 130a-e EWGV). Diese hat die Aufgabe, Regionen zu unterstützen, deren wirtschaftliches Entwicklungsniveau unter dem Gemeinschaftsdurchschnitt liegt, oder die aus Gemeinschaftssicht besondere regionale Probleme in industriellen oder ländlichen Gebieten haben. Als Gemeinschaftspolitik bestimmt sie auch den Rahmen der nationalen Regionalpolitik. Die Strukturfonds übernehmen aber auch die Finanzierung allgemeiner, nicht nur regionalpolitischer, *strukturpolitischer* Maßnahmen. Mit dem Vertrag von Maastricht steht die *Kohäsionspolitik* im Vordergrund, welche den Mitgliedstaaten mit dem geringsten Entwicklungsniveau und Lebensstandard helfen soll, diese an den Gemeinschaftsdurchschnitt anzugleichen. Besonders zu berücksichtigen ist dabei deren eingeschränkter makroökonomischer Spielraum (Haushaltsrestriktion, Inflationsbekämpfung, Wechselkursstabilisierung).

Die praktische Regionalpolitik in einem deutschen Bundesland am Beispiel Bayerns

Von Klaus-Peter Lotze

I. Einleitung

Nach dem österreichischen und dem spanischen nun das deutsche Modell der Regionalpolitik — dargestellt am Beispiel Bayern. Oder besser gesagt: *Ein* deutsches Modell der Regionalpolitik. Schließlich ist die Bundesrepublik ein föderaler Staat und die Regionalpolitik ein Politikbereich, in dem die Länder noch eigene Gestaltungsräume beanspruchen können.

Wenn Bayern in den letzten Jahrzehnten besser gefahren ist als andere Bundesländer, so mag dies viele Gründe haben. Einer davon ist sicherlich, daß bayerische Politik immer konsequent darauf gesehen hat, daß sich wirtschaftliche Dynamik an möglichst vielen Plätzen entfalten konnte und nicht nur an einem oder wenigen Zentren. Dies wäre nicht nur ungerecht, es wäre auch unproduktiv gewesen. Leitbild ist nicht der schwere Güterzug, der von einer einzigen starken Lokomotive gezogen wird, sondern der Schnelltriebwagen, bei dem alle Achsen angetrieben sind.

Bei einer Ausgangslage, wie sie in Bayern ursprünglich bestand, war es keineswegs leicht, sich diesem Leitbild anzunähern. An zwei Seiten von einer undurchlässigen Grenze umschlossen, weitgehend ländlich geprägt, ohne eigene Rohstoffe und weit entfernt von den Märkten Europas brachte Bayern wenig mit, was Anlaß zu einer günstigen wirtschaftlichen Prognose gegeben hätte.

Auf der anderen Seite sorgten Grenzlage und ländliche Struktur aber auch für klare regionalpolitische Zielsetzungen. Wenn eine schleichende wirtschaftliche Erosion und Entleerung dieser Räume verhindert werden sollte, mußte sich Regionalpolitik in Bayern in erster Linie als Grenzlandpolitik und als Politik für den ländlichen Raum verstehen.

II. Ziele der bayerischen Regionalpolitik

Welches sind nun die regionalpolitischen Ziele der bayerischen Staatsregierung? Regionale Strukturpolitik war und ist für die Staatsregierung

— eine ihrer wichtigsten Aufgaben und

— ein Feld unbezweifelbarer Erfolge.

Der Auftrag der regionalen Strukturpolitik, in allen Landesteilen gleichwertige Lebens- und Arbeitsbedingungen zu schaffen und zu erhalten dient mehreren Zielen:

— Sie dient dem Menschen, der in seiner Heimat Arbeit und Auskommen findet und nicht gezwungen wird, in die Verdichtungsräume abzuwandern.

— Sie dient einer ausgewogenen Landesentwicklung, weil sie den Druck auf die Ballungsgebiete mindert und der Entleerung strukturschwacher Räume entgegenwirkt.

— Sie fördert die wirtschaftliche Entwicklung des ganzen Landes, weil sie auch das Entwicklungspotential der ländlichen und strukturschwachen Räume aktiviert.

— Sie erleichtert den Strukturwandel, indem sie dort, wo Arbeitsplätze in schrumpfenden Branchen wegfallen, neue dauerhafte Arbeitsplätze entstehen läßt.

— Sie diente in der Vergangenheit dem deutschlandpolitischen Ziel, die Grenzräume nicht veröden zu lassen, sondern sie auch im Interesse einer erhofften deutschen Einigung lebendig und stark zu erhalten.

— Sie dient heute im Grenzland auch dem Bestreben, eine nahtlose Verbindung zu den neuen Ländern herzustellen und für Ostbayern eine Brückenfunktion zu Tschechien zu ermöglichen.

III. Regionalpolitische Strategien in Bayern

In Bayern ist Regionalpolitik mehr als nur Wirtschaftspolitik und regionale Wirtschaftsförderung. Regionalpolitik ist breiter angelegt. Alle Politikbereiche nehmen Rücksicht auf regionalpolitische Zielsetzungen. Nicht nur die ohnehin auf wirtschaftliche Entwicklung ausgerichtete Verkehrs-, Energie- und Technologiepolitik, sondern genausogut die Bildungs- und Kulturpolitik, das Gesundheitswesen, der Städtebau und der Umweltschutz. Also auch die Bereiche, die man begrifflich eher mit Lebensqualität als mit Wirtschaftsentwicklung assoziiert.

Bayern hat all diese regionalpolitischen Möglichkeiten genutzt und will es weiter tun:

Die Erschließung des Zonenrandgebiets, aber auch der ländlichen Gebiete durch Bundesfernstraßen wurde mit Nachdruck betrieben. Bayern hat immer energisch darauf gepocht, daß die Prioritäten beim Fernstraßenbau sich nicht allein am aktuellen Verkehrsaufkommen, sondern auch an den möglichen Erschließungswirkungen einer Strecke ausrichteten. Die frühzeitige Einbindung auch dünn besiedelter Gebiete Niederbayerns und der Oberpfalz ist ein Erfolg dieser Politik.

Kaum zu überschätzen ist auch die Rolle des Bildungswesens. Die Gründung der Grenzlanduniversitäten in Regensburg, Bayreuth, Bamberg und Passau war auch regionalpolitisch ein großer Wurf. Gerade die Gründung der Universität Regensburg mag die Initialzündung gewesen sein, die dazu geführt hat, daß die Oberpfalz heute einer der interessantesten Wirtschaftsräume Deutschlands ist. Fachhochschulen, leistungsfähige Berufsbildungszentren des Handwerks, ein dichtes Netz von Technologietransfer- und Informationseinrichtungen, aber auch sorgfältig erhaltene und modernisierte Stadtzentren und Dorfkerne sowie ein vielfältiges kulturelles Leben bilden „weiche Standortfaktoren", die oft den Ausschlag für Ansiedlungsentscheidungen von Unternehmen geben, die gerade den wichtigen kleinen und mittleren Unternehmen zusätzliche Entwicklungsimpulse geben und die dafür sorgen, daß die Betriebe qualifizierte und engagierte Mitarbeiter finden.

All dies schafft einen fruchtbaren Boden, auf dem die regionale Wirtschaftsförderung ihre Wirkung entfalten kann.

IV. Ergebnisse der bayerischen Regionalpolitik

Wir sind mit diesem Konzept bisher gut gefahren.

Bayerns Weg vom Agrarland zu einem der führenden Wirtschaftsräume Deutschlands wäre ohne den Beitrag der regionalen Strukturpolitik nicht möglich gewesen.

Die ländlichen strukturschwachen und peripheren Gebiete konnten nicht nur mit der gesamtwirtschaftlichen Entwicklung Schritt halten; sie haben vielfach sogar überdurchschnittliche Ergebnisse erzielt:

— Der Zuwachs der Wirtschaftsleistung (gemessen an der Bruttowertschöpfung zu Factorkosten) in den bayerischen Fördergebieten wird von keinem deutschen Fördergebiet auch nur annähernd erreicht. Unter ihnen sind nur Bayerns strukturschwache Gebiete dem Bundesdurchschnitt einen guten Schritt nähergekommen.

— Die langfristige Arbeitslosenquote ist gegenüber der ersten Hälfte der 80er Jahre nirgends auch nur annähernd so stark zurückgegangen wie im bayerischen Fördergebiet. Sie liegt dort inzwischen sogar unter dem Bundesdurchschnitt.

Auf dem Weg zu unserem Ziel gleichwertiger Lebensbedingungen im ganzen Land sind wir erfreulich weitergekommen, aber dabei sind bei weitem noch nicht alle Probleme gelöst.

Im ehemaligen nordbayerischen Zonenrandgebiet, an der EG-Außengrenze zu Tschechien und im westlichen Mittelfranken sind noch Rückstände aufzuholen.

Auch unabhängig von der Grenzlage gibt es dort echte Standortnachteile, die weitere Hilfen rechtfertigen:

— ungünstige topographische und klimatische Bedingungen, besonders in Mittelgebirgslagen

— dünne Besiedelung

— Strukturprobleme in der Landwirtschaft

— teilweise einseitige traditionelle Industriestrukturen.

V. Strukturpolitische Instrumente

Welche Möglichkeiten haben wir noch, diese Probleme zu lösen?

Da bisher die Begriffe Regionalpolitik und Grenzlandpolitik, regionale Wirtschaftsförderung und Zonenrandförderung nahezu synonym gebraucht worden sind, fällt es schwer, allgemein verständlich zu machen, daß viele Gebiete an der ehemaligen Zonengrenze auch heute noch Unterstützung brauchen.

Die Zonenrandförderung ist ein auslaufendes Modell. Bis Ende 1994 werden ihre besonderen Förderinstrumente auslaufen — zuletzt die steuerliche Förderung durch Sonderabschreibungen und steuerstundende Rücklagen, schon jetzt Frachthilfen und Präferenzen bei öffentlichen Aufträgen.

Ende dieses Monats verliert das Zonenrandgebiet seine Sonderstellung in der Regionalförderung. Nur ehemalige Zonenrandgebiete, die nach den für alle Gebiete geltenden Abgrenzungskriterien als förderbedürftig ausgewiesen sind, bleiben dann im Fördergebiet. Wirtschaftsstärkere Gebiete wie z. B. Schweinfurt und Coburg, aber auch Kronach und Bayreuth müssen ausscheiden.

Was dann noch bleibt sind die Bund-Länder-Gemeinschaftsaufgabe „Verbesserung der regionalen Wirtschaftsstruktur“, die landeseigenen bayerischen regionalen Förderungsprogramme und die Strukturfonds der Europäischen Gemeinschaft, insbesondere der EG-Regionalfonds.

VI. Die Rolle der Gemeinschaftsaufgabe, der Landesförderprogramme und des Europäischen Regionalfonds

Wie verhalten sich diese Instrumente zueinander?

In der Bundesrepublik ist Regionalpolitik Sache der Länder. Dies würde es nahelegen, den landeseigenen Förderprogrammen die zentrale Rolle in der bayerischen Regionalpolitik zuzubilligen. Das stimmt aber nur mehr beim Mittelaufkommen. Die tragende Rolle, wenn es darum geht, was, wo und wie gefördert werden kann, ist längst auf die Gemeinschaftsaufgabe übergegangen. Dabei hat auch die Beihilfekontrolle der EG-Kommission ein gutes Stück mitgeholfen.

Die Gemeinschaftsaufgabe setzt einheitliche Rahmenbedingungen für die Aktivitäten von Bund, Ländern und Gemeinden auf dem Gebiet der regionalen Wirtschaftsförderung.

Die Koordinationsfunktion der Gemeinschaftsaufgabe besteht vor allem in folgenden Punkten

— Abgrenzung des Fördergebiets nach einem einheitlichen Verfahren

— einheitlicher Rahmen für die Auswahl von Schwerpunkten

— Festsetzung von Höchstsätzen der Förderung unter Berücksichtigung eines allgemeinen Präferenzgefälles

— einheitliche Regelungen über Voraussetzungen, Art und Intensität der Förderung.

Dies konstituiert noch kein Monopol der Gemeinschaftsaufgabe, engt den Bewegungsspielraum der Länder jedoch merklich ein. Sie dürfen die Ziele der Gemeinschaftsaufgabe jedenfalls mit eigenen Maßnahmen nicht durchkreuzen.

Bayern setzt neben Mitteln der Gemeinschaftsaufgabe eigene Haushaltsmittel zur Regionalförderung ein und führt in den Fördergebieten eigene Investitionshilfen, meist in Form zinsverbilligter Darlehen und nicht als Investitionszuschüsse wie die Gemeinschaftsaufgabe. Bei Förderentscheidungen legt es etwas andere Beurteilungsmaßstäbe als die Gemeinschaftsaufgabe an. Außerhalb der Förderkulisse der Gemeinschaftsaufgabe ist augenblicklich keine Förderung möglich. Bayern strebt jedoch an, mit deutlich abgesenkten Fördersätzen auch hier in ländlichen Gebieten kleine und mittlere Unternehmen zu fördern. Das entsprechende Programm muß noch von Brüssel genehmigt werden.

Ich komme hier zu einem Thema, das die regionalpolitische Diskussion in Deutschland zunehmend prägt: Die Rolle der Europäischen Gemeinschaft. Hierbei sind zwei Aspekte voneinander zu unterscheiden: Die EG-Beihilfekontrolle und der Einsatz der Strukturfonds der Gemeinschaft. Beide Bereiche sind zwar unabhängig voneinander und unterschiedlichen Dienststellen der Kommission als Aufgabe zugewiesen, in ihrem Zusammenwirken spielen sie in der deutschen Regionalpolitik, und das heißt auch in der bayerischen Regionalpolitik, eine prägende Rolle.

Die Beihilfekontrolle nach Art. 92, 93 EG-Vertrag richtet sich grundsätzlich auf alle direkten und indirekten staatlichen Subventionen an Unternehmen. Finanzierungshilfen mit regionaler Zielsetzung sind davon nicht ausgenommen; im Gegenteil, ihnen gilt besonderes Augenmerk der Kommission. Ohne Genehmigung der Kommission dürfen keine neuen nationalen oder Landesprogramme eingeführt werden und keine bestehenden fortgesetzt werden, wenn der Genehmigungszeitraum abgelaufen ist. Die Kommission hat das Werkzeug der Beihilfekontrolle benutzt, um die Regionalförderung in Westdeutschland und auch in Bayern immer stärker einzuschränken. Der Fördergebietsumfang mußte mehrfach zurückgenommen werden, die zulässigen Höchstfördersätze wurden gekappt und zuletzt die besondere Förderung des Zonenrandgebietes gestoppt. Was wir heute regionalpolitisch tun können, ist somit nicht mehr allein dadurch bestimmt, was wir für wünschenswert und finanziell machbar halten, sondern auch dadurch, was uns die EG-Kommission zuzugestehen bereit ist.

Der andere Hebel, über den Brüssel Einfluß auf die deutsche und bayerische Regionalpolitik nimmt, ist der Einsatz der EG-Strukturfonds, namentlich des Europäischen Fonds für regionale Entwicklung (EFRE). Bereits seit Mitte der 70er Jahre stellt die Gemeinschaft Finanzmittel für diesen Zweck zur Verfügung. Früher beschränkte sich die Kommission dabei auf die teilweise Refinanzierung nationaler Programme. Mit dieser eher passiven Rolle des Finanziers gibt sie sich jedoch schon lange nicht mehr zufrieden. Schon seit der Mitte der 80er Jahre entwickelt sie den Ehrgeiz, unmittelbar in die Gestaltung der Regionalpolitik einzugreifen. Die Strukturfondsreform von 1988, aber auch das schon vorher geschaffene Instrument der sog. Gemeinschaftsinitiativen bieten ihr die Handhabe dazu.

Der Löwenanteil der finanziellen Leistungen der Gemeinschaft zur Verbesserung der regionalen Entwicklung fließt naturgemäß den weniger wohlhabenden Mitgliedstaaten und Regionen zu. Dies ist sinnvoll und dient dem weiteren ökonomischen und politischen Zusammenwachsen der Gemeinschaft. Ein Teil der Strukturfondsmittel ist allerdings zur Lösung regionaler Probleme auch in den wohlhabenderen Mitgliedsstaaten bestimmt. Hier flankiert die Gemeinschaft den wirtschaftlichen Wandel in alten Industrieregionen und ländlichen Gebieten. Da wir in Bayern in den Gebieten an der ehemaligen Zonengrenze und an der Grenze zu Tschechien, aber auch in Westmittelfranken damit rechnen müssen, daß die Existenzgrundlagen für die Landwirtschaft immer weiter geschmälert werden und dies spürbare Rückwirkungen auf den gesamten ländlichen Raum haben wird, ist Bayern in die Förderung ländlicher Gebiete nach Ziel 5b der Strukturfondsverordnung einbezogen. Dagegen liegen die industriellen Problemregionen, für die der Einsatz der EG-Strukturfonds nach Ziel 2 der Strukturfondsverordnung in Frage kommt, außerhalb Bayerns, z. B. in Nordrhein-Westfalen, dem Saarland und Bremen.

Punktuell greift die Gemeinschaft mit eigenen Initiativen zusätzlich regionalpolitische Probleme auf oder versucht neue eigene Lösungsansätze ins Spiel zu bringen. Wichtigstes aktuelles Beispiel ist die Gemeinschaftsinitiative INTERREG, bei der es darum geht, an der Grenze zur Tschechoslowakei aber auch zu Österreich regionalpolitische Aktivitäten mit grenzüberschreitender Wirkung zu initiieren. Schon früher war die Kommission in Reaktion auf bestimmte Problemlagen z. B. in der Mittleren Oberpfalz mit der Initiative RESIDER oder im Raum Bayreuth mit einer Gemeinschaftsinitiative zugunsten von Textilregionen aktiv geworden.

Was in der Öffentlichkeit nicht immer klar verstanden wird, ist die Tatsache, daß die EG-Förderung nur eine mittelbare Förderung ist. Ihre Inanspruchnahme setzt voraus, daß das Land eigene Entwicklungspläne, gemeinschaftliche Förderkonzepte und operative Programme erstellt, die aus Landesmitteln kofinanziert werden. Die Förderangebote aus Brüssel binden somit zu einem erheblichen Umfang auch für die regionale Wirtschaftsförderung vorgesehene Landesmittel. Im Klartext bedeutet dies, daß die Landeswirtschaftspolitik zunehmend von Entwicklungsvorstellungen der Gemeinschaft beeinflußt wird.

Hier besteht sicherlich ein Spannungsverhältnis zwischen zwei Prinzipien, die durch die Maastrichter Verträge für die Gemeinschaft verbindlich werden sollen: Dem Subsidiaritätsprinzip und dem Prinzip der Bürgernähe. Während das Subsidiaritätsprinzip es eigentlich nahelegte, regionale Problemlagen, die im nationalen Rahmen beherrschbar sind, auch nationalen Stellen zur Lösung zu überlassen, kann das Prinzip der Bürgernähe so ausgelegt werden, daß das Wirken der Gemeinschaft auch vor Ort in den Regionen spürbar werden soll.

Eine Lösung muß gefunden werden. Die Verhandlungen über das Delors-II-Paket und die damit verbundene Neuordnung der Strukturfondsverordnung bieten Gelegenheit, hier zu noch besser abgestimmten Lösungen zu kommen.

Die Rolle der Regionen in Italien und das Recht der EG

Von Mario Patrono

Zur Einleitung sollen einige prinzipielle Hinweise gegeben werden:

1. Die dramatischen Ereignisse der letzten Jahre und Monate — in Osteuropa und besonders in Jugoslawien und in der Sowjetunion — belegen die Krise des zentralisierten Nationalstaates, der einem doppelten Druck ausgesetzt ist: von oben, von seiten der supranationalen Organisationen, wie die Europäische Gemeinschaft, angeregt von Prozessen ökonomischer und sozialer Internationalisierung; von unten, von seiten der lokalen Regierungsinstanzen, angeregt von dem Erfordernis, ethnische und kulturelle Identität zu behaupten. Wir leben also in der Epoche eines neuen Föderalismus, in dem Sinn, daß nur föderale Institute fähig zu sein scheinen, diesen doppelten und entgegengesetzten Antrieb in Richtung lokaler Autonomie und supranationaler Integration aussöhnen zu können.

2. Eng verbunden damit ist die Konzeption des „Europa der Regionen". Die Gestaltung der europäischen Integration als Europa der Regionen in der aktuellen geschichtlichen Phase stark wachsender lokaler Autonomie und ethnischer Identität, erlaubt als einzige den Übergang von einer ökonomischen und finanziellen Integration, die schon in einer fortgeschrittenen Phase ist, zu einer auch politischen Integration, die noch sehr weit entfernt ist. Aber die Konzeption des Europa der Regionen beinhaltet ein System von Beziehungen zwischen der Europäischen Gemeinschaft und den lokalen Autonomien in ihren verschiedenen Ausformungen, die nicht durch die nationalen Regierungen mediatisiert sind. Daraus ergeben sich drei Konsequenzen von großer Wichtigkeit:

Die erste ist, daß die EG imstande sein muß, als Anziehungspunkt für die Länder und Völker des gesamten Europa zu fungieren, um diese nach und nach im Rahmen der Prinzipien von Freiheit, Sozialität und Schutz der Arbeit zu aggregieren, die die Verfassungen der 12 Länder, die heute die EG bilden, charakterisieren.

Die zweite Konsequenz ist, daß an die Stelle des Mißtrauens, der Geringschätzung, des alten und eigentlichen Rassismus, der viel zu oft ethnische Kulturen und europäische Völker einander entgegenstellt, gerade in Europa ein Klima des Respekts treten muß, ein Klima der Zusammenarbeit zwischen den verschiedenen Nationalitäten, ohne das sich kein einziger einheitlicher Wert herausbilden kann, dem ein Minimum an Festigkeit und Stabilität zukommt.

Die dritte Konsequenz ist, daß sich die institutionelle Realität „internationalistischer" Art des Gemeinschafts-Europa rasch ändern muß.

Die EG, jenseits von irgendwelchen Eigentümlichkeiten — und davon gibt es nicht wenige — und auch jenseits von Elementen konföderaler Art, die bereits in sie eingedrungen sind, bleibt immer noch eine „Staatengemeinschaft", ein Hilfswerkzeug für die Erfordernisse dieser Staaten, die ihr mittels eines Vertrages Leben gegeben haben oder ihr später beigetreten sind, und die sich darüber die Verfügungsgewalt bewahren und sie daher jederzeit frei verändern und auch abschaffen können. Es bleibt also jedem einzelnen vertragschließenden Staat die Möglichkeit — die in der EG niemals weniger geworden und jederzeit vorhanden ist — vom Vertrag zurückzutreten und sich von den anderen Staaten loszulösen: diese Möglichkeit, die unfehlbar das Vorhandensein einer internationalen Organisation anzeigt. Allerdings schreitet man mit Schnelligkeit voran in Richtung einer neuen institutionellen Ordnung der Gemeinschaft, von bundesstaatlicher Art, die dem, was heute das europäische Parlament darstellt, eine „zweite Kammer" zur Seite stellt, die der derzeitige Ministerrat sein könnte, mit Gesetzgebungs- und Kontrollkompetenzen über die dann in eine Regierung der Gemeinschaft umgewandelte Kommission.

Im folgenden wird nur der erste Aspekt entwickelt, jener bezüglich des Europa der Regionen, und beschränkt auf Italien, wo zur Zeit eine Reform der politischen Ordnung in Richtung eines „starken Regionalismus" stattfindet, im Zusammenhang mit dem Projekt einer Verfassungsrevision, die gegenwärtig in der Deputiertenkammer diskutiert wird. Wesenselemente dieser Reform sind die Stärkung der finanziellen und fiskalischen Autonomie der Regionen, das Anwachsen der Organisationsautonomie der lokalen Gebietskörperschaften und die Wahlreform der lokalen Verwaltungseinrichtungen.

Im Prozeß der europäischen Integration kann man zwei Aspekte feststellen, die sich eigentlich widersprechen bzw. zu widersprechen scheinen. Der eine wird gebildet von der wachsenden Bejahung des supranationalen Charakters der Gemeinschaft, dadurch daß die Staaten den Weg freigeben für den immer größeren Wust von Normen, von Machtbefugnissen, von Zielen, die die Gemeinschaft ihnen vorschlägt und auferlegt.

So ist der Europäische Gerichtshof durchgedrungen mit seiner Absicht, die Idee einzuwurzeln, daß für ein Funktionieren der EG der Primat des Gemeinschaftsrechts vor dem staatlichen Recht unumgänglich ist: Wie das deutsche Bundesverfassungsgericht in diesem Zusammenhang festgestellt hat, hinterläßt die Gemeinschaftsregel da wo sie eindringt, dem internen Recht sozusagen „verbrannte Erde" und ersetzt dieses dort als einzig anwendbares für den nationalen Richter, und das gilt für alle Mitgliedstaaten.

In Wahrheit gibt es gegen diese Tendenz des EuGH immer noch Inseln des Widerstands. In Frankreich z. B. weigert sich der Conseil d'Etat die Regel anzuerkennen, während sie vom Cour de Cassation (Urteil Nr. 115 / 1975) akzeptiert wird; aber vor allem nach dem Urteil Nr. 170 / 1984 der italienischen Corte Costituzionale ist die Prävalenz der Gemeinschaftsnorm eine Tatsache, die man schon als definitiv angenommen betrachten kann. Und der supranationale Charakter der Gemeinschaft bringt nicht wenige Vorteile, auch auf dem Gebiet der den Mitgliedsstaaten von der EG für die schnelle Rezeption der Gemeinschaftsvorschriften auferlegten Prozeduren.

Den letzten Gesetzen in diesem Zusammenhang folgend — das französische Gesetz Nr. 79-554 / 79, das griechische Gesetz Nr. 945 / 79, die Resolution des deutschen Bundestags vom 16. Juni 1983, das spanische Gesetz Nr. 47 vom 27. Dezember 1985 — hat das italienische Gesetz Nr. 86 / 89 (legge La Pergola) in seinem Artikel 2 eine jährliche ad hoc-Sitzung eingeführt, um die Prüfung des Entwurfs eines „Gemeinschaftsgesetzes" von Seiten der Kammern zu gestatten.

Es wächst also die Durchschlagskraft der Akte der EG in den einzelnen nationalen Rechtsordnungen, parallel dazu wächst auch die Machtsphäre der Gemeinschaft und damit ihr Aktionsradius. Dieser ist abhängig vom „Spiel", das zwischen drei Normen des EG-Vertrages hin und her geht: Art. 2, er legt die Skala der von der Gemeinschaft verfolgten Ziele fest und zwar auf recht unbestimmte Weise; Art. 3, er listet die Befugnisse der Gemeinschaft auf, die sie ausübt um ihre Ziele zu verfolgen und Art. 235, der quasi als „Multiplikator" der Gemeinschaftskompetenzen fungiert, wenn er den Rat (das Repräsentativorgan der Regierungen der Mitgliedstaaten) zur (einhelligen) Ausübung weiterer Befugnisse ermächtigt, im Vergleich zu jenen, die im Art. 3 vorgesehen sind, vorausgesetzt, daß die Ausübung dieser Befugnisse — die der Rat immer von Mal zu Mal definieren muß — sich als notwendig und opportun erweist, um die im Art. 2 festgelegten Ziele zu verfolgen. Und eben die Berufung auf Art. 235 hat erst gemeinsame Maßnahmen auf dem Umweltsektor möglich gemacht und, noch sensibler, im kulturellen Bereich, den der EG-Vertrag nicht ausdrücklich berücksichtigt.

Endlich hat die Einheitliche Europäische Akte das Spektrum der Gemeinschaftsziele erheblich erweitert, unter denen zum ersten Mal die Behauptung hervorsticht, daß die Mitgliedstaaten der Gemeinschaft beabsichtigen, „die für die Sicherheit notwendigen technologischen und industriellen Bedingungen zu bewahren", wofür auch eine bestimmte Form der intergemeinschaftlichen politischen Konzertierung vorgesehen ist. Was noch mehr zählt, die EEA (kopiert vom „*Delors*-Plan") definierte einige Punkte des Rom-Vertrages neu:

1. Sie fixierte den 31. Dezember 1992 (vorbehaltlich der Prüfung der faktischen Durchführung) für die Vollendung des Binnenmarkts;

2. sie drängte auf Harmonisierung der Wirtschafts- und Währungspolitik der Mitgliedsstaaten (Art. 20);

3. sie übernimmt es, die ökonomische und soziale Abstimmung im eigenen Bereich zu realisieren und trachtet, „die Unterschiede zwischen den verschiedenen Regionen sowie die Rückständigkeit der weniger begünstigten Regionen" zu verringern;

4. sie schlägt vor, die wissenschaftlichen und technologischen Grundlagen der europäischen Industrie zu stärken und die Entwicklung ihrer internationalen Wettbewerbsfähigkeit zu begünstigen (Art. 24); sie entwirft schließlich den Versuch einer Sozialpolitik.

Es ist nicht schwierig sich bewußt zu werden, wie diese institutionellen Verbesserungen dazu tendieren, die verrosteten Mechanismen der Gemeinschaft zu schmieren, deren volles Funktionieren jedenfalls vom Willen und der Initiative der einzelnen Regierungen abhängt: und das stellt den zweiten Aspekt dar, nämlich den negativen des Problems. Um dieses Ziel zu erreichen, muß man sich von der Last befreien, die die Kraft der bis heute dominierenden staatlichen Kultur darstellt und muß erreichen, daß sich die Entwicklung Europas im Sinne einer infranationalen Entflechtung vollendet. Die Regionen (oder wie sich die territorialen Einheiten auch nennen, die *Massimo Severo Giannini* definiert als „Enti di vasta area“: Länder, Comunidades autonomas usw.) fühlen die Egoismen der Staaten nicht, und erscheinen deshalb eher bereit, sich der äußeren Realität zu öffnen. Das bezeugen, zumindest bei uns, die zahlreichen Versuche (vom „Zentrum“ oft unterdrückt), einen direkten Dialog mit den angrenzenden autonomen Gemeinschaften zu führen, die kulturellen Kontakte, die Fremdenverkehrsbeziehungen zwischen den Regionen, die zu verschiedenen Staaten gehören (wie z. B. die ARGE Alpen Adria, die Zone des Triveneto, die Österreich und Jugoslawien verbindet).

Die Vorbedingungen sind da: Italien, Belgien, Spanien, Portugal haben selbst die Dezentralisation begonnen, Frankreich ist dabei und in England ist sie geplant. Und das, während der Staat beginnt sich aus vielen Sektoren „zurückzuziehen“, und sie lieber der Privatautonomie überläßt: das ist das Phänomen der sog. Deregulation, die aus den Vereinigten Staaten kommend auch im alten Kontinent bereits feste Wurzeln zu schlagen scheint.

Besonders die Einheitliche Europäische Akte — wenn sie so durchgeführt wird, wie dies der *Delors*-Plan vorsieht — kann die Initialzündung für diesen Prozeß geben, indem sie den Regionen Gelegenheit gibt, sich aus den Untiefen herauszuziehen, in welchen sie der Zyklon Europa stranden ließ. Durch den Einfluß der EG geriet die Machtsphäre der Regionen in der Tat — zumindest in Italien — unter einen unvermeidbaren Druck. Und das nicht nur (bzw. nicht so sehr), weil die EWG Befugnisse hat, die teilweise den Kompetenzen der Regionen aufgepfropft (und übergeordnet) sind, sondern auch und vor allem, weil die Regionen plötzlich gegen eine Strategie der Umzingelung kämpfen mußten, die außerordentlich schwerwiegend und zwingend war, und die sie daran hinderte, in irgendeiner Weise Kontakt mit den Entscheidungszentren der Gemeinschaft aufzunehmen und zwar:

1. Nein zu jedem Versuch von Seiten der Regionen, einen Dialog mit den Institutionen der Gemeinschaft zu beginnen, weil die Befugnis über die Einrichtung und die Abwicklung von internationalen Beziehungen ausschließlich und urei-

gen dem Staat vorbehalten sein muß (Corte Costituzionale Urteil Nr. 170 / 75, 123 / 80, 187 / 85, 179 / 87; das wurde auch ausdrücklich bestätigt von Art. 4 Abs. 1 des Dekretes des Präsidenten der Republik Nr. 616 / 77, der wörtlich festlegt: „Der Staat . . . übt die Funktionen bezüglich der internationalen Beziehungen aus, auch in jenen Materien, die auf die Regionen übertragen oder an sie delegiert sind").

2. Nein zu jedweder Hypothese einer Teilnahme der Regionen an der Phase der staatlichen Mitwirkung an den Gemeinschaftsentscheidungen, in Anbetracht des ursprünglichen „dualistischen" Modells der Beziehungen zwischen Staat und Regionen.

3. Schließlich nein zur Ausführung der Gemeinschaftsrichtlinien „in der 1. Person" von Seiten der Regionen. Insoweit sie es tun, sind die Regionen gezwungen, zwei Herren zu dienen, der EG und dem Staat, und sie sind weiters gezwungen, sowohl die Gemeinschaftsanordnung als auch die staatliche Anordnung auszuführen, die erklärt, wie die Gemeinschaftsregelung auszuführen ist. In dem Zusammenhang sanktioniert Art. 6 des Dekretes des Präsidenten der Republik Nr. 616 / 77 zum Großteil in wörtlicher Wiedergabe des Art. 1 Abs. 3 Z. 5 des Delegationsgesetzes Nr. 382 / 75 die Regionalkompetenz, vorbehaltlich der Erlassung von nationalen Grundsatzgesetzen und von Ausführungsgesetzen für Gemeinschaftsregelungen bezüglich Materien des eigenen Wirkungsbereichs. Weiters ist vorgesehen, daß wenn eine Region gemeinschaftliche Verpflichtungen nicht erfüllt bzw. einen bestimmten Termin überschreitet, die Zentralregierung an Stelle der säumigen Region Regelungen schaffen kann.

Sicher tendiert dieser auferlegte zentralistische Mantel vom Typ eines Estado integral dazu, sich von Zeit zu Zeit zu lichten, einen kleinen Lichtstrahl durchscheinen zu lassen. Z. B. wurden die Regionen jetzt zum Europarat zugelassen, sie können von der staatlich-regionalen Konferenz konsultiert werden „über allgemeine Belange bezüglich der Ausarbeitung und Durchführung von Gemeinschaftsakten, die die Regionalkompetenzen betreffen" (Art. 10 des Gesetzes vom 9.3.1989, Nr. 86). Sie können bei der Regierung inhaltliche Stellungnahmen zu Entwürfen für Verordnungen, für Empfehlungen und für Richtlinien der EWG vorbringen, die davon Notiz nehmen muß (Art. 9 des Gesetzes vom 16. April 1987, Nr. 183). Und schließlich haben die Regionen mit Sonderstatus und die autonomen Provinzen nun die Möglichkeit, Ausführungsregelungen zu Gemeinschaftsrichtlinien zu erlassen, und zwar auch vor der Erlassung eines staatlichen Gesetzes „in diesem Belang", in Bereichen des ausschließlich eigenen Wirkungsbereichs (Art. 13 des zitierten Gesetzes Nr. 183 / 87, vgl. auch Corte Costituzionale Urteil Nr. 304 / 87). Aber — wie man sieht — ist all das recht wenig, der schwere Mantel bleibt bestehen, ebenso die Umzingelung.

Der Effekt, der daraus auf politischer Ebene resultiert, ist schwerwiegend: Auf der einen Seite ist die Teilnahme Italiens an der Bildung von Gemeinschaftsrecht von einem strengen Zentralismus geprägt, der nicht zur „polizentrischen" Ausformung unseres politisch-administrativen Systems paßt; auf der anderen Seite enden die italienischen Unterhändler oft damit, bezüglich bestimmten Problemen einheitliche Lösungen für das gesamte nationale Territorium darzulegen bzw. zu akzeptieren, obwohl sich dasselbe Problem — wie es nicht selten vorkommt — in den verschiedenen Landesteilen differenziert bzw. geradezu entgegengesetzt darstellt.

Ich sprach von der Einheitlichen Europäischen Akte, von der Tatsache, daß sie imstande sein könnte, in den Regionen neue Energien auszulösen, ja sie vielleicht zu Agenten (wenn schon nicht zu Subjekten) der europäischen Integration zu machen. Auf der einen Seite erfordert der Binnenmarkt um realisiert werden zu können, daß sich das Recht der Mitgliedsstaaten der Gemeinschaft angleicht; und das prägt in erster Linie sowohl die Quelle / Richtlinie der Gemeinschaft, die — in der Regel — über keine direkte Effektivität verfügt, als auch die Regionen, die oft deren Endpunkt sind. Auf der anderen Seite kann das Ziel einer sozioökonomischen Kohärenz nicht auf Formen der interregionalen Kooperation in transnationaler Weise verzichten, und auch in dieser Hinsicht sind die Regionen (wie z. B. die Universitäten, die Unternehmen, die Gemeinden) aufgerufen, in einem ständigen Wachstumsprozeß eine Rolle auf erster Ebene zu spielen, der sich gegenwärtig zu entfernen scheint, je mehr sich der fatale 1. Jänner 1993 nähert.

Aber sind die italienischen Regionen in der Lage, einst wie jetzt, die neue Rolle, die ihnen im Bereich der wirtschaftlichen Integration zukommt, vor allem in Anbetracht des internen Rückfalls von in der EG übernommenen Verpflichtungen, zu erfüllen? Es ist in der Tat sicher, daß in den letzten Jahren, wo unter anderem die fortschreitende Unterscheidung nicht nur der Regionen, die zu den „verschiedenen Italien" gehören, sondern auch unter den Regionen desselben Landesteils nach und nach hervorgetreten ist, das Problem der Ausführung der Politik bzw. jenes der Verwaltung der Mittel der EG, sich immer mehr als ein Problem von strikter Regionalzugehörigkeit herausstellt. Das Problem besteht also darin, zu verstehen, ob die Region in diesem Sinne ausgestattet ist.

Also vom Standpunkt der Realisierung der auf Gemeinschaftsebene entschiedenen Politiken — und insb., wenn es sich um Richtlinien von sehr allgemeinem Charakter handelt — scheint die regionale Ebene, wenn man einige Ausnahmen außer Betracht läßt, noch weit davon entfernt, besondere Modalitäten für die Anpassung an die einzelnen Zusammenhänge zu finden. Auf der einen Seite fehlt größtenteils eine effektive Planung (auch mittels der im Gesetz Nr. 335 / 76 vorherbestimmten Instrumente, insb. das Mehrjahresbudget), die es gestatten würde, die von der EG vorgeschlagenen Politiken der Entwicklung und der territorialen Gleichgewichtsherstellung mit individuellen Zielen auf regionaler Ebene zu verbinden. Allein die Realität — und zwar vor allem in den benachteiligteren Regionen, wo eine Politik der Gleichgewichtsherstellung notwendiger wäre

— ist jene eines kaum koordinierten Rahmens von Interventionen, einer bedingungslosen territorialen Ausdehnung eben dieser Interventionen und, was noch mehr zählt, der bekannten wirtschaftlichen Vorteile und als Folge davon ein ganz geringer Grad von Effektivität eben dieser Gemeinschaftspolitiken.

Im übrigen scheint der prävalierende Charakter der regionalen Gesetzgebung als einer punktuellen Disziplin von einzelnen Interventionen, meistenteils Durchführungs- oder Verwaltungs- oder sonstige Verordnungen, nicht mit der Forderung zu korrespondieren, Massenbelange und allgemeine Ziele, die von den Gemeinschaftsorganen fixiert worden sind, an die diversen Bereiche anzupassen, ohne Beschränkung ihrer Tragweite bzw. ihrer Durchschlagskraft.

Im wesentlichen besteht gegenwärtig das Haupthindernis für die Durchführung von Integrationspolitiken in substantiellen Separatismus, den die regionalen Interventionsambitionen im allgemeinen beibehalten haben, basierend auf der regionalen Verwaltungsstruktur selbst, das heißt in einer strengen Gliederung nach Kommunalräten, die Zersplitterung in die Entscheidungen und in die Verteilung der Kosten bringt.

Wie man verstehen kann, gibt es bei der Konstruktion Europas noch viele Widerstände zu überwinden, aber die von *Spaak, Schuman* und *Gaetano Martino* gelegte Straße scheint, wenn auch lang, doch am Ende das Ziel zu sehen.

(Übersetzung: Susanne Bachmann / Dieter Grussmann)

Raumordnung und Regionalpolitik in Österreich

Von Friedrich Schindegger

Raumordnung und Regionalpolitik in Österreich mit einer 40jährigen Geschichte, einer gegenwärtigen Umbruchsituation und einem bevorstehenden Weg in Binnenmarktverhältnisse, in einem Referat zusammenzufassen, macht grobe Vereinfachung und Unvollständigkeit geradezu notwendig und Subjektivität unvermeidlich. Dies muß der Ordnung halber bei einer wissenschaftlichen Tagung vorausgeschickt werden.

Obwohl das Risiko der verfälschenden Vereinfachung dadurch noch steigt, möchte ich meine Ausführungen der Übersichtlichkeit halber in zwölf Punkte zusammenfassen bzw. gliedern.

1. *Raumordnung und Regionalpolitik gehören in Österreich zusammen — wenigstens dem Anspruch nach.*

Es ist durchaus kein Zufall, daß in Österreich beide Begriffe in enger Verbindung gesehen werden. Ordnungspolitische und entwicklungspolitische Aufgaben sind bei uns weder territorial noch sektoral völlig trennbar. Das hat mit Österreichs naturräumlichen Bedingungen, mit seiner kleinräumig vielfältigen Wirtschaftsstruktur und seiner Abhängigkeit von den Verhältnissen jenseits seiner Grenzen zu tun (46 der 99 Bezirke liegen an der Staatsgrenze).

Die enge Verbindung von Raumordnung und Regionalpolitik wird aber in der Praxis nur zum Teil beachtet, größtenteils blieb sie bisher Anspruch. Erhebliche Diskrepanzen zwischen Anspruch und Wirklichkeit sind übrigens beiden gemeinsam; ebenso ihr Querschnittscharakter, ein Begriff, der gleichzeitig relative Machtlosigkeit gegenüber Sektoralinteressen und gestandenen politischen Fachressorts bedeutet.

2. *Daß die beiden Aufgabenfelder in der Kompetenzverteilung der Verfassung nicht vorkommen, bedeutet ein Handikap.*

Raumordnung — als die Gesamtheit aller Planungen und Maßnahmen der öffentlichen Hand, die die Entwicklung der räumlichen Struktur des Staatsgebietes oder von Teilen davon nach politischen Zielsetzungen zu beeinflussen trachtet — hat sich in Österreich zu Beginn der 50er Jahre aus dem Sachzwang heraus zu einer öffentlichen Aufgabe entwickelt.

Die österreichische Bundesverfassung, im wesentlichen aus dem Jahre 1929, kennt weder den Begriff noch die Aufgabe. Alles was wir in Österreich dazu im politisch-administrativen System etabliert haben, beruht auf einem Erkenntnis des Verfassungsgerichtshofes aus dem Jahre 1954. Dieses stellt sinngemäß fest, daß die zusammenfassende Raumplanung Landessache ist, allerdings mit der wichtigen Einschränkung, daß die ausdrücklichen Zuständigkeiten des Bundes, etwa für das Eisenbahnwesen und das überregionale Straßennetz, das Forstwesen und das Wasserrecht usw. davon nicht betroffen sind. Das heißt also: Bund und Länder entfalten nebeneinander raumordnende Tätigkeiten.

Die Wiederaufbauphase unmittelbar nach dem Ende des zweiten Weltkrieges war zunächst vor allem auf die Entwicklung des Instrumentariums der Stadtplanung konzentriert. Aber schon bald wurde als Gegenstand der Raumordnung nicht nur die Flächennutzung verstanden, sondern auch die regionale Struktur in einem umfassenden Sinn. Schon Mitte der 50er Jahre wurden entwicklungsbedürftige bzw. förderungswürdige Gebiete abgegrenzt und Maßnahmen zum Infrastrukturausbau sowie der Wirtschaftsförderung für die Landwirtschaft, für Gewerbe und Industrie und Tourismus vorgeschlagen.

Das alles lief damals noch unter dem Begriff Landesplanung, da der Begriff Raumplanung zu dieser Zeit im öffentlichen Bewußtsein noch doppelt diskriminiert war, nämlich einerseits durch das Dritte Reich (in dem der Begriff Raumordnung erfunden wurde) und andererseits durch die Planwirtschaft unserer östlichen Nachbarstaaten. Der Begriff Regionalpolitik kam eigentlich auch erst später in Gebrauch, nämlich im Zusammenhang mit der regionalpolitischen Offensive der Bundesregierung zu Beginn der 70er Jahre.

Dieser Begriff scheint in der Kompetenzverteilung der Bundesverfassung ebenso nicht auf. Insoferne Regionalpolitik öffentliche Investitionsmaßnahmen im Infrastrukturbereich betrifft, richten sich diese also nach der Sachzuständigkeit (weitaus überwiegend beim Bund), während die kompetenzneutrale Förderung privater Investitionstätigkeit von Bund und Ländern nebeneinander erfolgt (seit den 80er Jahren zum Teil kooperativ).

Nach Erlangung der vollen Souveränität und dem Abzug der alliierten Besatzungstruppen trat Österreich Mitte der 50er Jahre in eine Phase des Wirtschaftswachstums ein, die bis zum Ölpreisschock Mitte der siebziger Jahre reichen sollte. Die regionalwirtschaftliche Entwicklung war allerdings von Anfang an davon geprägt, daß der Osten Österreichs als ehemalige sowjetische Besatzungszone praktisch 10 Jahre Investitionsrückstand gegenüber dem Westen und überdies auch noch die Lagenachteile durch geschlossene Grenzen zu den Nachbarländern zu tragen hatte. Der Begriff Ost-Grenzgebiet beherrschte deshalb die Regionalpolitik bis in die jüngste Vergangenheit.

3. *Die „goldenen 60er Jahre" führten nicht so sehr zum Aufbau von Raumordnung als zu einem Aufbau der Erwartungen in sie.*

Die wirtschaftliche Prosperität der 60er und der frühen 70er Jahre brachte einen Schub von Investitionen in die Infrastruktur und eine intensive Wohnbautätigkeit mit sich. Die von kontinuierlichem Wachstum geprägten Zukunftserwartungen schufen günstige Bedingungen für die Akzeptanz der von den Raumplanern entwickelten Ideen für den Ausbau des Planungsinstrumentariums. Die Bundesländer verabschiedeten der Reihe nach Raumordnungsgesetze. Sie unterscheiden sich voneinander weniger als die später darauf gründende Planungspraxis. Diese Gesetze verpflichteten die Gemeinden mit (allerdings mehrmals verlängerten) Fristen zur Festlegung verbindlicher Flächenwidmungspläne. Mit einer Verfassungsnovelle wurde 1962 die örtliche Raumplanung als selbständige Aufgabe der Gemeinden festgelegt.

Auf der regionalen Ebene kamen die Pläne und Programme des Landes jedoch nur zögernd voran und weisen auch heute noch einen sehr lückenhaften Stand auf. Ihre inhaltlichen Festlegungen waren überdies in der Regel sehr allgemein und unscharf gehalten. Dies ist u. a. darauf zurückzuführen, daß die Verwaltungsjuristen die Planer unter dem Motto „Wahrung der eigenständigen Gemeindekompetenz örtliche Raumplanung" zu größter Zurückhaltung drängten.

Die Ausweisungen von Bauland in der ersten Generation der Flächenwidmungspläne der Gemeinden orientierten sich häufig mehr an den lokalen Interessen, die wiederum sehr stark von der Wertsteigerung des Grundbesitzes „inspiriert" waren, als an rational ermittelten Bedarfsgrößen. Die Siedlungsentwicklung geriet so weithin außer Kontrolle. Kaum jemand sah darin jedoch damals ein Problem, da ökologische, räumliche oder ökonomische Grenzen des Wachstums in den 60er und frühen 70er Jahren noch kaum im Bewußtsein waren.

4. *Die regionalpolitisch bedeutsame infrastrukturelle Aufrüstung der ländlichen Regionen in den 70er Jahren lief an der Raumordnung weitgehend vorbei.*

Die Landes- und Regionalprogramme der Raumordnung folgten meist dem damals vorherrschenden Leitbild der Zentrale-Orte-Strukturen und Entwicklungsachsen. Der Idee der zentrengestützten Regionalentwicklung folgte auch der forcierte Ausbau des Höheren Schulwesens und der Krankenhäuser in den Bezirkshauptorten. Allerdings wurde dieser Ausbau nicht von Plänen der Raumordnung gesteuert, sondern in den dafür zuständigen Fachressorts vor allem des Bundes entschieden. Die Einflußnahme der Raumplanung erfolgte eher indirekt über die damals allgemein verbreitete Idee der „Regionsaufrüstung" durch Zentrenausstattung sowie über die Bereitstellung von Planungsgrundlagen an die Fachressorts, am seltensten eigentlich in direkter Einflußnahme auf Standortentscheidungen. Die Einflußnahme der Raumordnung auf die spätere Bundesstraßenplanung (in den 70er Jahren) beschränkte sich auf die Mitwirkung der Planungsbeamten der Länder in einem sogenannten „Kontaktkomitee".

Allmählich wurde klar, daß den Ländern angesichts ihrer Zuständigkeit für die gesamträumliche Planung eigentlich nur relativ bescheidene Durchsetzungsmöglichkeiten zur Verfügung stehen. Ihre Vollziehungskompetenzen beschränken sich auf Gemeindeorganisation, Baurecht, Landes- und Gemeindestraßen, Landschafts- und Naturschutz, landwirtschaftlichen Grundverkehr und Teile der

Abfallwirtschaft. Die Regionalentwicklung wesentlich bestimmende Planungen und Investitionsentscheidungen, wie z. B. im Verkehrswesen (Bahn, Autobahn und Bundesstraßen) liegen in Bundeshand. Ebenso betreibt der Bund parallel zu den Ländern Wirtschaftsförderung, natürlich mit einem wesentlich größeren Volumen. Regionalförderung spielte aber in den „goldenen 60er“ und frühen 70er Jahren noch keine so große Rolle: aufwärts ging es überall und der regionalpolitische Hauptansatz war der Infrastrukturausbau, v. a. des Straßennetzes und der öffentlichen zentralen Einrichtungen.

In diesem Zusammenhang ist es von Interesse, auf einen allgemeinen Indikator für die politische Gewichtsverteilung zwischen Bund, Ländern und Gemeinden hinzuweisen: von allen öffentlichen Ausgaben insgesamt in Österreich entfallen 56% auf den Bund und je 22% auf Länder und Gemeinden.

Die vergleichsweise rasante wirtschaftliche Entwicklung der 60er Jahre, die trotz allem erhebliche regionale Unterschiede aufwies, führte zu verschiedenen Initiativen für eine gesamtstaatliche raumordnungspolitische Strategie. 1971 wurde die Österreichische Raumordnungskonferenz gegründet. Sie darf als ein typisch österreichisches Dauerprovisorium bezeichnet werden, weil sie nämlich bis heute keinerlei Rechtsgrundlage hat. Sie beruht auf einem politischen Gentlemen's agreement zwischen Bund und Ländern und ist ein im Prinzip auf Konsens angewiesenes Beratungsorgan. Das von ihr 1981 beschlossene Österreichische Raumordnungskonzept hat — wie viele andere auf Einzelfragen bezogene Beratungsergebnisse — Empfehlungscharakter und keine rechtliche Verbindlichkeit. Das Raumordnungskonzept 1981 enthielt nur wenige räumlich konkrete Festlegungen. Die wichtigsten waren die von der ÖROK abgegrenzten entwicklungsschwachen (agrarischen) und strukturschwachen (Industrie-)Problemgebiete. Sie waren eine wesentliche Orientierung für die in der Folge zwischen Bund und fast allen Bundesländern vereinbarten regionalen Investitionsförderungsprogramme. Heuer soll ein neues Konzept beschlossen werden.

5. *Die Österreichische Raumordnungskonferenz — mit ihren Grenzen — hat sich zum Symbol für die Bund-Länder-Kooperation entwickelt.*

Die Gründung der ÖROK brachte insofern einen wesentlichen Fortschritt, als damit erstmals überhaupt eine Institution geschaffen war, die sich der systematischen Erarbeitung gesamtösterreichischer Grundlagen für die Raumordnungspolitik annahm. Davor gab es solche — außer ad hoc in Auftrag gegebene Gutachten — praktisch nicht.

Ein für die weitere raumordnungspolitische Diskussion in Österreich bestimmendes Element war interessanterweise nicht eine Zielformulierung im Raumordnungskonzept, sondern die Typisierung der Regionen nach der Peripherität. Das aus der Entwicklungstheorie stammende Zentrum-Peripherie-Modell war damit auch in das österreichische Denken eingeführt.

Ein ursprünglich überhaupt nicht beachteter Effekt entpuppte sich als Hauptwirkung. Durch jahrelange intensive Beratungstätigkeit in den verschiedensten Gremien haben Raumplaner aus den einzelnen Bundesländern und Fachbeamte aus den verschiedenen Fachressorts des Bundes und der Länder zumindest ein gewisses Maß an begrifflicher Verständigung und persönlicher Vertrautheit erzielt. Vielleicht ist das für die Raumordnung als eine Querschnittsaufgabe ohne eigenes Durchsetzungsinstrumentarium, die im wesentlichen auf die Überzeugung der eigentlichen Maßnahmenträger angewiesen ist, überhaupt der wichtigste Effekt.

Dieser ständigen Kommunikationsplattform kommt gerade deshalb besondere Bedeutung zu, weil Raumordnung und Regionalpolitik ja einem laufenden Wandel unterworfen sind. So fiel gerade die Gründung der ÖROK 1971 in eine Zeit der ausgesprochenen Planungseuphorie und des Machbarkeitsglaubens.

6. *Wachstumsphasen verleiten zu Euphorien nicht nur in der Politik, sondern auch in der Planung.*

Im deutschen Sprachraum wurde Raumplanung zunehmend als umfassende integrierte Entwicklungsplanung interpretiert. Die Zielvorstellung dabei war, auf allen Ebenen räumliche Planung und mittelfristige Investitionsplanung vollständig zu integrieren. Von der ÖROK erwartete man explizit die laufende Koordinierung aller raumbedeutsamen Maßnahmen auf der Basis eines gesamtösterreichischen Raumordnungskonzeptes. Die Raumordnungspolitik nahm sich vor, die regionalen Disparitäten in den Lebensbedingungen „abzubauen“. Die wissenschaftliche Grundlage dafür sollten „Messungen“ des Entwicklungsstandes und „Wohlfahrtsfunktionen“ liefern. Wissenschaft und Planung einerseits und Politik andererseits haben ihre gegenseitigen Erwartungshaltungen in eine Euphorie gesteigert. Raumplanung wurde — in Überinterpretation ihres Querschnittscharakters — zur Gesellschaftsplanung hochstilisiert. In Österreich wurde Raumordnung sogar zum Inhalt einiger Landtagswahlkämpfe.

Aus heutiger Sicht fällt auf, daß die Leitbilder wohl inhaltlich um die soziale und ökonomische Dimension angereichert waren, daß das Planungsverständnis aber dennoch ein ziemlich statisches war. Gegenstand der Planung nach diesem Verständnis ist eine „optimale Raumstruktur“ für einen markanten mittel- bis langfristigen Zeithorizont. Abweichungen der bestehenden Struktur von diesen Modellen werden tendenziell vernachlässigt und Veränderungen wesentlicher Bestimmungsfaktoren der raumstrukturellen Entwicklung nicht ins Kalkül gezogen. Der Frage der zur Realisierung erforderlichen Maßnahmen — über die Bodennutzungsplanung hinaus — wird wenig Aufmerksamkeit geschenkt bzw. unterstellt, daß die verschiedensten Maßnahmenträger sich stillschweigend an den Zielen der Raumordnung orientieren.

Im Bereich der regionalen Wirtschaftspolitik verleiteten die damaligen Erfolge bei der Ansiedlung von Industriebetrieben in den peripheren Problemgebieten dazu, das Ziel des Disparitätenabbaues durch Förderungsmaßnahmen der öffentlichen Hand für erreichbar zu halten. In einer Periode anhaltenden Wirtschaftswachstums, steigender öffentlicher Ressourcen und wachsender Gesamtnachfrage konnte man auch davon ausgehen, daß sich die Entwicklungsdynamik der Zentren — unterstützt durch Investitionsanreize und Infrastrukturausbau — in Form von „Spill-overs" auch auf periphere ländliche Gebiete ausbreiten würde. Mit der Verlangsamung des Wirtschaftswachstums und der damit zusammenhängenden Verknappung öffentlicher Mittel seit Mitte der 70er Jahre zeigte sich aber, daß regionale Disparitäten in Wahrheit nicht bzw. in nur geringem Ausmaß abgebaut werden können, ja sich in manchen Relationen sogar noch steigern. Die langfristig geringe Wirksamkeit des in einer Phase der Hochkonjunktur entwickelten regionalpoltischen Instrumentariums trat deutlich zutage.

7. *In den 80er Jahren führte die relative Wirkungslosigkeit der Regionalförderung gegenüber Konjunktureinbrüchen zu neuen regionalpolitischen Konzeptionen.*

Die Außenabhängigkeit der peripheren Gebiete verschärfte vielfach regionale Desintegration und strukturelle Schwäche, sodaß der Konjunktureinbruch nur schwer bewältigt werden konnte. Die verschärfte Polarisierung zwischen „starken" Zentren und peripheren entwicklungsschwachen Regionen sowie der neu auftretende Problemtyp der strukturschwachen alten Industriegebiete kennzeichneten die Situation zu Beginn der 80er Jahre. Als Modellregionen für regionalpolitische Initiativen des Bundes fungierten das ländlich periphere Waldviertel und ein strukturschwaches Industriegebiet (Aichfeld-Murboden).

Unmittelbar aus der Kritik an der Regionalpolitik und ihrem Instrumentarium — und nicht aus einer Konzeption für die künftige Raumstruktur — wurde ein neues regionalpolitisches Konzept entwickelt, das eigentlich einen Paradigmenwechsel darstellt. An die Stelle der „von oben" als Objekt staatlicher Regionalpolitik behandelten Region soll diese als „von unten" selbstgesteuertes Subjekt treten. Mitbestimmend für die „Entdeckung" des Konzeptes der eigenständigen Regionalentwicklung (im übrigen Europa meist endogene Entwicklung genannt) waren zweifellos auch allgemeine gesellschaftliche Entwicklungen, wie das „Erwachen der regionalen Identitäten", die „Politisierung der Basis" und die Neubewertung des ländlichen Raumes im Zuge des allgemeinen Wertewandels.

8. *Aus einer quantitativ unleugbar schwachen Position sucht die gegenwärtige Regionalpolitik ihre qualitative Stärke in intelligenten Strategien.*

Zentrales Instrument einer Regionalpolitik der endogenen Entwicklung ist in Österreich die Förderungsaktion (des Bundeskanzleramtes) für eigenständige Regionalentwicklung, ein kleinbetrieblich orientiertes Förderungsprogramm für innovative Projekte in Landwirtschaft, Gewerbe, Tourismus und Energie auf lokaler und regionaler Ebene. Wichtigstes Merkmal dieses Ansatzes, der sich die Aktivierung der regionalen Ebene zum Ziel setzt, ist, daß er ganz wesentlich auf einer relativ breiten Basis von Regionalberatern (dzt. 60 in Österreich) beruht, deren Aufgabe die lokale Recherche nach Möglichkeiten für innovative Projekte sowie Betriebsgründungen und deren Unterstützung bis zur Antragsreife ist. Die Bedeutung der immateriellen Investition in schwachen Regionen kommt auch in der Institution von Bundes- und Landesbeauftragten für einige Regionen zum Ausdruck.

Die wichtigsten Standbeine der Regionalförderung sind jedoch die regionalen Sonderprogramme der ERP-Förderung sowie die kooperative, von Bund und einzelnen Ländern gemeinsam finanzierte Regionalförderung, die vor 1990 eine Art „Kopfprämie" für neu geschaffene Arbeitsplätze anbot und seit 1991 auf Innovationsprämien umgestellt wurde. Als deutliches Zeichen der Innovationsorientierung der Regionalpolitik der späten 80er Jahre können auch die Technologie- und Gründerzentren gelten.

Trotz der beachtlichen Summen — zwischen 1984 und 1988 umfaßte die direkte regionale Wirtschaftsförderung des Bundes 2,5 Mrd. öS (umgerechnet auf Barwert) — war ihre Wirkung bescheidener als erwartet. Die 13% Anteil der Regionalförderung an der gesamten direkten Wirtschaftsförderung des Bundes reichten gerade aus, um die Problemgebiete ihrem Einwohneranteil entsprechend ausgeglichen am Gesamtförderungstopf zu beteiligen. An den großen Töpfen der „Nicht-Regional-Förderungen" (87%) haben die entwicklungs- und strukturschwachen Problemgebiete nämlich nur einen unterproportionalen Anteil.

Die seit Mitte der 70er Jahre ungünstigen wirtschaftlichen Rahmenbedingungen lösten eine Konzentration auf die regionale Wirtschaftspolitik als den „entwicklungspolitischen Flügel" der Raumordnungspolitik aus, währenddessen traten die ordnungspolitischen Aufgaben der Raumordnung während der achtziger Jahre etwas in den Hintergrund. Dieses Feld wurde weithin dem neuen staatlichen Aufgabenfeld Umweltschutz überlassen.

9. *Mit Beginn der 90er Jahre hat eine neue Stunde der (Raum-)Ordnungspolitik geschlagen.*

Die letzten Jahre haben eine neuerliche wesentliche Veränderung der Rahmenbedingungen für die Raumordnung in Österreich mit sich gebracht und zwar keineswegs nur im regionalwirtschaftlichen Sinn. Das stete Wachstum der Raumansprüche bzw. Raumbelastungen und die nun bereits erkennbare Begrenztheit der Raumreserven sowie der Leistungsfähigkeit des Naturhaushalts wurden als neue Hauptthemen erkannt. Die Erwartung der Dynamisierung durch den EG-Binnenmarkt tat das ihre dazu.

Die ungebremste Siedlungsentwicklung in — gerade im alpinen Raum — sehr begrenzten Lebensräumen ist zum politischen Thema geworden und hat bereits zu neuen Akzenten in einzelnen Raumordnungsgesetzen und -programmen sowie bei der Wohnbauförderung geführt. Die problematischen Auswirkungen der bisher massiv und relativ undifferenziert geförderten touristischen Erschließungen haben zu politischen Nachdenkpausen und damit verbundenen Förderungssperren geführt. Die Angst vor dem Ausverkauf des Bodens an ausländische Immobilienunternehmen und Zweitwohnungsbesitzer geht um. Die Belastungen des Transitverkehrs im Westen Österreichs haben zu politischen Abstürzen in den Landtagen und zu Dauerverhandlungen zwischen Österreich und der EG geführt. Der nunmehr auch aus dem Osten erwartete Transitverkehr läßt den Ruf nach neuen Verkehrskonzepten auf regionaler und nationaler Ebene erschallen. Die politische Entwicklung hat aber auch ein bisher „exportiertes Problem“ wieder zu einem „heimischen“ gemacht: Deponien für gefährliche Abfallstoffe müssen gefunden werden.

Die Raumordnung sieht sich also plötzlich mit der Forderung nach allerlei Konzepten konfrontiert. In dieser Situation werden der mangel- und lückenhafte Stand der Raumplanung und die Grenzen der Koordination unter den Bedingungen eben dieser Defizite in der Planung deutlich. Das Fehlen der Konzepte läßt sich durch die beste Koordination auf der Projektebene nicht mehr wettmachen. Ohne solche regionalen und nationalen Sachkonzepte fehlt auch die Argumentation für die Notwendigkeit des Einzelprojektes.

Es herrscht grundsätzlich Konsens darüber, daß Raumordnungspolitik in Österreich nur in kooperativer Weise zielführend ist. Darauf beruht ja auch die Österreichische Raumordnungskonferenz. Für die Koordination einzelner Planungen und Maßnahmenprogramme der Raumordnung und Regionalpolitik reicht eine rechtlich unverbindliche Plattform der Zusammenarbeit der Planungsträger jedoch nicht aus.

10. *Ohne Verbesserung des Planungsstandes in der Raumordnung und ohne eine Klärung der Koordinationspflichten ist die kooperative Raumordnungspolitik den neuen Herausforderungen nicht gewachsen.*

Im Hinblick auf die europäische Integration ist eine Verbesserung der innerstaatlichen Koordination unerläßlich, damit die Interessen des Mitgliedslandes mit einer Stimme vertreten werden können.

Daraus sollte in Österreich jedoch nicht die Forderung nach einer neuen „obersten Planungsbehörde“ und einem zentralen Gesamtkonzept abgeleitet werden. Was wir m. E. brauchen, ist eine Rechtsgrundlage für die kooperative Raumordnungspolitik die hilft, Planung und Koordination besser durchzusetzen. Einen Entwurf dazu habe ich in Zusammenarbeit mit Herrn Univ.-Prof. Rill im Auftrag des Bundeskanzleramtes ausgearbeitet. Er steht in diesen Wochen zur Diskussion. Wir hoffen, daß wir mit dieser Diskussion den Einstieg in eine neue Phase der Raumordnung in Österreich finden.

Nach diesem Vorschlag sollen nicht Kompetenzen neu verteilt werden — solche Ideen wären mit Sicherheit kontraproduktiv. Ein Bundes-Raumordnungsgesetz sollte nach unseren Vorstellungen vielmehr eine quasi „bundesstaatliche

Inkraftsetzung" der derzeitigen Kompetenzverteilung bewirken, d. h. eine eindeutige Zuordnung von Planungs- und Koordinationspflichten.

Dem wird umso mehr Bedeutung zukommen, als ja die EG nicht nur mit dem Binnenmarkt für eine Erhöhung der Dynamik in der räumlichen Entwicklung auch unseres Landes sorgt, sondern seit kurzem selbst Raumordnung auf ihre Fahnen geschrieben hat: „Europa 2000", das Konzept für die künftige Raumordnung der Gemeinschaft, ist in Arbeit. Wie weit sich die supranationale Raumordnungspolitik an einem finalen Leitbild orientieren oder eher der Verfolgung von bestimmten Grundsätzen in Koordinationsverfahren verpflichten wird, läßt sich noch nicht absehen.

Klar müßte aber jedenfalls in Österreich schon heute sein, daß wir nur dann eine Chance haben, auf der Ebene der europäischen Raumordnung unsere Interessen durchzusetzen, wenn wir imstande sind

(1) klare und sehr bestimmte Konzepte

(2) bundesstaatlich zu erarbeiten und

(3) gegenüber der EG mit einer Stimme

zu vertreten. Zur Zeit sind wir dazu noch nicht in der Lage.

11. *Es wäre einäugig, sich nur um die Auswirkungen der Beihilfenkontrolle für Regionalförderungen sowie um die Aussichten auf Zuwendungen aus den Strukturfonds zu kümmern.*

Die EG bereitet sich darauf vor, Raumordnungspolitik auf konzeptiver Grundlage zu machen. Also wird auch „das zweite Auge" auf Europa zu richten sein.

Aufgrund von Untersuchungen meiner Kollegin Tödtling-Schönhofer wissen wir, daß etwa 14 Prozent der derzeitigen Förderungsgebiete der ÖROK den Kriterien der EG nicht standhalten würden. Andererseits wären nach ihren Berechnungen auch die Möglichkeiten Österreichs, an die EG-Töpfe heranzukommen, sehr begrenzt. Im günstigsten Fall könnten zur Zeit aus dem Regionalfonds ca. 440 Mio. Schilling und aus dem Sozialfonds ca. 510 Mio. Schilling „herausschauen".

Dennoch ist von einer Bedeutungssteigerung der Regionalpolitik als Folge des EG-(bzw. EWR-)Beitritts auszugehen, da Regionalbeihilfen zu den wenigen gemeinschaftskonformen Beihilfenformen zählen. In jedem Fall gewinnen Regionalprogramme an Bedeutung, da die EG von Einzelprojektfinanzierung auf Programmfinanzierung umgestellt hat. Dabei können die regionale und lokale Ebene als direkte Partner der Kommission auftreten.

Beihilfenmechanik und Programmtechnik sind jedoch nur die eine (technokratische) Seite der Medaille. Auf der anderen (realpolitischen) Seite wird der Binnenmarkt — darin sind sich alle Experten einig — zu einer Polarisierung der regionalen Unterschiede führen. (Dies ist ja schließlich auch der Grund für die Verdopplung der Budgets der Strukturfonds.) Damit werden sich die regionalpolitischen Problemmuster Österreichs verschärfen (Begünstigung Westösterreichs, Anpassungsdruck für die ländliche Peripherie, internationaler Konkurrenzdruck für die Industrie- und Dienstleistungszentren).

Mit dieser Polarisierung und ihrer Auswirkungen im Raum wird sich auch die Raumordnung auseinandersetzen müssen. Es wird aber nicht genügen, jetzt auf der supranationalen Ebene die „antiken Modelle" aus der Frühzeit der nationalen Raumplanung zu reaktivieren: An Zentren und Achsen orientierte und die großräumige Mobilität fördernde Leitbilder, die die stattfindenden Konzentrationsprozesse mehr oder weniger ex post legitimieren, während zurückbleibende Regionen mit Zuwendungen etwas aufgepäppelt und die Peripherie mit Beihilfen ruhiggestellt werden.

12. *Raumordnung und Regionalpolitik erfordern auf der nationalen wie der supranationalen Ebene strategische Konzepte.*

Die Delegation von Kompetenzen an supranationale Institutionen ist dann und insoferne notwendig, als es um die akkordierte Änderung der allgemeinen politischen Rahmenbedingungen für die Entwicklung der Raumansprüche und Standortpräferenzen von Wirtschaft und Gesellschaft geht.

Raumordnung als reines Management oder gar Legitimation von nicht weiter hinterfragten Raumansprüchen und Strukturtendenzen wird ihren Auftrag in Zukunft kaum mehr erfüllen können. Ich möchte hier das treffende Bild des Kollegen Güller aus der Schweiz zitieren: das Problem der Raumplanung ist, daß sie im Lawinenkegel arbeitet und versucht, die Probleme dort zu lösen, während sie sich nicht um die oberhalb liegende Abrißstelle der Lawine kümmert.

Moderne Raumordnungspolitik muß also m. E. an den „Abrißstellen"

— für die Gefährdung der natürlichen Ressourcen

— für den überzogenen Flächenverbrauch

— für die erzwungene Mobilitätserhöhung und

— für die großräumige Arbeitsteilung und Monopolisierung von Standortfunktionen

ansetzen. Dafür dürfte sich ein hierarchisch ausgestaltetes System von Planungen nach klassischem Muster kaum eignen. Viel mehr stehen Eingriffe an den „Abrißstellen": Steuersystem, Finanzausgleich, Bodenrecht, Mietrecht, Wohnbaufinanzierung, Transportkostenbelastung usw. zur Diskussion, um mit den „Lawinen" Ressourcenzerstörung, Raumverschwendung und regionaler Polarisierung fertig zu werden.

Die in jedem Fall erforderliche regionale Planung sollte unter wesentlicher Mitverantwortung der Region erarbeitet und durchgeführt werden. Ich habe nämlich den dringenden Verdacht, daß das wirksamste Mittel für eine regional ausgeglichene Entwicklung ein räumlich ausgeglichenes System der politischen Machtverteilung ist, mindestens scheint mir das eine innerstaatliche Erfahrung. Warum sollte dies nicht auch auf der europäischen Ebene gelten?

Endogene Regionalentwicklung, die heute in den europäischen Staaten als moderne regionalpolitische Konzeption gilt, hieße dann auf europäische Ebene übertragen: Raumplanung und Regionalpolitik primär durch die Mitgliedsländer. Aufgabe der Gemeinschaft wäre neben der Koordination vor allem die Herbeiführung verträglicher und dezentralisierend wirkender Rahmenbedingungen für jene politischen und unternehmerischen Entscheidungen, die wesentlichen Einfluß auf die räumliche Entwicklung nehmen.

Was könnte zum Beispiel alles erreicht werden, wenn die EG in derselben Weise, wie sie Wettbewerbsverzerrungen bekämpft, die Vernichtung nicht erneuerbarer Ressourcen bekämpfen würde — mit allen daraus abzuleitenden Richtlinien und Verordnungen für die Bereiche der o. a. „Abrißstellen" der „Lawinen"? Diese Frage möchte ich bewußt offenhalten.

Thema 2

Rechtliche Instrumente der wirtschaftlichen Entwicklungspolitik in den Ländern bzw. nationalen Regionen

Rechtliche Instrumente der wirtschaftlichen Entwicklungspolitik in den Ländern der Republik Österreich

Von Heinz Schäffer

Vorbemerkung

Nach der Schilderung der Politiken und der Realien in der Regionalpolitik werden nun in einem zweiten Themenkreis die rechtlichen Instrumente der wirtschaftlichen Entwicklungspolitik in den Ländern bzw. nationalen Regionen behandelt. In dem hier folgenden Referat soll zunächst die österreichische Lage geschildert werden. Und zwar werden ausgehend von den verfassungsrechtlichen Grundlagen die Ausgestaltung des Wirtschaftsrechts, insbesondere jenes der Bundesländer und seine Gestaltungsmöglichkeiten dargestellt, und es werden schließlich vor allem auch die Perspektiven und möglichen Auswirkungen eines Beitrittes Österreichs zur EG (nunmehr schon: zur EU) behandelt. In der Darstellung wird, um ein realistisches Bild zu zeichnen, gelegentlich auch auf Realien Bezug genommen.

Österreich ist ja insofern in einer besonderen Situation, als es derzeit gleichsam ante portas der EU steht, wenngleich es sich geistig, politisch und wirtschaftlich intensiv mit den möglichen Auswirkungen einer EU-Mitgliedschaft beschäftigt und auch bereits vorweg — also autonom — so manche Anpassung vorgenommen hat. Österreich ist Beitrittswerber zur EU — mittlerweile nicht der einzige, sondern der erste in einer Reihe von EFTA-Staaten, die in weiterer Folge ebenfalls diesen Wunsch deponiert haben. Nicht unerwähnt soll bleiben, daß die österreichischen Bundesländer schon sehr früh und seither beständig für eine Beteiligung Österreichs an der europäischen Integration eingetreten sind (zur Länderposition siehe Anhang 2 in diesem Band). Es ist ziemlich wahrscheinlich, daß es zum EG-Beitritt Österreichs kommt, und es ist möglicherweise nur eine Frage des Zeitpunkts, zu welchem dieser verwirklicht werden kann, zumal der sog. Avis (also die Stellungnahme bzw. das Gutachten) der EG-Kommission zum österreichischen Beitrittsantrag überwiegend positiv ist. Nur in einigen Bereichen ist Kritik geäußert und ein Anpassungsbedarf aufgezeigt worden. Die EG fordert insbesondere eine Reduktion der Stahlkapazität und der Agrarproduktion, die durch österreichische Stützungen hochgehalten worden seien — eine Argumentation, die in den Verhandlungen noch im einzelnen zu prüfen sein wird. Erwartungsgemäß kritisch beurteilte der Avis die Wettbewerbsordnung allgemein und das Förderungsystem im besonderen. Hier besteht in Österreich unmittelbarer Analyse- und Reformbedarf, um die bis zur notwendigen Anpassung verbleibende Zeit nicht ungenützt verstreichen zu lassen. Nach einem Monatsbericht des Instituts für Wirtschaftsforschung vom September 1991 ist das Beihilfenniveau in Österreich in der zweiten Hälfte der 80er Jahre gesunken, es dürfte jedoch in den Jahren 1990 und 1991 wieder gestiegen sein. Ob und inwieweit Österreich bzw. österreichische Regionen Beihilfenempfänger aus regionalpolitischen und strukturpolitischen Programmen der EG sein könnten, wird erst nach gründlichen Wirtschaftsvergleichen zu beurteilen sein, und kann in diesem Referat nicht behandelt werden. Insgesamt dürfte aber feststehen, daß Österreich im Falle eines Beitritts zur EG jedenfalls „Nettozahler" sein wird.

Was nun speziell die regionale Ebene anbelangt, so werden in dem „gemeinsamen Haus Europa" die Länder und Regionen darauf achten müssen, daß ihre Kompetenzen sowie ihre Entwicklungs- und Entfaltungsmöglichkeiten nicht ungebührlich beschnitten und reglementiert werden. Europa braucht — um im Bild zu bleiben — keine hegemoniale Verwaltung und keine patriarchalische Hausordnung; Europa sollte, architektonisch gesprochen, zur offenen Begegnungsstätte werden, zu einem Haus, das vielen Mentalitäten und lebendigen regionalen Traditionen eine gemeinsame Heimat ist. Und nur die Entwicklung der Regionen durch eine soziale Marktwirtschaft kann verhindern, daß Europa zu einem Haus degeneriert, in dem die bürokratische Herrschaft ferner Zentralen im 1. Stock residiert und die Regionen gleichsam als Dienstboten im Keller nichts zu bestellen haben.

[Seit Abwicklung der hier dokumentierten Tagung hat sich die EG mittlerweile durch den Vertrag von Maastricht zu einer Europäischen Union fortentwickelt, welche die europäische Zusammenarbeit auf verschiedenen Sektoren zu intensivieren trachtet, und in welcher den Regionen durch einen „Ausschuß der Regionen" (beratender Ausschuß aus Vertretern der regionalen und lokalen Gebietskörperschaften gem. Art. 198 a ff. im neu eingefügten Kapitel 4 des EGV) erstmals eine institutionelle Verankerung auf europäischer Ebene gegeben wird. Zugleich haben sich die Mitgliedstaaten der EG hinsichtlich der Aufgabenverteilung erstmals ausdrücklich zum Subsidiaritätsprinzip bekannt (Art. 3 b EGV). Auch wenn dies zunächst ein Formelkompromiß gewesen sein mag, berechtigt es zu der Hoffnung, daß damit eine übermächtige Zentralisierungstendenz gebrochen ist und die Europäische Union der Zukunft eine mehrfach gestufte föderale Struktur aufweisen wird, in der die Länder und Regionen einen angemessenen Platz finden werden.]

I. Verfassungsrechtliche Grundlagen — Die Stellung der österreichischen Bundesländer im Wirtschaftsverfassungsrecht

Die österreichische Bundesverfassung enthält, wie viele andere Staatsverfassungen auch, keine ausdrücklichen Aussagen zum Wirtschaftssystem.[1] Dieses Schweigen ist eine Zeitlang als Ausdruck einer wirtschaftspolitischen Neutralität gedeutet worden.[2] Dennoch kann aus dem Vorhandensein eines ausgebauten Grundrechtskataloges (insb. mit den Garantien des Eigentums und der Erwerbsfreiheit) geschlossen werden, daß eine zentrale Kommandowirtschaft ausgeschlossen ist und ein mehr oder minder marktwirtschaftliches System das von der Verfassung intendierte Wirtschaftssystem ist. Das Ausmaß staatlicher Eingriffe und Einflüsse auf das Wirtschaftsgeschehen muß sich an den detaillierten Vorgaben der Verfassung orientieren, also insbesondere rechtsstaatlichen Grundsätzen Rechnung tragen und der bundesstaatlichen Kompetenzverteilung entsprechen.[3]

1. Die bundesstaatliche Kompetenzverteilung

Da Österreich als Bundesstaat organisiert ist, muß zunächst die bundesstaatliche Kompetenzverteilung als gleichsam vertikale Gewaltenteilung ins Auge gefaßt werden, um die Rolle der Länder in der Wirtschaftsverfassung und ihre Möglichkeiten zur wirtschaftlichen Entwicklungspolitik zu bestimmen. Die österreichische Bundesverfassung kennt ein sehr detailliertes Schema zur Aufteilung der Gesetzgebungskompetenzen und der Vollziehungskompetenzen zwischen dem Bund und den Ländern, das sich allerdings nur auf die hoheitliche Staatstätigkeit bezieht und von dem alle Staatstätigkeit ausgeklammert ist, die sich in den Formen des Privatrechts vollzieht. (Auf diese Besonderheit und ihre hohe praktische Bedeutung ist noch zurückzukommen). In rechtsvergleichender Sicht verdient auch hervorgehoben zu werden, daß im österreichischen Bundesstaat weder der Grundsatz „Bundesrecht bricht Landesrecht“ gilt, noch sonst eine allgemeine Vorrangkompetenz (etwa in Form einer konkurrierenden Kompetenz) des Bundes existiert.

Die hoheitliche Kompetenzverteilung kennt folgende vier Haupt-Typen:

a) Die ausschließlichen Bundeskompetenzen in Gesetzgebung und Vollziehung sind in Art. 10 B-VG als „Kompetenztatbestände“ enumeriert. Hierher gehören die weitaus meisten Aufgabenbereiche, die für wirtschaftsrechtliche Regelungen des Gesetzgebers und deren Vollziehung in Frage kommen. Sie betref-

---

1 Dazu *Heinz Schäffer*, Die rudimentäre Wirtschaftsverfassung Österreichs, in: Beiträge zum Wirtschaftsrecht, Wenger-FS (Wien 1983), 3 ff. und *Karl Wenger*, Grundriß des österreichischen Wirtschaftsrechts I (Wien 1989) RZ 106 ff.

2 VfSlg 4753 / 1964, 5633 / 1968, 5831 / 1968, 5966 / 1969.

3 Vgl. hiezu und zum folgenden *Karl Wenger*, Wirtschaftsrecht I, RZ 112 ff.

fen sowohl den wirtschaftsrechtlichen Ordnungsrahmen als auch wirtschaftliche Abläufe (allgemeines Zivilrecht einschließlich Handelsrecht, Wettbewerbsrecht, Gewerberecht, Recht der freien Berufe, aber auch so wichtige Bereiche wie Patentrecht, Arbeitsrecht, Wasserrecht usw.).

b) In bestimmten Angelegenheiten hat der Bund die Gesetzgebungskompetenz und das Land die Vollziehungskompetenz (Art. 11 B-VG).

c) In manchen Fällen hat der Bund eine Grundsatzgesetzgebungskompetenz, das Grundsatzgesetz muß jedoch vom Landesgesetzgeber ausgeführt und von der Landesexekutive vollzogen werden (Art. 12 B-VG). Wirtschaftlich relevant sind hier z. B. die Bodenreform, das Elektrizitätswesen.

d) Alle anderen als die zuvor aufgezählten Kompetenzen fallen nach der Generalklausel (Art. 15 B-VG) in die ausschließliche Kompetenz der Länder zur Gesetzgebung und Vollziehung. Als wirtschaftsrechtlich relevant zu erwähnen sind hier insbesondere:
   — Angelegenheiten der Landwirtschaft,
   — Berufliche Vertretungen in der Land- und Forstwirtschaft,
   — Grundverkehr einschließlich Ausländergrunderwerb,
   — Landesplanung und Raumordnung,
   — Naturschutz, Jagd und Fischerei,
   — Fremdenverkehr (Organisation),
   — Häusliche Nebenbeschäftigung und Privatzimmervermietung,
   — Theater-, Kino- und Veranstaltungswesen,
   — Sportangelegenheiten,
   — Schischulen, Tanzschulen, Bergführer,
   — Stiftungs- und Fondswesen, soweit es nicht über die Interessen des eigenen Landes hinausgeht,
   — Landesstatistik,
   — Gemeinderecht.

Schon daran erkennt man, daß der Bund ein deutliches Kompetenzübergewicht hat, das er in der Praxis auch ausschöpft. Im Unterschied zu anderen Bundesstaaten kennt Österreich aber weder den Grundsatz „Bundesrecht bricht Landesrecht" noch eine konkurrierende oder vorrangige Gesetzgebung des Bundes als allgemeinen Zuständigkeitstypus. Es muß folglich nach der Judikatur des VfGH und nach herrschender Lehre jede zur Regelung anstehende Materie nach dem Grundsatz der Kompetenztrennung einem bestimmten Kompetenztatbestand unterstellt und damit einer der beiden Autoritäten Bund oder Land zugeordnet werden. Im einzelnen ergeben sich dabei u. U. subtile Abgrenzungsprobleme, die zunächst nach der sog. „Versteinerungstheorie" (einer Art historisch-systematischer Auslegung) gelöst werden. Dennoch können sich gewisse Überschneidungen ergeben, weil sowohl der Bund als auch die Länder gleichartige Lebenssachverhalte jeweils vom Blickpunkt ihrer Kompetenzen aus regeln können (sog. „Gesichtspunkttheorie"). Sie dürfen auch Interessen der jeweils anderen Autorität berücksichtigen, aber sie dürfen ihre Kompetenzen jedenfalls nicht so benutzen, daß sie die Kompetenzausübung des anderen Partners im Bundesstaat unmöglich machen (Rücksichtnahmepflicht[4], eine Art wechselseitige „Bundestreue").

Im Laufe der Zeit haben sich die Regelungsbedürfnisse entwickelt, die mit der überkommenen Kompetenzverteilung nicht gelöst werden können. *Komplexe* Bereiche oder *Querschnittsmaterien* wie Wirtschaftslenkung, Raumordnung und Umweltschutz sind nicht als einheitliche Größen dem Bund oder den Ländern zugewiesen, sondern der Bund und die Länder haben hier jeweils bestimmte Sektoren bzw. Regelungsaspekte, die sie regeln können. Das bedeutet, an den genannten drei wichtigen Bereichen illustriert, folgendes:

a) In der *Raumordnung* hat das Land zwar die allgemeine Landesplanungskompetenz, welche jedoch von Verfassungs wegen durch die Respektierung der ebenfalls verfassungsmäßig verankerten Gemeindeautonomie (örtliche Raumplanung) eingeschränkt und auf Grund der zahlreichen raumbedeutsamen Bundeskompetenzen determiniert ist, durch die der Bund wesentliche Bedingungen der Bodennutzung und die großräumige Verkehrsinfrastruktur festzulegen vermag (Forstrecht, städtisches Bodenrecht, Bundesstraßen, Eisenbahnen usw.).

b) Bedarfsorientierte Bundeskompetenzen sind in der neuen Rechtsentwicklung auf dem Sektor des *Umweltschutzes* geschaffen worden. Zum einen hat der Bund (seit 1988)[5] das Recht, die Luftreinhaltung (ausgenommen Heizungsanlagen) und die Abfallwirtschaft zu regeln, sofern es sich um gefährliche Abfälle handelt oder sonst ein Bedarf nach Erlassung einheitlicher Vorschriften vorhanden ist. Ferner ist der Bund (schon seit 1983) zuständig für „Maßnahmen zur Abwehr von gefährlichen Belastungen der Umwelt, die durch Überschreitung von Immissionsgrenzwerten entstehen", wobei er hier bei der Festlegung der Werte an eine einvernehmliche vertragliche Regelung der Werte mit den Ländern gebunden ist.[6] Den Ländern verbleibt daher im wesentlichen die Luftreinhaltung beim Hausbrand und die allgemeine Müllbeseitigung.

c) Für die Querschnittsmaterie *Wirtschaftslenkung* hat die Verfassung (Art. 10 Abs. 1 Z 15 B-VG) dem Bedarf nach einer Zuständigkeitskonzentration beim Bund nur für den Fall eines Krieges oder einer Kriegsfolgensituation Rechnung getragen. Seit diese Voraussetzungen weggefallen sind (— dies ist nach wohl zutreffender Auffassung spätestens seit 1955 der Fall —), ist man dazu übergegangen, in die einzelnen Wirtschaftslenkungsgesetze zeitlich befristete Bundeskompetenzen als Verfassungsbestimmungen aufzunehmen[7] und die Gesetze so auf eine entsprechende Kompetenzgrundlage zu stellen. Mit diesen typisch österreichischen Provisorien ist praktisch der Bund doch dauerhaft zur Wirtschaftslen-

---

[4] VfSlg 10.292 / 1984.

[5] B-VG-Novelle 1988 BGBl. 1988 / 685.

[6] Art. II BVG BGBl. 1983 / 175.

[7] Sog. „Vorschaltartikel".

kung befähigt, und es sind daher lenkungsrechtliche Regelungen der Länder praktisch ausgeschlossen.

Dies übrigens auch noch aus einem anderen Grund. Daß Österreich nach Art. 4 B-VG *ein einheitliches Wirtschaftsgebiet* bildet, ist als eine Kompetenzausübungsschranke zu verstehen, die solche Vorschriften verbietet, die die Bildung oder den Bestand überregionaler, insbesondere Landesgrenzen überschreitender Märkte verhindern oder wesentlich beeinträchtigen würde. (Zwar könnten die Länder im Rahmen der ihnen verbliebenen Kompetenzen eventuell Systeme der Wirtschaftslenkung entwickeln, sie müßten sich aber zur Vermeidung des verpönten Absperrungseffektes vertraglich — etwa im Wege von Gliedstaatsverträgen nach Art. 15a B-VG — untereinander entsprechend koordinieren, was zwar theoretisch möglich, aber sehr schwerfällig und daher wenig praktisch und wahrscheinlich wäre).

2. Die sogenannte Privatwirtschaftsverwaltung

Es ist schon erwähnt worden, daß die allgemeine Kompetenzverteilung nicht gilt, soweit der Staat (Bund und Länder) als Privatrechtsträger handeln (Art. 17 B-VG). Diese — im internationalen Vergleich — ganz ungewöhnliche und einmalige Regelung bewirkt, daß das nichthoheitliche Handeln gleichsam von jeglicher Kompetenzverteilung freigestellt ist, sodaß Bund und Länder in jedem beliebigen Sachbereich durch die Führung von Unternehmungen, durch die Vergabe von Aufträgen und vor allem durch die Verteilung von Subventionen wirtschaftlich tätig werden können.[8] Dies eröffnet ein weites Feld für alle Arten wirtschaftsfördernder und wirtschaftspolitischer Aktivitäten. Bund und Länder können hier durchaus parallel und sogar konkurrierend auftreten. Eine theoretische Grenze wird wohl nur durch ein Mißbrauchsgebot gezogen: Die Ausübung der hoheitlichen Kompetenzen der anderen Autorität darf nicht mit wirtschaftlichen Mitteln unterlaufen und verhindert werden. Der ganze Bereich der Privatwirtschaftsverwaltung kann, muß aber nicht durch Gesetze näher geregelt sein. Folglich hat in dem gesetzlich nicht näher geregelten Bereich der Aufgabenerfüllung (Auftragsvergabe, insb. Subventionierung) die Landesexekutive einen weiten und praktisch enorm wichtigen politischen Spielraum.

---

[8] Die Staatspraxis nimmt sogar an, daß Art. 17 B-VG eine Kompetenzgrundlage zur Erlassung allfälliger „Selbstbindungsgesetze" („Statutargesetze") des Bundes und der Länder abgebe, mit denen diese ihre jeweiligen Verwaltungsorgane binnenrechtlich bei der Ausübung der Privatwirtschaftsverwaltung determinieren können.

3. Finanzausstattung und Aufgabenbesorgung

Ein entscheidender Bestandteil der Wirtschaftsverfassung ist natürlich auch die Finanzverfassung und die Teilung der Finanzgewalt im Bundesstaat. Eine Besonderheit der österreichischen Finanzverfassung besteht darin, daß sie die Besteuerungsrechte nicht unmittelbar verteilt, sondern nur eine Typologie der Abgaben festlegt und im übrigen die Aufteilung der Besteuerungsobjekte dem Finanzausgleich überläßt. Über diesen wird zwar regelmäßig zwischen Bund und Ländern verhandelt, die Regelung wird jedoch letztlich in einem einfachen Bundesgesetz getroffen; mit anderen Worten: Die Länder haben keine verfassungsunmittelbare Abgabenhoheit. Daraus ergibt sich ein weiteres Übergewicht des Bundes, weil er damit bei der Einnahmenverteilung letztlich über die jeweilige Finanzausstattung der Länder (und Gemeinden) entscheidet. Dies gilt auch für die Bedarfszuweisungen und Zweckzuschüsse, die der Bund unter Bedingungen an Länder und Gemeinden gewähren kann (§§ 12, 13 F-VG).

Eine beaufsichtigende Einflußnahme des Bundes auf die Finanzwirtschaft der Länder ergibt sich weiters aus den Bestimmungen über das Kreditwesen sowie über das Haushaltswesen und die Finanzstatistik (§§ 14 und 15 F-VG). So bedarf die Begebung von Anleihen und die Aufnahme von Auslandsschulden durch die Länder und Gemeinden und ihrer erwerbswirtschaftlichen Unternehmungen der Genehmigung des BMF.[9] Außerdem kann der BMF zur Vereinheitlichung von Form und Gliederung der Voranschläge und Rechnungsabschlüsse der Länder und Gemeinden (im Einvernehmen mit dem Rechnungshof) Richtlinien erlassen[10], er kann sich die Voranschläge und Rechnungsabschlüsse der Gebietskörperschaften vorlegen lassen und Auskünfte über deren Finanzwirtschaft einholen (§ 16 Abs. 1 F-VG).

Dem steht auf der wirtschaftspolitisch bedeutsamen Ausgabenseite die Kostentragungsregel gegenüber, daß grundsätzlich („sofern die zuständige Gesetzgebung nichts anderes bestimmt") der Bund und die übrigen Gebietskörperschaften den Aufwand zu tragen haben, „der sich aus der Besorgung ihrer Aufgaben ergibt". Als *„ihre Aufgaben"* werden die kostenverursachenden Verwaltungsaufgaben verstanden. Damit ist zwar einerseits auf die hoheitliche Kompetenzverteilung zurückverwiesen, andererseits aber auch auf die vielfach gesetzlich nicht determinierte Privatwirtschaftsverwaltung. Der genannte zweite Bereich umfaßt (nach heute herrschender Auffassung) jedenfalls dasjenige Verwaltungshandeln in Privatrechtsformen, durch welches eindeutig ein im öffentlichen Interesse gelegener Zweck verfolgt wird — und dies wird insbesondere bei der Gewährung von

---

9 Diese Befugnis — ohne nähere Determinanten — könnte sowohl im Sinne oberstaatlicher Aufsicht als auch vom Standpunkt der Funktionssicherung eines funktionsfähigen Kapitalmarkts gesehen und benutzt werden!

10 Siehe dazu die Voranschlags- und Rechnungsabschlußverordnung (VRV) BGBl. 1983 / 159 i. d. F. 1986 / 440.

Subventionen angenommen. In der praktischen Konsequenz zu Ende gedacht, bedeutet dies, daß letztlich die zur Verfügung stehende Finanzmasse und darüber hinaus die Möglichkeit oder Bereitschaft zur Verschuldung den politischen Handlungsspielraum für wirtschaftspolitische Initiativen abstecken.

Die österreichische Bundesverfassung kennt bisher keine echten „Gemeinschaftsaufgaben" iS der deutschen Terminologie, die also sowohl Aufgabe der zentralstaatlichen Ebene als auch der Länder wären und die nicht bloß in einem organisatorischen, sondern auch in einem finanziellen Verbund gemeinsam besorgt werden. Gleichwohl haben sich vielfältige Formen der Zusammenarbeit und auch der Gemeinschaftsfinanzierung entwickelt, die an der klaren Kompetenzverteilung des hoheitlichen Staatsaufgabensektors vorbeigehen. Die Wurzel liegt teilweise im gemeinschaftlichen Interesse von Bund und Ländern, teilweise aber auch in politischen Zwängen (Durchführung bestimmter Projekte nur, wenn eine Finanzierungsbeteiligung der an sich nicht kompetenten bzw. verantwortlichen anderen Autorität gegeben ist), wie dies vielfach bei freiwillig vereinbarten Finanzierungsverbünden oder Vorfinanzierungen der Fall ist. Hiedurch entsteht ein „grauer Finanzausgleich", der die eigentlichen Verantwortungsbereiche zu verwischen geeignet ist. Die formelle Grundlage ist der schon erwähnte Art. 17 B-VG, der ein solches Ausweichen in die Formen des Privatrechts erlaubt.

Eine dauerhafte Lösung dieser Problematik wäre nur möglich bei einer grundlegenden Reform der bundesstaatlichen Kompetenzverteilung, über welche in Österreich nun schon seit einiger Zeit — und neuerdings nicht zuletzt im Rahmen der EG-Beitritts-Perspektive — diskutiert wird.[11]

4. Ziele und Politiken

Dem nüchternen Charakter der österreichischen Bundesverfassung entspricht es, daß sie weitestgehend keine Staatsziele und Verfassungsaufträge formuliert. Damit ist die Artikulierung politischer Ziele und die Festlegung bestimmter Politiken im wesentlichen nicht eine Frage des Verfassungsrechts, sondern des offenen politischen Prozesses und des freien Spiels der politischen Kräfte.

Erst in jüngster Zeit haben einige Staatszielbestimmungen in die österreichische Bundesverfassung Eingang gefunden: so das Bekenntnis zum *umfassenden Umweltschutz* (BVG BGBl. 1984/491) und das Anstreben eines *gesamtwirtschaftlichen Gleichgewichts* (Art. 13 Abs. 2 B-VG seit BVG BGBl. 1986/212). Es findet sich jedoch keine verfassungsmäßige Verpflichtung zum Betreiben einer aktiven *Wirtschaftspolitik* im allgemeinen bzw. einer *Regionalpolitik* im besonderen, weder auf Bundes- noch auf Landesebene, was freilich die Wahrnehmung

---

[11] Vgl. zuletzt die grundlegende Kritik und die Lösungsvorschläge bei *Bernd Christian Funk / Heinz Schäffer / Hans Georg Ruppe / Wilfried Schönbäck,* Neuordnung der Kompetenzverteilung in Österreich (hrsg. vom Bundeskanzleramt-Verfassungsdienst, Wien 1991).

einer wirtschaftlichen Entwicklungspolitik nicht ausschließt, ist doch eine aktive Rolle des Staates in dieser Beziehung stets als ein Essentiale der Staatlichkeit und als Verantwortung des Staates gegenüber seinen Bürgern gesehen worden. Genauso wie das Fehlen einer eigenen Sozialstaatsklausel Österreich nicht gehindert hat, einer der ausgebautesten Sozialstaaten zu werden (wobei in dieser Beziehung die hauptsächliche Initiative und Last beim Bund lag), so haben es Bund und Länder im Rahmen ihrer weitreichenden Handlungsmöglichkeiten aus alter Tradition und zwecks Modernisierung des Industriestaates stets als ihre Verantwortung angesehen, nicht nur durch ordnende und lenkende Intervention, sondern auch mit vielfachen incentives eine aktive wirtschaftliche Entwicklungspolitik zu betreiben.

5. Träger der Wirtschaftspolitik und Regionalpolitik

Träger wirtschaftlicher und regionalpolitischer Aktivitäten sind nach dem Gesagten vorwiegend der Bund und die Länder, daneben aber im gewissen Maße auch die Gemeinden (insbesondere durch kommunale Unternehmungen) und zum Teil auch die großen öffentlich-rechtlichen Interessenverbände (letztere nicht nur durch Information und Beratung, sondern oft auch im finanziellen Zusammenwirken mit den öffentlichen Händen durch Beteiligung an regionalen Entwicklungsgesellschaften).

II. Die rechtliche Struktur und die inhaltliche Ausrichtung des österreichischen Planungs- und Wirtschaftsförderungsrechts

1. Zur rechtlichen Struktur

a) Förderungswesen ohne (strenge) Gesetzesbindung

Soweit das Förderungswesen im Wege der Privatwirtschaftsverwaltung abgewickelt wird — und das ist in Österreich zum größten Teil der Fall[12] —, ist es — wie schon gesagt — nach Art. 17 B-VG von der hoheitlichen Kompetenzverteilung freigestellt. Das hat nach herrschender Auffassung ferner zur Folge, daß das für die hoheitliche Verwaltung geltende strenge Legalitätsprinzip (Art. 18 B-VG: staatliches Handeln nur auf Grund eindeutig determinierter gesetzlicher Handlungsermächtigung) hier nicht (bzw. nicht in voller Schärfe) eingreift. Es bleibt vielmehr dem Gesetzgeber überlassen, ob er überhaupt gesetzliche Grundlagen der Förderungsverwaltung schafft und wie konkret er sie ausgestaltet.

---

[12] Zur Entwicklungsgeschichte und zum Umfang der Förderungsverwaltung siehe *Heinz Schäffer*, Öffentliches Wirtschaftsrecht, in: Herbert Schambeck (Hrsg.), Parlamentarismus und öffentliches Recht in Österreich. Entwicklung und Gegenwartsprobleme (Berlin 1993), 1149 (1291 ff.).

aa) Gesetzlich fixierte Förderungen

Zumal in diesem Bereich mangels Kompetenz keine öffentlich-rechtlichen Ansprüche vorgesehen werden können, bedeuten solche Regelungen stets nur eine Bindung der eigenen Verwaltungsorgane des betreffenden Rechtsträgers (Bund bzw. Land), und sie können auch keine privatrechtlichen Rechtsansprüche statuieren (weder solche eines Förderungswerbers, noch etwa gar solche eines Konkurrenten). Wegen der mangelnden Außenwirkung spricht die österreichische Doktrin hier von „Statutargesetzen". [13] Sie sind also im Grunde, wie einmal treffend konstatiert worden ist [14], nichts anderes als „in Gesetzesform gekleidete Verwaltungsverordnungen". Solche Gesetze enthalten meist nur eine Angabe über (allgemeine und besondere) Förderungsziele und die möglichen Förderungsmaßnahmen, manchmal sehen sie auch die Erlassung von Richtlinien und die Förderungsabwicklung über außerhalb der Staatsverwaltung stehende Förderungsmittler (z. B. Fonds oder Gesellschaften) vor. Regelmäßig werden Rechtsansprüche explizit ausgeschlossen und die Durchführung der Förderung in finanzieller Hinsicht von einer ausreichenden Dotierung aus dem Budget abhängig gemacht.

bb) „Freie" Förderung

Neben der solcherart gesetzlich fixierten Förderung bleiben aber — auf Grund der eben skizzierten differenzierten Bedeutung des Legalitätsprinzips für die Privatwirtschaftsverwaltung — auch Handlungsspielräume für „freie", d. h. gesetzesungebundene Förderungstätigkeit der Gebietskörperschaften. Sie ist (sieht man einmal von den allgemeinen haushaltsrechtlichen Bindungen und den verfassungsmäßig vorgesehenen Wegen der politischen und rechtlichen Kontrolle ab), gesetzlich in keiner Weise näher determiniert und kann sich in allgemeiner Zielsetzung, inhaltlicher Ausrichtung und Einzelmaßnahmen frei entfalten. Sie ist naturgemäß *budgetabhängig*. Wenn es sich nicht gerade um die Förderung individueller Großprojekte handelt, erfolgt die Steuerung meist über verwaltungsinterne Richtlinien, in welchen die einzelnen „Aktionen" näher umschrieben werden. Derartige Förderungsaktionen können über längere Zeiträume fortgeschrieben oder aber je nach Bedürfnissen oder neuen Schwerpunkten flexibel verändert bzw. auch wieder gänzlich eingestellt werden. Auch die allgemeinen Bedingungen, das Verfahren der Gewährung, die Kontrolle und allfällige Rückabwicklung sind bestenfalls richtlinienhaft determiniert. [15]

---

[13] Zum ganzen Problemkreis überblicksweise *Karl Wenger,* Zur Problematik der österreichischen „Selbstbindungsgesetze", in: Franz-Korinek-FS (Wien 1972) 189 ff. und *Heinz Schäffer,* Die sogenannte Privatwirtschaftsverwaltung und das Gesetz, in: Antoniolli-FS (Wien 1979) 253 ff.

[14] *Richard Novak,* Grenzen und Möglichkeiten des Legalitätsprinzips, Österreichisches Verwaltungsarchiv 1970, 1 ff.

b) Planungsrecht

Ähnliches gilt mutatis mutandis für die Normstruktur des wirtschaftspolitisch bedeutsamen Planungsrechts. Weil die österreichische Rechtsordnung eine freiheitliche und rechtsstaatliche Ordnung ist, ist das Planungsrecht (mit Ausnahme der imperativen Flächenwidmungen und Trassenfestlegungen) für den einzelnen durchwegs nur indikativ bzw. influenzierend ausgestaltet, d. h. es gibt infolge der aus der Grundrechtsordnung resultierenden Privatautonomie idR keine den Bürger direkt in die Pflicht nehmenden Investitions- und Förderungsentscheidungen. Was die zur Erfüllung öffentlicher Aufgaben notwendigen direkten Investitionen der öffentlichen Hand anbelangt, geben die Gesetze meist keine expliziten Ziele an, und sie geben manchmal nur Standards für die zu erbringenden Verwaltungsleistungen vor, aus denen sich Schlüsse auf die erforderliche Investitionstätigkeit ziehen lassen. Bloß in vereinzelten Fällen wird der Verwaltung ein Planungsauftrag erteilt und es werden die einzelnen Schritte des Planungsprozesses vorgezeichnet. Der Gesetzgeber trifft also kaum Entscheidungen im Bereich der investiven Staatstätigkeit und hält sich gerade diesbezüglich bei der Determinierung der Verwaltungsorgane weitgehend zurück. Das Ob und Wie der Investitions- und Investitionsförderungsplanung ist somit weitgehend der Initiative und Kreativität der Verwaltung überlassen.

Die *Investitionsplanung* ist dort, wo sie haushaltsrechtlich im Rahmen der mittelfristigen Finanzplanung vorgesehen ist, ebenso wie diese nur eine Orientierungshilfe für die nach wie vor jährliche Budgetierung. In diesen Freiräumen gibt sich die Verwaltung nicht selten selbst Investitionsprogramme, die aber ihrer Rechtsnatur nach höchstens Richtlinien darstellen. In den allermeisten Fällen enthalten diese Programme bloß Ziele oder Zielkataloge in sehr unbestimmter Fassung.

Orientiert man sich hinsichtlich der solcherart vorkommenden Investitionsprogramme an der großen Typisierung in die Typen: Zielplanung, Vorhabenplanung, Standardplanung und Investitionsplanung, so kann folgendes festgehalten werden. Die meisten Programme enthalten Ziele oder Zielkataloge in äußerst unbestimmter Fassung, vielfach in Leerformeln. Etwas überpointiert könnte man sagen: Man erteilt Optimierungsaufträge, verzichtet aber darauf, operationelle Kriterien anzugeben, nach welchen erkennbar wäre, was als optimaler Zustand auf dem betreffenden Sektor anzusehen ist. Dies hat zur Folge, daß derartige Programme in ihrem Vollzug verschiedenen politischen Konzeptionen Deckung geben können. Einzelne Programme präsentieren das Ergebnis von Standardplanungen, also von Vorstellungen, welche Standards planmäßig erreicht werden sollen. Manchmal wird mit der Standardfestlegung auch eine Bezeichnung kon-

[15] Beim Bund etwa durch die „Allgemeinen Rahmenrichtlinien für die Gewährung von Förderungen aus Bundesmitteln“ von 1977, Amtsblatt der Österreichischen Finanzverwaltung 1977 / 41.

kreter Vorhaben verbunden, manchmal werden Maßnahmen nur gattungsmäßig festgelegt; letzteres gilt insbesondere für Förderungsprogramme. Eine reine Vorhabensplanung begegnet vor allem in betrieblichen und anstaltlichen Bereichen. Echte Investitionsprogramme sind selten.[16]

Im Grunde nicht viel anders verhält es sich letztlich im Bereich der *Raumordnung*. Bis heute gibt es kein Bundesraumordnungsgesetz und keine gesamthaften Programme des Bundes, wohl aber zahlreiche raumbedeutsame Ressortplanungen (Problem des „Sektoralismus"). Im Gegensatz dazu enthalten die Raumordnungsgesetze der Länder nicht nur umfangreiche Zielkataloge, die den ganzen Umkreis der modernen Staatsaufgaben benennen, sondern sie ermächtigen auch die Landesregierung, im Sinne einer raumordnerischen Gesamtkonzeption durch die Erlassung von Entwicklungsprogrammen die Ziele zu konkretisieren und Verwirklichungsmaßnahmen vorzusehen. Eine Determinierung des Konkretisierungsgrades der in den Entwicklungsprogrammen zu bezeichnenden Maßnahmen enthalten die Gesetze kaum. Am ehesten ist eine Determinierung der Bodennutzungsplanung gegeben, weil die örtliche Flächenwidmungs- und Bebauungsplanung der Gemeinden an die Grundsätze der überörtlichen Planung gebunden ist. Für die übrigen Bereiche der Raumordnung und damit praktisch für die Privatwirtschaftsverwaltung, in der die wesentlichen Investitionsentscheidungen und Förderungsentscheidungen angesiedelt sind, kommen nur die Raumordnungsziele (als finale und somit weitgehend unbestimmte Determinanten) in Betracht. Im Ergebnis ist damit auch in diesem Bereich der Verwaltung überlassen, inwieweit Raumordnungsprogramme in den Dienst der regionalen Wirtschaftspolitik gestellt werden. In der Praxis haben die meisten Bundesländer die Idee des einen großen Landesplans aufgegeben und sind entweder den Weg der *Regionalprogramme* oder den Weg der (landesweiten) *Sektoralprogramme* gegangen.

c) Koordinierung der Wirtschaftspolitiken

Ein Grundproblem des gesamten Förderungs- und Planungsrechts liegt in der *Koordinierung* der vielen Träger wirtschaftspolitischer Aktivitäten. Ohne daß dieser Problembereich hier vertieft werden könnte, sei hier zum Überblick nur so viel gesagt.

aa) Staatsziele

Die Bindung an den mittlerweile verfassungskräftig verankerten Auftrag, ein gesamtwirtschaftliches Gleichgewicht anzustreben (Art. 13 Abs. 2 B-VG) und das Bekenntnis zum umfassenden Umweltschutz sind zwar dem Bund und den Ländern gemeinsam. Derart abstrakte Oberziele stellen jedoch für sich allein

---

16 Vgl. zur Charakterisierung und zur Analyse der Verwaltungspraxis *Heinz Peter Rill / Heinz Schäffer*, Investitionsplanung und Raumordnung (Wien 1979), 333.

(d. h. ohne weitere organisatorische und verfahrensmäßige Vorkehrungen) keine operationale Anleitung und Koordinierung der Wirtschaftspolitik sicher.

bb) Verträge und Vereinbarungen

Seit 1974 steht mit den öffentlich-rechtlichen Verträgen im Sinne des Art. 15a B-VG (horizontale und vertikale Konkordate, „Gliedstaatsverträge") ein Instrument des kooperativen Föderalismus zur Verfügung, mit welchem der Bund und die Länder oder auch mehrere Länder untereinander hoheitliche Maßnahmen vertraglich aufeinander abstimmen können. Daneben steht natürlich auch der Weg offen, konkrete Vorhaben im Wege privatrechtlicher Vereinbarungen zu fixieren. Wirtschaftspolitische Aktivitäten und Förderungsprogramme können schließlich auch durch politische Absprachen ohne Rechtsverbindlichkeit (political gentlemen agreements) aufeinander abgestimmt werden oder als gemeinsame Aktionen vereinbart werden.

Für alle diese Typen von Vereinbarungen und Absprachen gibt es inzwischen auch entsprechendes Anschauungsmaterial, z. B.:

(a) Art. 15a-Vereinbarung zwischen den Ländern Wien, Niederösterreich und Burgenland über eine „Planungsgemeinschaft Ost" für den Bereich der „Ostregion", unter anderem auch zur Vertretung gemeinsamer Interessen gegenüber dem Bund[17],

Art. 15a-Vereinbarung Bund / Niederösterreich zur Verbesserung der Wirtschaftsstruktur im Lande sowie zur Sicherung und Schaffung von Dauerarbeitsplätzen (BGBl. 1983 / 113),
Art. 15a-Vereinbarung Bund / Oberösterreich über gemeinsame Regionalförderung (BGBl. 1984 / 147).

(b) Vereinbarungen zwischen dem Bund und einem Land über gemeinsam interessierende Vorhaben (z. B. mit Wien BGBl. 1980 / 18, mit Kärnten BGBl. 1980 / 38 und 1983 / 604).

(c) Gemeinsame („kooperative") Regionalprogramme bzw. Regionalförderungsprogramme Bund / einzelne Bundesländer, z. B. seinerzeit mit der Steiermark betreffend die Region Aichfeld-Murboden[18], mit Salzburg hinsichtlich des Oberpinzgaus.

cc) Organisation und Verfahren

Auf das Fehlen einer verfassungsrechtlichen Verankerung von „Gemeinschaftsaufgaben" ist schon hingewiesen worden. Ein organisatorischer Rahmen für eine wirtschaftspolitische Abstimmung im allgemeinen und eine raumord-

---

17 Näheres dazu bei *Heinz-Peter Rill / Heinz Schäffer*, Investitionsplanung, 133 f.

18 Näheres dazu bei *Heinz Peter Rill / Heinz Schäffer*, Investitionsplanung, 127 ff.

nungspolitische im besonderen steht rechtlich betrachtet nicht zur Verfügung, weil die österreichische Bundesverfassung immer noch vom Prinzip der säuberlich getrennten Kompetenzbereiche beherrscht ist. Dementsprechend ist die für Grundlagenforschung und Meinungsaustausch hervorragend geeignete Österreichische Raumordnungskonferenz (ÖROK) nur eine informelle Organisation, welche Expertisen erarbeiten und Empfehlungen abgeben, aber keine rechtsverbindlichen Beschlüsse fassen kann.[19]

dd) Bedachtnahme und Kompetenztrennung

Eine Koordinierung der Förderungspolitiken der Gebietskörperschaften ist angesichts des Art. 17 B-VG schwierig. Sie könnte einerseits freiwillig auf den schon beschriebenen Wegen erfolgen; sie kann auch dadurch erfolgen, daß bei der Subventionsvergabe auf die Förderung der jeweils anderen Autorität entsprechend Bedacht genommen wird, sei es durch Koppelungsgebote oder sei es durch Koppelungsverbote (die Grundlage hiefür findet sich je nach Art der Förderung in den Förderungsbedingungen der Förderungsgesetze oder der — verwaltungsinternen — Förderungsrichtlinien). Andererseits wäre zur Bereinigung des „Förderungsdschungels" und zur Vermeidung von unerwünschten Konkurrenzen und Widersprüchen die Schaffung einer eindeutigen Kompetenzverteilung bzw. die Aufteilung der Verantwortungsbereiche auf dem Sektor des Förderungswesens verfassungspolitisch dringend geboten.[20]

2. Zur inhaltlichen Ausrichtung — Rollenverteilung und Schwerpunktsetzung in der regionalen Wirtschaftspolitik Österreichs

Praktisch wichtiger als die — vom rechtsstaatlichen Standpunkt gewiß wichtigen — Fragen der Rechtsformen ist die inhaltliche Schwerpunktsetzung und Ausrichtung der regionalen Wirtschaftspolitik.

Betrachtet man die Sachbereiche und Schwerpunkte, wie sie sich in den letzten Jahrzehnten entwickelt haben, so ergibt sich überblicksweise folgendes Bild: Auf dem Sektor der *Agrarpolitik,* der hier nicht im einzelnen dargestellt werden soll, hat der Bund ein eindeutiges Übergewicht, teils auf Grund der hoheitlich geregelten Agrarmarktordnung mit weitgehender Wirtschaftslenkung, teils auf Grund zahlreicher immer wieder umgestalteter Förderungsaktionen im Rahmen des Landwirtschaftsgesetzes. Daneben hat auch die Mehrzahl der Bundesländer eigene Landwirtschaftsförderungsgesetze erlassen, die ihre Förderungsaktionen mit

---

[19] Siehe die Statuten der ÖROK; zur rechtlichen Einordnung der ÖROK als informelle Organisation schon *Heinz Schäffer* in: Verh. 6. ÖJT Innsbruck 1976 (Wien 1979), II / 1, 114 ff.

[20] Siehe hiezu die Analysen und Empfehlungen im Sammelband der „Strukturreformkommission" *Funk / Schäffer / Ruppe / Schönbäck,* Neuordnung der Kompetenzverteilung in Österreich (Wien 1991).

allgemeinen Zielvorgaben nur rahmenhaft determinieren[21]. Mit der Umstruktuierung der Förderungsaktionen in letzter Zeit wird auch versucht, den Strukturwandel in der Landwirtschaft zu unterstützen.

Betrachtet man die übrigen Wirtschaftssektoren und ihre sensiblen Aspekte, so bietet sich folgendes Bild: Die *Arbeitsmarktpolitik* wird überwiegend und mit gewaltigem finanziellem Aufwand vom Bund als Verantwortung wahrgenommen[22]. Gleichwohl findet sich in den neueren Wirtschaftsförderungsgesetzen und Förderungsaktionen der Länder auch eine deutliche arbeitsmarktpolitische Akzentuierung. Die Länder gewähren den Unternehmen vielfach zusätzlich zur Förderung des Bundes oder gekoppelt mit jener eine regionale Arbeitsmarktförderung zur Schaffung oder Sicherung von Arbeitsplätzen; das Burgenland kennt sogar ein eigenes Arbeitnehmerförderungsgesetz (LGBl. 1987 / 36). Ähnliches gilt für die Ausbildungsförderung und Berufsbildungspolitik.

Ein neuer Schwerpunkt ist die Ausrichtung der Wirtschaft auf neue Technologien, ja überhaupt die verstärkte *Innovation.* Sie wird von Bundesseite durch neue Schwerpunktsetzung in den Jahresprogrammen des bundesweiten ERP-Fonds[23] und durch ein Innovations- und Technologiefondsgesetz[24] massiv gefördert, aber auch die Zielkataloge der modernen Landwirtschaftsförderungsgesetze betonten die Notwendigkeit der Modernisierung und fördern zum Teil ausdrücklich Forschung und Entwicklung.

Eigene *Wirtschaftsförderungsgesetze,* welche nicht nach Branchen differenzieren, kennen sechs der neun Bundesländer Österreichs (Burgenland, Kärnten, Niederösterreich, Salzburg, Steiermark und Tirol), eine mit dem Bund gekoppelte regionale Wirtschaftsförderung auf Grund von Gliedstaatsverträgen die Bundesländer Niederösterreich und Oberösterreich.

Wirtschaftsförderungsrecht der Länder

Burgenland:	WirtschaftsförderungsG LGBl. 1981 / 1 i. d. F. 1987 / 44, 1991 / 32, 59[25], 1993 / 12[26]; WirtschaftsförderungsfondsG LGBl. 1991 / 59; ArbeitnehmerförderungsG LGBl. 1987 / 36

21 Burgenland, Kärnten, Salzburg, Steiermark, Tirol, Vorarlberg.

22 Arbeitsmarktförderungsgesetz BGBl. 1969 / 31, vielfach novelliert, zuletzt i. d. F. 1991 / 685, 1992 / 835, 1993 / 18, 502.

23 ERP-Fonds-Gesetz, BGBl. 1962 / 207 i. d. F. 1974 / 508, 1989 / 499.

24 BG über Maßnahmen zur Finanzierung von Förderungen, Entwicklungen und Umstellungen für den Bereich der gewerblichen Wirtschaft (Innovations- und Technologiefondsgesetz — ITFG) BGBl. 1987 / 603 i. d. F. 1988 / 407. Schon davor hatte der Bund mit BG BGBl. 1984 / 256 eine „Innovationsagentur" errichtet.

25 Auf Grund des § 9 a Abs. 4 leg. cit. erging jüngst eine Verordnung der Burgenländischen Landesregierung über die Festlegung von Bedingungen für die Gewährung von Förderungen zur Sicherung der Nahversorgung (LGBl. 1991 / 83), die somit ebenfalls in die Förderungsziele einbezogen wurde.

26 EWR-Anpassung; trat gleichzeitig mit dem EWR-Abk. in Kraft (1. 1. 1994).

Kärnten:	WirtschaftsförderungsG LGBl. 1989 / 13 i. d. F. 1989 / 56, 1991 / 1; inzwischen ersetzt durch WirtschaftsförderungsfondsG 1993 / 6 mit WirtschaftsförderungsbegleitG LGBl. 1994 / 12; ArbeitnehmerförderungsG LGBl. 1984 / 49 i. d. F. 1992 / 91
Niederösterreich:	Art. 15 a-Vereinbarung zur Verbesserung der Wirtschaftsstruktur BGBl. 1983 / 113; WirtschaftsförderungsfondsG LGBl. 7300-1; TourismusG LGBl. 7400-0
Oberösterreich:	Art. 15 a-Vereinbarung über gemeinsame Regionalförderung BGBl. 1984 / 27
Salzburg:	Kleingewerbe-DarlehensfondsG LGBl. 1955 / 35, i. d. F. 43, 1965 / 81, 1971 / 65, 1976 / 18, 1980 / 1, 66, 1984 / 34, 1990 / 20; StrukturverbesserungsfondsG LGBl. 1975 / 87 i. d. F. 1980 / 2; BetriebsfestigungsG LGBl. 1983 / 55 i. d. F. 1985 / 11, 1987 / 7, 1990 / 21
Steiermark:	IndustrieförderungsG LGBl. 1985 / 73 (Wiederverlautbarung); MittelstandsförderungsG LGBl. 1985 / 74 (Wiederverlautbarung); jüngst zusammengefaßt, umfassend und EWR-konform neugefaßt mit dem Stmk. WirtschaftsförderungsG LGBl. 1993 / 108;
Tirol:	KleingewerbeförderungsfondsG LGBl. 1961 / 23; MittelstandsförderungsG LGBl. 1977 / 33; WirtschaftsförderungsG LGBl. 1977 / 33; WirtschaftsförderungsfondsG LGBl. 1989 / 16; ArbeitnehmerförderungsG LGBl. 1992 / 3
Vorarlberg:	StickereiförderungsG BGBl. 1956 / 22 i. d. F. 1962 / 62, 1985 / 187 (partikulares Bundesrecht!)

In den erwähnten Regelungen ist zumeist die Fremdenverkehrsbranche ausgenommen.[27] Sie ist organisatorisch idR in Fremdenverkehrsverbandsgesetzen bzw. Tourismusgesetzen erfaßt; die Förderung dieses Sektors erfolgt teils aus Verbandsmitteln, teils aus Bundes- und Landesmitteln im Rahmen von zwischen dem Bund und den Ländern akkordierten Förderungs- und Werbeaktivitäten. Nicht erfaßt ist ferner — teils explizit, teils implizit — die Förderung der Land- und Forstwirtschaft. Außerhalb der Wirtschaftsförderung stehen nach österreichischer Sicht und legistischer Tradition die „freie" wie die gesetzlich geregelte Kulturförderung, mag sie auch wirtschaftlich relevant sein. Gerade letzterer Umstand könnte in der Zukunft — darauf sei aufmerksam gemacht — zu Meinungsunterschieden und Rechtsstreitigkeiten zwischen nationalen und europäischen Instanzen führen.

---

[27] In der Steiermark wurde die Tourismusförderung jüngst in das dortige WirtschaftsförderungsG integriert, aber eigentlich nur formell-gesetzestechnisch, denn der Sache nach obliegt dieser Zweig der Förderung einem eigenen Tourismusförderungsfonds (Art. III leg. cit.). In Kärnten wurden im neuen WirtschaftförderungsfondsG Maßnahmen zur Qualitätsverbesserung im Fremdenverkehr einbezogen, Werbemaßnahmen sowie Verkaufsförderung im Bereich des Fremdenverkehrs jedoch explizit ausgenommen.

Die verwirrende Vielfalt der Regelungen der Landeswirtschaftsförderungsgesetze kann hier nicht in allen Details ausgebreitet werden. Es soll vielmehr der Versuch einer Querschnittsbetrachtung unternommen werden, die — wie jede Generalisierung — mit der Gefahr einer gewissen Vergröberung der Aussage verbunden ist. Eine *Differenzierung nach Größenordnungen* der geförderten Unternehmungen ist hauptsächlich in den älteren Förderungsregeln einzelner Länder angelegt gewesen. So hat Salzburg seit 1955 ein eigenes Kleingewerbe-Darlehenfondsgesetz. Auch in Tirol gab es seit 1961 ein Kleingewerbe-Förderungsfondsgesetz und seit 1977 zusätzlich ein Mittelstandsförderungsgesetz, die beiden Gesetze sind aber nun seit 1989 durch ein allgemeines Wirtschaftsförderungsfondsgesetz überholt. Eine andere Differenzierung nimmt die Steiermark vor, die 1985 ein eigenes Industrieförderungsgesetz für Großbetriebe geschaffen hat und daneben ebenfalls seit 1985 eine Mittelstandsförderung kennt, in welche außer den mittelständischen Unternehmen auch die Fremdenverkehrsförderung und eine Jungunternehmerförderung integriert waren. In Salzburg besteht schon seit 1976 ein eigenes Strukturverbesserungsfondsgesetz mit umfassender Zielsetzung und ab 1983 ein für mittelständische Unternehmen bestimmtes Betriebsfestigungsgesetz.

Die *Förderungsabwicklung* erfolgt teilweise durch die Landesregierung direkt, teilweise durch eigens hiefür geschaffene Fonds (so im Burgenland, in Kärnten, Niederösterreich, Salzburg, Steiermark, Tirol), manchmal auch über eigene Betriebsansiedlungsgesellschaften und Kapitalbeteiligungsgesellschaften des Landes (so z. B. im Burgenland).

Auch die Umschreibung der *Förderungsziele* ist in den meisten Gesetzen vielfältig, sie ist im Laufe der Jahre immer weiter und umfassender und differenzierter geworden. Als repräsentatives Beispiel sei das neue Tiroler Wirtschaftsförderungsfondsgesetz 1989 herangezogen, wonach eine Förderung nur gewährt werden darf, wenn die zu fördernde Investition zumindest einem der folgenden Ziele dient (§ 2 Abs. 2 leg cit):

„a) Der *Hebung der Leistungskraft* und der Stärkung der Wettbewerbsfähigkeit von Betrieben durch

1. eine Verbesserung der Qualität des Leistungsangebotes,
2. neue oder verbesserte Produkte oder Ausweitung der Produktion,
3. verbesserte Produktionsverfahren, Rationalisierung, Modernisierung und Anpassung an den internationalen Standard,
4. die Verbesserung der Absetzbarkeit von Produkten und Leistungen auch auf ausländischen Märkten;

b) der Einsparung von Energie und dem *Umweltschutz;*

c) der Schaffung von *Dauerarbeitsplätzen;*

d) der *Nahversorgung* der Bevölkerung mit Waren und Leistungen des täglichen Bedarfs sowie der Versorgung der Bevölkerung mit den notwendigen Waren und Leistungen in Krisenzeiten;

e) der *Ausgleich* der regionalen oder sektoralen Strukturschwächen der Wirtschaft.“ (Hervorhebung im Text vom Verfasser).

Eine Verbesserung der regionalen *Wirtschafts*struktur oder des regionalen Wachstums ist insbesondere in den Gesetzen Burgenlands, Kärntens [28], Salzburgs und Tirols angesprochen. Eine ausgesprochene Raumordnungsorientierung ist nur in dem eben erwähnten Tiroler Gesetz vorhanden, was aber nicht bedeutet, daß in den anderen Ländern eine Raumorientierung unterbleiben dürfte, gebieten doch schon die allgemeinen Raumordnungsgesetze eine Orientierung des gesamten staatlichen Handelns, somit auch jene der Förderungspolitik des Landes an den *Raumordnungszielen* des jeweiligen Raumordnungsgesetzes und der im Verordnungsrang stehenden Entwicklungsprogramme der Landesregierung. Probleme bestehen in der Regel bei einer raumordnungsspezifischen Umsetzung der Ziele in die Förderungspolitik. Ein eigenes spezifisches Gewerbe- und Industrie-Raumordnungsprogramm hat übrigens nur Niederösterreich [29] geschaffen.

Exkurs

Ein Sonderproblem ist die Frage nach den *Möglichkeiten einer eigenen auswärtigen Wirtschaftspolitik der Länder.* Ob und inwieweit die Bundesländer eigene Wirtschaftsbeziehungen zu ausländischen Staaten und Regionen unterhalten und eine eigene Außenwirtschaftsförderung betreiben können, ist unklar. An sich liegt die allgemeine außenpolitische Kompetenz und die wirtschaftlich bedeutsame Spezialkompetenz für den „Waren- und Viehverkehr mit dem Ausland" beim Bund (Art. 10 Abs. 1 Z 2 B-VG).

Andererseits haben die Länder seit der B-VG-Novelle 1988 die Möglichkeit erhalten, mit benachbarten Gliedstaaten — wenn auch unter der Aufsicht des Bundes — völkerrechtliche Verträge abzuschließen (Art. 16 Abs. 1 bis 3 B-VG). [30] Dieses seinerzeit vehement geforderte Instrument ist interessanterweise bis heute von den Ländern überhaupt nicht genutzt worden. Der Mechanismus ist wohl für den Abschluß und für wirtschaftliche Veränderungen zu schwerfällig und gibt dem Bund zu viele Einflußmöglichkeiten (Unterrichtungspflicht des Landes, Bevollmächtigung zur Aufnahme der Vertragsverhandlungen, Zustimmungsbedürftigkeit, Kündigungsmöglichkeit seitens des Bundes). [31]

---

28 Das neueste Kärntner Gesetz (LGBl. 1993 / 6) zielt bei der Unternehmensförderung auf eine „Anhebung der regionalen Wertschöpfung" und auf „Verbesserung einer ausgewogenen regionalen Entwicklung". Das neue Steiermärkische Gesetz bezweckt u. a. „die Verminderung regionaler Ungleichgewichte sowie die Unterstützung regionaler Initiativen."

29 Neu erlassen NÖ LGBl. 1992 / 108 (=8000 / 28-0).

30 Dazu *Stefan Hammer,* Länderstaatsverträge (Wien 1992).

31 *Helmut Schreiner,* in: Peter Pernthaler (Hrsg.) Außenpolitik der Gliedstaaten und Regionen (Wien 1991), 66 f. spricht in diesem Zusammenhang von einem „Scheinföderalismusinstrument" und von einer „Mißgeburt des Föderalismus"!

In der *Praxis* fährt man fort, eine *informelle Außenpolitik der Länder* zu pflegen, die sich auf die Kompetenzfreistellung des hoheitlichen Verwaltungshandelns (Art. 17 B-VG) berufen kann.[32] Im einzelnen seien beispielshaft erwähnt:

— Überregionale Wirtschaftskontakte mit dem Ausland (z. B. im Rahmen der ARGE ALP);

— Partnerschaften, und zwar u. U. auch mit nicht direkt angrenzenden Regionen (z. B. Salzburg und Trient);

— indirekte Wirtschaftsförderung durch Dienstleistungen im Ausland (Beratung und Unterstützung von Fachmessen);

— Auslandsrepräsentanzen (jetzt z. T. auch schon in Brüssel!).

Insgesamt zeigen alle neueren Wirtschaftsförderungsgesetze und auch die nur richtlinienhaft gesteuerte Förderungspraxis der Länder eine Orientierung an den heute weithin anerkannten drei großen *Zielen der Regionalpolitik,* nämlich am

— *Wachstumsziel,* oder besser: Entwicklungsziel (. . . Potentiale ausschöpfen!)

— *Stabilitätsziel* (. . . Konjunkturschwankungen und Krisen abwenden!)

— *Ausgleichsziel* (. . . Disparitäten abbauen, Wohlfahrtstandards erreichen!).

Den Ländern steht ein breitgefächertes Spektrum von *Förderungsregelungen des Bundes* gegenüber, die hier ebenfalls nur ganz überblicksweise angeführt werden können: Aus den Mitteln des ehemaligen Marshall-Plans ist der *ERP-Fonds* hervorgegangen[33], dessen Mittel nach ständig erneuerten Programmen teils mit sektoralen teils mit regionalen Schwerpunkten eingesetzt werden. *Verschiedene Förderungsaktionen* (z. B. Kleingewerbekreditaktionen, Fremdenverkehrssonderkredit- und Prämienaktionen sowie Aktionen zur Förderung von Betriebsneugründungen und -übernahmen) wickelt auf Grund des *Gewerbestrukturverbesserungsgesetzes* 1969[34] der sogenannte BÜRGES-Fonds (ursprünglich „Bürgschaftsfonds der Kleingewerbe-Kreditaktion des BMHGI Gesellschaft mbH") für das BMwA ab. Zu erwähnen sind ferner die Förderungen nach dem sog. *Mittelstandsförderungsgesetz* des Bundes[35] und die Erleichterung der Finan-

[32] So jetzt auch ausdrücklich *Friedrich Koja,* Die außenpolitischen Möglichkeiten der österreichischen Bundesländer, in: Die regionale Außenpolitik des Landes Salzburg. Schriftenreihe des Landespressebüros. Salzburg Dokumentationen Nr. 108 (Salzburg 1993), 48 ff.

[33] BG über die Verwaltung der ERP-Counterpart-Mittel (ERP-Fonds-Gesetz) BGBl. 1962 / 207 i. d. F. 1974 / 508, 1989 / 499; dazu *Rill / Schäffer,* Investitionsplanung, 264 ff.

[34] BG über besondere Förderungen zur Verbesserung der Struktur im Bereich der gewerblichen Wirtschaft (Gewerbestrukturverbesserungsgesetz 1969) BGBl. 1969 / 453 i. d. F. 1973 / 26, 1978 / 669, 1982 / 635, 1989 / 577; dazu *Rill / Schäffer,* Investitionsplanung, 268.

[35] BG über Maßnahmen zur Leistungssteigerung kleiner und mittlerer Unternehmungen der gewerblichen Wirtschaft BGBl. 1982 / 351 i. d. F. 1986 / 72.

zierung von Investitionen nach dem *Garantiegesetz* 1977[36] mittels einer eigenen Finanzierungsgarantiegesellschaft mbH. Eine jüngste Auflistung der (investitionsfördernden) Wirtschaftsförderungsaktivitäten des Bundes[37] zeigt ohne regionale und nur mit branchenmäßiger Gliederung 25 verschiedene Aktionen, die jeweils bei verschiedenen finanzgesetzlichen Ansätzen präliminiert und verbucht sind.

Von den vielfältigen Förderungsaktionen des Bundes sind vor allem die Bergbauernzuschüsse im Agrarbereich nach Erschwerniszonen regional gestaffelt.[38] Im übrigen Förderungswesen ergibt sich eine regionale Schwerpunktsetzung aus den bilateralen Abkommen des Bundes mit einigen Bundesländern über gemeinsame *Regionalförderung,* in welchen — wie schon erwähnt — neben konkreten Projekten teilweise *gemeinsame Förderungsaktionen für strukturschwache Gebiete* vereinbart und im Rahmen laufender Förderungsaktionen besondere Regionalprämien vorgesehen wurden. Im übrigen orientiert sich der Bund dort, wo er eine regionale Differenzierung vornimmt, bei seinen raumrelevanten Maßnahmen und Förderungen grundsätzlich an dem im Rahmen der ÖROK gemeinsam mit den Ländern entwickelten „Österreichischen Raumordnungskonzept" und im Detail an einer ebenfalls im Rahmen der ÖROK erarbeiteten Analyse über entwicklungsschwache und strukturschwache Problemgebiete.[39]

3. Begriff und Instrumente der Wirtschaftsförderung

a) Begriff

Je nachdem, wie weit man den Begriff der Wirtschaftspolitik zieht, näherhin der Wirtschaftsförderung definiert, umfaßt er verschieden viele Instrumente und

---

36 BG betreffend die Erleichterung der Finanzierung von Unternehmungen durch Garantien der Finanzierungsgarantie-Gesellschaft mbH mit Haftungen des Bundes BGBl. 1977 / 296 i. d. g. F.

37 Vgl. die parlamentarische Anfragebeantwortung des BMF vom 29. 7. 1992, 3066 / AB zu 3127 / J=II-6947 BlgNR 18. GP. Detaillierte Übersicht über alle Maßnahmen zur Investitionsförderung auf Bundesebene und auf Landesebene finden sich jüngst verzeichnet in: Handbuch für Investoreninformation, hrsg. vom Bundesministerium für wirtschaftliche Angelegenheiten (5. Auflage, Wien 1993).

38 Die neueste Version der (internen) Richtlinien ist als Beilage 2 abgedruckt in der parlamentarischen Anfragebeantwortung vom 11. 9. 1991, 1510 / AB zu 1460 / J=II-3315 BlgNR 18. GP.

39 Siehe dazu *Eduard Kunze,* ÖROK — neue Abgrenzung für industriell-gewerbliche Förderungsgebiete, ÖGZ 1990, 14 ff. Die Abgrenzung findet derzeit Anwendung auf:
- Die gemeinsame regionale Innovationsprämie des Bundes und der Länder (alle Länder außer Vorarlberg und Wien) auf Grund von Sonderrichtlinien des BMöWV im Einvernehmen mit dem BMF und den berührten Ländern.
- Förderungsprogramm für eigenständige Regionalentwicklung (Sonderrichtlinien des BKA, Dezember 1989);
- ERP-Regionalprogramme (ab Frühjahr 1990).

staatliche Aktivitäten. Im weitesten Sinne sind natürlich auch die Regeln der Ordnungspolitik sowie jene der allgemeinen prozessualen Wirtschafts- und Gesellschaftspolitik für die Wirtschaft von Bedeutung. Dies ist jedoch nicht der übliche und auch nicht der im Rahmen des Europarechts maßgebliche Ansatz. Hier ist auch nicht der finanzwirtschaftliche und der nationale verwaltungsrechtliche Begriff entscheidend. Für den völkerrechtlichen und europäischen Subventionsbegriff kommt es vielmehr — unbeschadet der rechtlichen Konstruktion — auf die *wirtschaftlichen Wirkungen* der staatlichen *Beihilfen* an.[40] Entscheidend ist sowohl im Rahmen des GATT und der EFTA, mehr noch in den Freihandelsabkommen Österreichs mit der EWG und — bei dem vorauszusehenden Beitritt Österreichs zur EU — im Rahmen des EGV, daß „staatliche oder aus staatlichen Mitteln gewährte Beihilfen gleich welcher Art, die durch die Begünstigung bestimmter Unternehmen oder Produktionszweige den Wettbewerb verfälschen oder zu verfälschen drohen", unzulässig sind (Art. 92 Abs. 1 EGV; sog. *„Beihilfenverbot"*).

b) Instrumentarium

aa) Nach dem zuvor Gesagten umfaßt das sog. Beihilfenverbot nicht nur die Erbringung von *Leistungen,* sondern auch die *Verschonungssubventionen.* Eine regionale Differenzierung im Steuerrecht des Bundes zur Schonung und Entwicklung strukturschwacher Grenzlandregionen hat vor allem nach dem 2. Weltkrieg im Steuerrecht des Bundes eine große Rolle gespielt. Die Länder haben in dieser Beziehung keinen Spielraum, nur den Gemeinden steht es frei, durch Verzicht auf den Hebesatz der Gewerbesteuer für Betriebsansiedlungen Anreize zu schaffen.

bb) *Indirekte Hilfen* sind auch denkbar durch entsprechende Gestaltung der öffentlichen Auftragsvergabe. Die Bevorzugung bei der öffentlichen Auftragsvergabe aus regionalpolitischen Gesichtspunkten (sog. Regionalpräferenz) wäre aber nicht nur EG-rechtswidrig, sondern ist auch als Verstoß gegen die Wirtschaftsgebietseinheit (Art. 4 B-VG) schon gegenwärtig in Österreich als verfassungswidrig zu betrachten.

cc) *Direkte Hilfen* können in *Naturalsubventionen* (z. B. Erwerb und Inbestandgabe von beweglichen und unbeweglichen Sachen, Bereitstellung von Infrastruktur) bestehen oder als *Mittelzuführung* über Verlustabdeckung und Kapitalaufstockung staatlicher Unternehmen erfolgen. Für die Abgrenzung der normalen unternehmenspolitischen Entscheidungen des Anteilseigners einer Kapitalgesellschaft von der prinzipiell unzulässigen staatlichen Beihilfe wurde im EG-Recht

---

[40] *Ernst Sucharipa,* Tatbestand und Rechtsfolgen der Subventionierung aus völkerrechtlicher Sicht, in: Karl Wenger (Hrsg.), Förderungsverwaltung (Wien / New York 1973), 393 (397 ff.); *Karl Wenger,* (Hrsg.), Grundriß des österreichischen Wirtschaftsrechts II (Wien 1990) RZ 213 ff.

der sog. „reasonable investor's test" entwickelt.[41] Dies wird in Zukunft voraussichtlich vor allem für den Bund hinsichtlich seiner Kapitalbeteiligung und Sanierungshilfen an verstaatlichten Unternehmungen von Bedeutung sein). Aber etwa auch bei joint ventures von verstaatlichten Unternehmen mit ausländischen Investoren, denen man die Betriebsansiedlung entsprechend erleichtert (vgl etwa das Projekt einer „Chrysler-Voyager"-Produktion in Graz mit Bundes- und Landeshilfe).

dd) Den Kernbereich der Förderungspolitik machen die verschiedenen *Finanzhilfen* aus, die in vielfältigen Formen in Gesetzen und Richtlinien vorgesehen sind. Sie umfassen, grob typisiert, folgende Instrumente:

— Darlehen,
— zinsvergünstigte Darlehen,
— Zinsenzuschüsse für Darlehen (auch Zuschüsse zur Stützung von Leasing-Raten),
— „verlorene" (d. h. nicht rückzahlbare) Zuschüsse,
— Prämien sowie
— Garantien und Bürgschaften in verschiedenen Formen.

ee) Von den materiellen Hilfen sind noch die *Dienstleistungen* zu unterscheiden, die die Unternehmen oft erst in die Lage versetzen, die vielfältigen Förderungsmöglichkeiten zu nutzen (Unternehmensberatung in allen Stadien der Betriebsneugründung oder -verlegung; Informationen über Außenhandel und Messen, Förderungsmöglichkeiten usw.).

Die Förderungen, insb. die Finanzhilfen können — wie schon gezeigt wurde — nach regionalen oder sektoralen Gesichtspunkten differenziert sein, manchmal auch bloß als betriebs- oder projektbezogene Subventionen gewährt werden.[42]

Allgemeine und sektorale Landesförderungen sind gleichsam regional in bezug auf den gesamtstaatlichen Rahmen (und jedenfalls aus der EG-Perspektive); eine spezifische Ausrichtung nach Problemzonen und Förderungsregionen verwendet hingegen den engeren Regionsbegriff.

ff) Die Skizze des Instrumentariums wäre nicht vollständig, würde man nicht erwähnen, daß die Gebietskörperschaften Bund und Länder (auf Grund des Art. 10 Abs. 1 Z 13 B-VG) für die Förderungsgewährung und / oder Vermittlung eigene rechtsfähige *Fonds* schaffen bzw. durch Verwaltungsakt auch nicht rechtsfähige Verwaltungsfonds einrichten können. Auf Grund ihrer allgemeinen Privatrechts-

[41] Eine Eigenmittelzufuhr durch den Staat an seine Unternehmen ist zulässig, wenn der private Anleger genauso gehandelt hätte; dazu *Franz Urlesberger,* Beihilfen, in: *Hans Georg Koppensteiner,* Der Weg in den Binnenmarkt (Wien 1990) 109 ff. (115 f.). Die Lehre vom „vernünftigen Anleger" scheint die EG-Kommission jüngst noch um die Lehre vom „vernünftigen Darlehensgeber" ergänzen zu wollen; kritisch dazu *Franz Urlesberger,* Wirtschaftsrechtliche Blätter 1993, 356.

[42] Inwieweit diese Differenzierungen für die Beihilfenaufsicht von Bedeutung sind, wird vor allem in dem Referat von *Thöni* näher dargelegt (unten S. 151 ff.).

fähigkeit (Art. 17 B-VG) sind die Gebietskörperschaften ferner in der Lage, entweder allein oder im Zusammenwirken mit anderen Rechtsträgern *privatrechtliche Gesellschaften* zu gründen, die dann spezifische Förderungsaufgaben wahrnehmen sollen (z. B. Betriebsansiedlungsgesellschaften, Technologiezentren, Gewerbeparks etc.).

III. Die regionale Wirtschaftspolitik der österreichischen Länder und ihre künftigen Möglichkeiten im Rahmen der europäischen Integration, insbesondere im Falle einer EG-Mitgliedschaft Österreichs

1. Ökonomische Beurteilung der regionalen Wirtschaftspolitik

In einer Gesamteinschätzung der österreichischen Wirtschaftspolitik kommt der regionalen Wirtschaftspolitik nur eine untergeordnete Bedeutung zu, weil auf gesamtstaatlicher Ebene die sektorale Wirtschaftspolitik dominiert und der finanzielle Umfang der regionalen Wirtschaftsförderungsaktionen relativ gering blieb. Die zuletzt im Rahmen der ÖROK als Empfehlung beschlossene Abgrenzung industriell-gewerblicher Fördergebiete (Empfehlung sowohl für Bund und Länder) umfaßt mehr als zwei Drittel des gesamten Staatsgebietes. Von ökonomischer Seite hat man dies als ungeeignet für regionale Schwerpunktsetzung bezeichnet und zugleich den Verdacht geäußert, Österreich wolle vor dem EG-Beitritt mit der Ausweisung eines möglichst großen Fördergebietes dem strengen Beihilfenverbot der EG zuvorkommen[43].

Die eigentliche Zuständigkeit für Raumordnungs- und Regionalpolitik kommt den Bundesländern zu. Nach den Raumordnungsgesetzen haben die Landesregierungen Entwicklungsprogramme erlassen, die vielfältige Staatsziele verwirklichen, insb. aber in allen Landesteilen eine ausgewogene Wirtschaftspolitik herbeiführen sollen. Die Abgrenzung der Problem- und Entwicklungsgebiete erfolgt auf ganz verschiedene Weise. In einigen Ländern sind verbindliche Festlegungen getroffen worden (so in Niederösterreich, Oberösterreich und Steiermark). In den anderen erfolgt die Festlegung in Entwicklungsprogrammen oder in Förderungsaktionen. Auch in den Ländern sind nun die Förderungsaktionen hauptsächlich sektoral ausgerichtet, wobei Förderungen für Fremdenverkehr sowie für Gewerbe und Industrie im Vordergrund stehen. (Letztere können aber nahezu als „allgemeine“ Förderungen gelten). Raumwirtschaftliche Ziele werden in den Förderungsaktionen zwar angegeben, aber selten durch genaue Kriterien operationalisiert. (Erst in jüngster Zeit gibt es vereinzelt Abstufungen der Förderhöhe nach Kriterien des regionalen Entwicklungsniveaus, die aber nicht wirksam genug sind). Insgesamt wird die regionale Wirtschaftspolitik in ihrem Anspruch, regionalwirtschaftliche Disparitäten zu beseitigen, als nur mäßig effizient beurteilt.

---

[43] *Christian Smekal,* WiPolBl 1991, 481 (485).

Die Ursachen hiefür liegen teils in den Zielvorgaben der Förderungsprogramme, die zu vielgestaltig und vage sind, um eine echte regionalwirtschaftliche Orientierung zu bewirken. Noch wichtiger ist offenbar der Umstand, daß die allgemeine Wirtschaftsförderung durchaus in wirtschaftsstarke Gebiete fließt und damit explizite Regionalförderung für wirtschaftsschwache Regionen nicht voll zur Entfaltung kommen läßt[44].

2. Perspektiven der Regionalpolitik im Falle eines EG-Beitrittes Österreichs

Die folgenden Ausführungen verstehen sich als hypothetische Beurteilung für den Fall, daß der beantragte Beitritt Österreichs zur EU zustandekommt. In diesem Fall ist jedenfalls mit einer uneingeschränkten Übernahme der Wettbewerbsregeln und somit des Beihilfenverbotes zu rechnen[45]. Im folgenden sollen daher überblicksweise Art. 92 ff. EGV und die Praxis der Gemeinschafts-Behörden analysiert werden.

a) *Grundsätzliches „Beihilfenverbot“:*

Nach Art. 92 Abs. 1 EGV sind *Beihilfen* an Unternehmen gleich welcher Art, *die den Wettbewerb verfälschen* oder zu verfälschen drohen, mit dem gemeinsamen Markt *unvereinbar,* soweit sie den Handel der Mitgliedstaaten beeinträchtigen. Als Beihilfen im Sinne dieser Bestimmung sind nicht nur direkte Zuwendungen, sondern auch all jene Maßnahmen zu verstehen, die „Belastungen vermindern, die ein bestimmtes Unternehmen oder eine bestimmte Gruppe von Unternehmen normalerweise nach innerstaatlichem Recht zu tragen hat“. Nicht als Beihilfen im Sinne dieser Bestimmung sind daher Förderungsmaßnahmen anzusehen, die der gesamten Wirtschaft eines Mitgliedstaates zugute kommen. Die Zulässigkeit von Begünstigungen von Privatpersonen ist vom Beihilfenverbot ebenfalls nicht berührt.

b) *Dieses weitgehende Beihilfenverbot ist in zweierlei Hinsicht relativiert:*

— *Zulässig* sind gleichwohl Beihilfen sozialer Art, Beihilfen zur Beseitigung von Naturkatastrophen oder sonstige außergewöhnliche Ereignisse und Beihilfen für das (ehemalige) deutsche Zonenrandgebiet[46] (Art. 92 Abs. 2 EGV). Diese Ausnahmen sind als Legalausnahmen als zulässig anzusehen.

---

[44] *Gunter Tichy,*Die räumliche Struktur der Förderung von Industrie und Gewerbe, ÖIR-Gutachten (Wien 1991) 49 ff.; *Christian Smekal,* Die regionale Wirtschaftsförderung, Entwicklung und Bewertung. Wirtschaftspolitische Blätter 1991, 486.

[45] Dies gilt auch schon im Rahmen des Abkommens über den Europäischen Wirtschaftsraum (EWRA), welcher nach schwierigen und mehrfach stockenden Verhandlungen schließlich von der EG und ihren Mitgliedern einerseits und den EFTA-Staaten andererseits am 2.5.1992 in Porto (Portugal) unterzeichnet worden ist. Vom österreichischen Parlament wurde das EWRA im September 1992 genehmigt. Verzögerungen des Inkrafttretens ergaben sich teils durch die Ablehnung des EWRA durch das Schweizer Volk, was eine Nachverhandlung zwischen den verbleibenden Vertragsparteien erforderlich machte, sowie aus Schwierigkeiten im Ratifikationsverfahren einiger anderer Staaten. Das EWRA ist nun schließlich zum 1. 1. 1994 in Kraft getreten.

— Art. 92 Abs. 3 EGV enthält darüber hinaus einen *Erlaubnisvorbehalt* für bestimmte regionale Sektorbeihilfen (arg „als mit dem gemeinsamen Markt vereinbar können angesehen werden ...“), d. h. die Kommission hat (nach Art. 93) das Recht, alle derartigen nationalen Beihilfen auf ihre Gemeinschaftsverträglichkeit zu prüfen und diese gegebenenfalls zu verbieten. In diesen Bereich fallen:

aa) Beihilfen „zur Förderung der wirtschaftlichen Entwicklung von Gebieten, in denen die Lebensverhältnisse außergewöhnlich niedrig sind oder eine erhebliche Unterbeschäftigung herrscht“ (bei der Beurteilung dieser Voraussetzung ist nicht vom nationalen, sondern vom EG-Maßstab insgesamt auszugehen[47];

bb) Beihilfen zur Förderung wichtiger Vorhaben von gemeinsamem europäischen Interesse oder zur Behebung einer beträchtlichen Störung im Wirtschaftsleben eines Mitgliedstaates;

cc) Beihilfen zur Förderung der Entwicklung gewisser Wirtschaftszweige der Wirtschaftsgebiete, soweit sie die Handelsbedingungen nicht in einer Weise verändern, die dem gemeinsamen Interesse zuwider läuft;

dd) sonstige Arten von Beihilfen, die der Rat durch eine Entscheidung mit qualifizierter Mehrheit auf Vorschlag der Kommission bestimmt.

c) *Verfahren*

In verfahrensmäßiger Hinsicht ist die Kommission zur *fortlaufenden Prüfung* bestehender Beihilfen berufen (Art. 93 Abs. 1 EGV und es besteht eine *Unterrichtspflicht (Notifizierungspflicht) der Staaten für die beabsichtigte Einführung oder Umgestaltung von Beihilfen* (Art. 93 Abs. 3)). Im letzteren Falle darf ein Mitgliedstaat die beabsichtigten Maßnahmen nicht durchführen, bevor die Kommission eine abschließende Entscheidung erlassen hat.

Im *Beihilfenkontrollverfahren* gelten folgende Gesichtspunkte:

aa) Als Grundprinzip bleibt festzuhalten: Alle Beihilfen, auch Regionalbeihilfen sind grundsätzlich mit dem gemeinsamen Markt unvereinbar. Zu prüfen ist nicht, ob eine konkrete Wettbewerbsverfälschung eintritt, sondern nur, ob die Beihilfe vom *integrationspolitischen Standpunkt vertretbar* ist.

„Spezifische Beihilfen“, die nur bestimmten Unternehmen zugänglich wären, sind überdies diskriminatorisch und schon deshalb unzulässig.

bb) *Ob eine Regionalbeihilfe wegen Strukturschwäche des Gebietes erlaubt wird, entscheidet die Kommission mit Hilfe sozial-ökonomischer Indikatoren*

[46] Jetzt: Beihilfen in Deutschland, die zum Ausgleich der durch die Wiedervereinigung entstandenen innerstaatlichen Disparitäten führen sollen.

[47] Dieser Fall treffe angesichts der Beihilfenschwellen derzeit allenfalls auf das Burgenland zu, meinen *Norbert Wimmer / Wolfgang Mederer,* EG-Recht in Österreich (Wien 1990) 149.

(BIP und strukturelle Arbeitslosigkeit). Für die Regionen nach lit. a *(größere Regionen)*und nach lit. c *(kleinere Regionen)* innerhalb eines Landes) werden unterschiedliche Berechnungsmethoden angewendet[48]. Die Kumulierung von Beihilfen (d. h. verschiedener Förderungsinstrumente) ist zulässig, aber notifizierungspflichtig bei Überschreitung einer bestimmten Beihilfenintensität (welche in einem sog. Nettosubventionsäquivalent berechnet wird).

cc) War die *Politik der Kommission* früher hauptsächlich auf die Überprüfung neu angemeldeter Beihilfen konzentriert, so dürfte sie sich *in Hinkunft verstärkt der neuerlichen Überprüfung schon bestehender Beihilfen* zuwenden und dabei zunehmend restriktiver verfahren[49]. Tendenziell verringern sich damit die Chancen der Anerkennung von Förderungsgbieten in entwickelten Volkswirtschaften und die Möglichkeit der Länder eines Bundesstaates, selbst für regionalen Ausgleich zu sorgen.

d) Eine globale Einschätzung des österreichischen Förderungssystems ergibt sich bereits aus dem Avis der Kommission zum österreichischen Beitrittsantrag. Welche Konsequenzen sind absehbar? Obwohl das Volumen der staatlichen Beihilfen in den letzten Jahren reduziert wurde, werden wohl im Rahmen der Gemeinschaft weitere, nicht unerhebliche *Veränderungen erforderlich* sein:

— Das Förderungsrecht müßte vor allem wesentlich *transparenter* werden.

— Bei verschiedenen Förderungssparten benötigt die Kommission *zusätzliche Informationen,* um die EG-Rechtsverträglichkeit beurteilen zu können (z. Z. handelt es sich um Kriterien, die bisher in Österreich nicht berechnet wurden).

— Die von den *Ländern* gewährten *Beihilfen,* deren Koordinierung mit der Bundesebene für die EG nicht deutlich genug ist, belaufen sich ca. auf 22% der Beihilfen insgesamt. Auch ihre Übereinstimmung mit dem Gemeinschaftsrecht muß gewährleistet werden. Vermutlich werden zahlreiche österreichische Förderungsaktionen die sogenannten Schwellenwerte der EG nicht übersteigen, und deshalb als „Beihilfenregelung von geringer Bedeutung" qualifiziert werden, was zu einem vereinfachten Genehmigungsverfahren führt. (Dieser Vorteil trifft aber nicht zu,wenn das Programm Kumulierungen zuläßt. Vielleicht entsteht hiedurch ein indirekter Zwang zur Entflechtung und Koordinierung durch Aufgabenteilung zwischen Bund und Ländern. Eine nachträgliche Überprüfung der bevorzugt behandelten Förderungsfälle ist freilich möglich und kann bei Nichtqualifikation zur Untersagung führen).

---

48 Einzelheiten bei *Erich Thöni / Meinhard Ciresa,* Österreich und das Beihilfenaufsichtsrecht der EG (Wien 1990), 119 ff.

49 Vgl. den 3. Beihilfenbericht (Dokument CV 7592 881 DE-C vom Juli 1992) und eine Übersicht über Beihilfengenehmigungen bei *Urlesberger,* Wirtschaftsrechtliche Blätter 1992, 329 f.

In einer ersten Durchrechnung auf der Grundlage der von der Kommission angewendeten Berechnungsmethoden ist eine Expertise[50] zu dem Schluß gekommen, daß die Konsequenzen eines EU-Beitritts Österreichs für die Regionalpolitik kurzfristig nicht all zu weit reichen werden. Ein Großteil der in Österreich vergebenen Regionalförderungen entspricht zumindest im Ergebnis durchaus den derzeitigen Anforderungen und Richtlinien der Gemeinschaft. Jede Beihilfe darf eine bestimmte Beihilfenintensität nicht überschreiten, die nach Schwierigkeitsgrad der regionalen Probleme festgesetzt wird. Nach der erwähnten Expertenstudie könnten für die österreichischen Problemgebiete mit Beihilfenintensitäten von 15 bis 20% Nettosubventionsäquivalent (Barwert nach Steuern, das entspricht 20 bis 30% Barwert vor Versteuerung) genehmigt werden. Die meisten österreichischen Aktionen würden in diesem Rahmen Deckung finden. Probleme zeichnen sich allerdings bei individuellen Großprojekten ab, für welche sogenannte „Förderpakete" zusammengestellt werden (z. B. Chrysler Eurostar GesmbH in Graz, Steyr-Nutzfahrzeuge in Steyr).

Ferner muß jede Regionalbeihilfe in einer eindeutig abgegrenzten Region vergeben werden. Eine Überprüfung der ÖROK-Förderungsgebietsabgrenzungen an Hand der EG-Kriterien ergab, daß bei zentralörtlichen Gebieten Beihilfen voraussichtlich nicht mehr zulässig sein werden, und daß der Großteil (3 / 4) der übrigen Förderungsgebiete der Prüfung der Kommission wohl standhalten würde[51].

---

[50] Vgl. *Herta Tödtling-Schönhofer,* Auswirkungen eines EG-Beitritts Österreichs auf die Instrumente der regionalen Wirtschaftsförderung. Schriften zur Regionalpolitik und Raumplanung Nr. 16 des BKA, Abt. IV; ÖIR (Wien 1989) und *Herta Tödtling- Schönhofer,*Überprüfung der Abgrenzung der industriell-gewerblichen Förderungsgebiete auf ihre Vereinbarkeit mit den EG-Wettbewerbsregeln, ÖIR (Wien 1991).

[51] Umgekehrt könnte Österreich — obgleich wirtschaftlich starkes Land — auch mit der Gewährung von Geldern aus den drei EG-Strukturfonds rechnen. Voraussetzung dafür ist freilich nicht bloß das Vorliegen einzelner Projekte, sondern ganzer Entwicklungsprogramme. Es steht zu erwarten, daß dies zumindest für ein „altes Industriegebiet" (Obersteiermark) zutreffen wird. Aus einer parlamentarischen Anfragebeantwortung des Bundeskanzlers (vom 4. 2. 1994, 5687 / AB zu 5753 / J = II - 12506 der Beilagen zu den Stenographischen Protokollen des Nationalrats, XVIII. Gesetzgebungsperiode), die im folgenden auszugsweise wiedergegeben sei, ergibt sich folgender aktueller Stand der Dinge hinsichtlich der für Österreich möglichen Förderungen aus den EG-Strukturfonds:

„Gegenstand der Verhandlungen im Bereich der EU-Strukturförderungen ist die am 20. Juli 1993 vom Rat beschlossene Neufassung der sechs EU-Strukturfondsverordnungen sowie die Festlegung der Ziel-1-Gebiete, da diese in die Strukturfondsverordnungen aufzunehmen sind.

Ziel Nr. 1: Förderung der Entwicklung und der strukturellen Anpassung der Regionen mit Entwicklungsrückstand

Österreich hat der Union nach eingehender Prüfung der neuen Strukturfondsverordnungen mitgeteilt, daß es sich in der Lage sieht, im Falle eines Beitritts diesen Acquis zu übernehmen.

Der diesbezüglichen österreichischen Verhandlungsposition folgend wurde mittlerweile seitens der Europäischen Kommission die Anerkennung des Burgenlands als Ziel-1-Gebiet vorgeschlagen. Dieser Vorschlag bedarf nunmehr der Zustimmung der Mitglied-

Am 13. 12. 1993 fand in Brüssel ein exploratorisches Gespräch auf Beamtenebene über den von Österreich am 4. 5. 1993 vorgelegten Vorschlag für eine *Abgrenzung der Regionalförderungsgebiete* im Sinne des Art 92 Abs 3 lit a und c EGV statt. Der österreichischen Delegation gehörten auch Vertreter der Länder an.

Dieses Gespräch brachte folgendes Ergebnis:

Die Europäische Kommission begrenzte die nationale „Regionalkulisse" in Österreich mit 35 % der gesamten Bevölkerung Österreichs (Für dieses Gebiet bedarf es keiner Genehmigung seitens der Kommission für eine nationale Förderng eines Unternehmens oder eines Wirtschaftszweiges bis zu einem bestimmten Ausmaß).

Die Kommission verlangte die Einbeziehung der Region Steyr-Kirchdorf in die Förderungsgebietskulisse, verzichtete jedoch auf eine Berücksichtigung der Region Graz. Im Hinblick auf das hohe Wertschöpfungsniveau in Wien selbst und die niedrige Arbeitslosigkeit im Wiener Umland lehnte sie aber die Ausweisung selbst von kleinen Teilen Wiens als Regionalförderungsgebiete kategorisch ab. Nach dem Verständnis der Kommission soll der 35 %ige Bevölkerungsanteil

staaten, wobei davon ausgegangen werden kann, daß die Mitgliedstaaten diesem Vorschlag folgen werden.

Ziel Nr.2: Umstellung der Regionen, Grenzregionen oder Teilregionen (einschließlich Arbeitsmarktregionen und städtische Verdichtungsräume), die von der rückläufigen industriellen Entwicklung schwer betroffen sind,
Ziel Nr. 5b: Förderung der Entwicklung des ländlichen Raumes

Die Bestimmung der Förderregionen im Rahmen der Ziele 2 und 5b fällt jedoch, im Gegensatz zu Ziel-1, in den alleinigen Zuständigkeitsbereich der Kommission und ist damit grundsätzlich nicht Gegenstand der Beitrittsverhandlungen.

In diesem Zusammenhang sieht die österreichische Bundesregierung jedoch die Notwendigkeit, noch vor Abschluß der Beitrittsverhandlungen die Mittelrückflüsse nach Österreich aus dem Titel der Strukturförderung zu klären.

Darüber hinaus will die Bundesregierung die vollständige Durchführung der Strukturpolitik bereits vom Zeitpunkt des Beitritts an sicherstellen, weshalb Österreich der Kommission — ebenso wie die derzeitigen Mitgliedstaaten — einen Antrag hinsichtlich der Gebietskulisse zu den Zielen 2 und 5b vorgelegt hat.

Die Kommission ihrerseits hat dieses Interesse der Beitrittswerber anerkannt und zugesichert, mit einer detaillierten Analyse der Anträge der Beitrittswerber jedenfalls so rechtzeitig zu beginnen, daß das Anlaufen der Förderprogramme mit deren Beitritt sichergestellt werden kann.

Darüber hinaus wird die Kommission die Beitrittswerber vollständig über jene Kriterien informieren, nach denen zur Zeit die Ziel-2 und 5b-Regionen der derzeitigen Mitgliedstaaten ausgewählt werden.

Der mit Beschluß der ÖROK vom 25. März 1993 festgelegte österreichische Antrag an die Europäische Union zur Strukturfonds-Gebietskulisse ist nach wie vor unverändert aufrecht und wird anhand der in den Strukturfondsverordnungen festgelegten technischen Kriterien von der Kommission geprüft werden.

Darüber hinaus ist darauf hinzuweisen, daß die Strukturfondskulisse von der Gebietskulisse der nationalen Regionalfördergebiete zu unterscheiden ist, über deren Gesamtrahmen bekanntlich im Dezember 1993 ebenfalls unabhängig von den Beitrittsverhandlungen eine Einigung mit der Kommission erzielt werden konnte."

für drei bis fünf Jahre gelten. Je nach wirtschaftlicher Entwicklung soll jedoch während der vereinbarten Geltungsdauer in dringenden Fällen ein Gebietsabtausch möglich sein.

Dieses Angebot der Kommission wurde von der Österreichischen Mission als ein Verhandlungserfolg gewertet, weil die für den Wettbewerb zuständige Generaldirektion IV ursprünglich nur einen 33 %igen Bevölkerungsanteil für ganz Österreich vorgesehen bzw für angemessen gehalten hatte.

Das Angebot der Kommission bzw des für Wettbewerb zuständigen Kommissars *Karel van Miert* wurde am 15. 12. 1993 zwischen den Landeshauptleuten bzw deren Vertretern unter Vorsitz der für Europafragen zuständigen Staatssekretärin *Ederer* beraten. Die Ländervertreter akzeptierten das Angebot „unter Protest", weil sie ursprünglich eine Gebietskulisse mit einem Bevölkerungsanteil von 44 % gefordert hatten, welchen Anteil sie allerdings später auf 39 % verringert hatten.

Als Folge dieser politischen Entwicklung müssen daher die Länder relativ rasch — die Gebietskulisse für nationale regionale Förderungen beruht auf dem Gedanken der Wettbewerbsgleichheit, die ein Hauptziel bereits des EWR-Abkommens ist —, eine der 35 %igen Obergrenze entsprechende Gebietskulisse neu festzulegen, was den Verzicht auf Gebiete im eigenen Land oder einen Abtausch von Gebieten untereinander erforderlich macht. Diese neue, österreichweite Gebietskulisse soll von der Landeshauptmännerkonferenz gebilligt werden. Zuvor wurde auf Beamtenebene in der Österreichischen Raumordnungskonferenz ein Vorschlag ausgearbeitet, in welchen Regionen Österreichs nach einen Beitritt zur Europäischen Union mit heimischen Mitteln Unternehmen gefordert werden dürfen.

Da die Region Steyr-Kirchdorf nunmehr Teil der Gebietskulisse ist, konnte überdies der Streit zwischen der EU und Österreich wegen der Subventionen an das Steyr Nutzfahrzeugwerk beigelegt werden. (Am 20. 12. 1993 beschäftigte sich jedenfalls der Rat der EU nicht mehr mit dieser Frage.) Insgesamt gilt, daß Förderungen für Klein- und Mittelunternehmen (unter 250 Mitarbeitern und bestimmten Umsatzgrenzen) von den Gebietsbeschränkungen ebenso unberührt bleiben, wie Technologieförderung, Arbeitsmarktförderung, Bürges oder die Aktion 8000. Letzten Endes läuft die Regelung vor allem darauf hinaus, daß Großunternehmen nur mehr in förderwürdigen Regionen direkt subventioniert werden dürfen.

e) Zu beachten ist schließlich für die Zukunft auch, daß nach EG-Gemeinschaftsrecht unzulässige und daher *zu Unrecht empfangene Beihilfen zurückgefordert* werden müssen. Dies gilt u. a. auch für Beihilfen, die unter Verletzung des gemeinschaftsrechtlich vorgesehenen Verfahrens (z. B. unter Außerachtlassung der Notifikationspflicht)[52] gewährt wurden. Der Beihilfenempfänger könnte in

[52] Solch ein Beispiel bot etwa jüngst der Fall, daß die autonome Provinz Bozen — ohne die Kommission zuvor zu unterrichten — einem Stahlwerk ein zinsverbilligtes

diesem Fall keinen Vertrauensschutz geltend machen[53]. Das primäre und sekundäre Gemeinschaftsrecht sind im Rahmen der EU für die Mitgliedstaaten unmittelbar verbindliches Recht, ebenso die Entscheidungen der Kommission und des EuGH. Für die Einhaltung dieser Verpflichtungen etwa gegenüber seinen Gliedstaaten, den Ländern, gelten die nationalen Regeln. Ob im Falle Österreichs Art. 16 B-VG ein geeignetes Instrumentarium bietet, könnte zweifelhaft sein. Für Österreich aber wäre das Problem der Rückforderung rechtswidrig bezogener Beihilfen — so will es scheinen — insofern leichter lösbar, als die in der Form der Privatwirtschaftsverwaltung abgewickelten Förderungen in einem solchen Fall wegen Verstosses gegen ein gesetzliches Verbot (§ 879 Abs. 1 ABGB) als privatrechtlich nichtig betrachtet und im Wege eines zivilgerichtlichen Verfahrens rückabgewickelt werden könnten. Wie die EG und der Bund die Länder dazu verhalten können, europarechtskonform zu handeln, ist durchaus nicht unmittelbar ableitbar. Vielleicht müßte eine zwischen Bund und Ländern paktierte Grundsatzregelung für das gesamte Beihilfenwesen, wie sie rechtspolitisch an sich schon lange gefordert wird, zumal sie seit Jahrzehnten aussteht, aus Anlaß des EG-Beitritts Österreichs geschaffen werden.

Zusammenfassend und abschließend läßt sich die Prognose wagen, daß ein gewisser Verlust an Autonomie der österreichischen Länder in Angelegenheiten der regionalen Wirtschaftspolitik möglich ist und in dem Maße eintreten wird, als die Gemeinschafts-Organe zunehmend die Beihilfenkontrolle verschärfen und ihre Anschauung von Kohäsion und über die Vertretbarkeit von Beihilfen an die Stelle der Einschätzung durch die nationalen und regionalen Autoritäten tritt.

3. Nachtrag: Beihilfenkontrolle im EWR

Mit dem Beitritt zum EWR (Europäischer Wirtschaftsraum)[54] hat Österreich bereits die auch für den Förderungsbereich relevanten Wettbewerbsbestimmungen des Geimeinschaftsrechts übernommen. Die Überprüfung der Einhaltung der Wettbewerbsregeln ist der mittlerweile gegründeten Überwachungsbehörde (ESA / EFTA-Überwachungsbehörde) übertragen, die sich in ihrer Vorgangsweise an der Tätigkeit der EG-Kommission orientieren wird.[55]

Darlehen gewährte. Die Subvention war auch im „Beihilfenkodex“ nicht gedeckt. Die italienischen Behörden wurden in diesem Fall dazu verpflichtet, auf das Darlehen einen marktgerechten Zins anzuwenden. (Vgl. die regelmäßigen Berichte von *Franz Urlesberger,* Neues vom Europäischen Gemeinschaftsrecht, Wirtschaftsrechtliche Blätter, hier: [1992, 119]).

[53] *Dirk Ehlers,* Die Einwirkungen des Rechts der europäischen Gemeinschaften auf das Verwaltungsrecht, DVBl 1991, 605 (612 f.).

[54] Eine erste Information über Werdegang und Inhalt des EWR bei *Franz Urlesberger,* Der „Europäische Wirtschaftsraum“ (EWR): Entwicklungsgeschichte und Überblick, Wirtschaftsrechtliche Blätter 1992, 69 und *Wolfgang Burtscher,* Das Abkommen über den Europäischen Wirtschaftsraum (EWR) (Wien 1992).

Die Art. 61 bis 64 des EWR-Abkommens enthalten jene Bestimmungen, die auf staatliche Beihilfen für nichtlandwirtschaftliche Unternehmen anzuwenden sind. Sie treffen im wesentlichen dieselben Regelungen wie die korrespondierenden Bestimmungen des EGV. Von Bedeutung sind im gegebenen Zusammenhang weiters das Protokoll 26 zum EWR-Abkommen über die Befugnisse und Aufgaben der ESA als EFTA-Überwachungsbehörde im Bereich der staatlichen Behilfen und das Protokoll zum EWR-Abkommen über die Zusammenarbeit im Bereich der staatlichen Beihilfen. Im Anhang XV zum EWR-Abkommen (Staatliche Beihilfen) wird der künftig anzuwendende gemeinschaftliche Rechtsbestand angeführt.

Die wichtigste Neuerung, die das EWR-Abkommen für die innerstaatliche Rechtslage im Bereich der staatlichen Beihilfen bringt, besteht darin, daß neue Beihilfenprogramme sowie größere Fälle von Einzelförderungen vor ihrer Durchführung der EFTA-Überwachungsbehörde gemäß Art. 62 Abs. 1 lit. b EWR-Abkommen gemeldet werden müssen. Diese kann die vorgelegten Beihilfen (Programme) als

— mit dem EWR vereinbar,

— nach vorzunehmender Änderung vereinbar oder als

— nicht vereinbar erklären. Bei Beihilfen, die entgegen den Bestimmungen des Abkommens gewährt werden, kann die ESA den betreffenden EFTA-Staat verpflichten, die Förderung (teilweise) rückgängig zu machen. Eine Berufung dagegen ist beim EFTA-Gerichtshof möglich[56].

---

[55] Kritisch dazu *Wolfgang Mederer,* The Impact of EEA on State Subsidies (Conference Report), AJPIL 1993, 192 ff.

[56] In diesem Sinne die Erläuterungen zum EWR-Abkommen, 460 BlgNR 18. GP, 171 ff.

Rechtlicher Rahmen der wirtschaftlichen Entwicklungspolitik in Spanien

Von José Esteve Pardo

Im Rahmen der im verfassungsgebenden Prozeß in Spanien stattfindenden Auseinandersetzung über eine neue territoriale Verteilung der politischen Macht und über die Rolle der Autonomen Regionen in dieser neuen Ordnung wurden verschiedene Vorschläge und Alternativen aufgeworfen. Meiner Meinung nach können aber fast alle diese Vorschläge auf zwei wichtige Optionen zurückgeführt werden, die — insoweit sie in der weiteren Entwicklung der Wirtschaftspolitik gut wahrnehmbar und daher für eine dieser beiden Theorien von Interesse sind — verdienen, am Anfang hervorgehoben zu werden.

Eine erste Strömung oder Auffassung sah die politische Hauptrolle bei den Autonomen Regionen. Ihre Parlamente würden die Repräsentation einer politischen Gemeinschaft sein und das Gesetz — darin bestünde der Unterschied zu einer rein verwaltungsmäßigen Autonomie — der Ausdruck eines politischen Eigenwillens, der seine Verwirklichung in einer Vielfalt von Bereichen mit der Verfassung als einzige Grenze finden würde. Dementsprechend wäre es möglich und wünschenswert, daß die Autonomen Regionen ihre eigene Politik, z. B. im Bereich des Städtebaus und des Gesundheitswesens, und auch ihre eigene Wirtschaftspolitik definieren und entwickeln würden.

Die andere wichtige Vorstellung oder Auslegung des Autonomie-Prozesses meint, daß das Vorhandensein der Autonomen Regionen die Einheit der gesamtpolitischen Entscheidungen des spanischen Staates grundsätzlich nicht verändern würde. Diese Politik, im wesentlichen eine Einheitspolitik, würde aber faktisch wichtige Ausprägungen in jeder Autonomen Region haben, aufgrund der Möglichkeit, eigene Normgebilde in jeder Autonomen Region einzufügen und aufgrund der Tatsache, daß ein großer Teil der Vollziehung vom Verwaltungsapparat der Autonomen Regionen übernommen würde, was eine bessere Kenntnis ihrer eigentümlichen Bedürfnisse und eine bessere Anpassung ermöglichte. Die Parlamente der Autonomen Region wären im Grunde genommen Instanzen zur Kontrolle der Verwaltung der Autonomen Region, was eine größere Annäherung zwischen dieser Verwaltung und der im Parlament vertretenen politischen Gemeinschaft ermöglichen würde.

Diese beiden Auffassungen, die hier sehr summarisch vorgetragen wurden, haben selbstverständlich die gleiche gesetzliche Situation im Auge, die Verfassung und das Verteilungssystem der Zuständigkeiten und Zielprojektionen der

Autonomie-Statuten; aber die Auslegung dieser Realität in ihrer Gesamtheit und die Auffassungen über Hauptrolle und Möglichkeit der Autonomen Regionen bezüglich der Definition eigener Politiken sind ganz verschieden.

Diese Dualität der Auffassungen ist in der Entwicklung der Autonomie oft zu bemerken, in einigen Fällen wird sogar versucht, diese Dualität mit der Aufoktroyierung einer dieser Optionen zu brechen. Das war z. B. so beim Organgesetz zur Harmonisierung des Autonomieprozesses, das versuchte, ein Modell durchzusetzen, bei dem die Autonomen Regionen eine praktisch den konkreten vom Staat erteilten Freigaben unterworfene Hauptrolle gehabt hätten. Dann würden die Staatsgesetze, von Fall zu Fall und je nach ihren besonderen Merkmalen, unter Berufung auf die Verfügungen der Autonomen Regionen, die Reichweite der Zuständigkeiten dieser Regionen festlegen.

Dieser Versuch, den Autonomieprozeß wieder durch eine Art Supergesetz über diese ganze Materie zu steuern, wie durch das Organgesetz zur Harmonisierung des Autonomieprozesses, wurde vom Verfassungsgericht für ungültig erklärt, im Grunde mit der Bestätigung, daß als Verteilungskriterien für die Zuständigkeiten und Befugnisse zwischen Staat und Autonomen Regionen nur die direkt von der Verfassung ohne die Vermittlung eines Regelungsgesetzes zur Verfügung gestellten Merkmale gelten.

In dieser Art und Weise ist eine gewisse Dualität bezüglich der Definition und Einführung der Politiken bewahrt worden. Jedenfalls ist im hier behandelten wirtschaftlichen Bereich fast einstimmig und von Anfang an die Hauptrolle des Zentralstaates bei der Aufgabe der Entscheidung, des Impulses und der politischen Leitung anerkannt worden. Zur Bevorzugung des Staates in dieser sogenannten allgemeinen Wirtschaftsordnung trägt eine Reihe von Faktoren bei.

An erster Stelle steht die geschichtliche Erfahrung verschiedener Bundesstaaten. In den Vereinigten Staaten konnte die Rechtsprechung, obwohl ihre Verfassung keine eindeutigen Bestimmungen über die wirtschaftliche Einheit enthielt, das Vorhandensein einer „commerce clause" geltend machen und es waren die Gerichte, die ab diesem Zeitpunkt eine bedeutende Reihe von Maßnahmen der einzelnen Bundesstaaten für ungültig erklärt haben, die zur Bildung von Monopolen innerhalb des Staatenbundes führen hätten können und die Markteinheit angreifen konnten, wobei nach und nach dem Staatenbund nicht nur die Zuständigkeit zu Entscheidung und politischer Programmierung, wie ursprünglich in der Verfassung vorgesehen, zuerkannt wurde, sondern auch die für den Inlandshandel.

Die deutsche Erfahrung ist möglicherweise illustrativer, da in der Anfangsphase ihrer Einigung innerhalb einer föderativen Struktur der Motor, der den Prozeß angetrieben hat, die Suche nach einem einheitlichen Wirtschaftsraum gewesen ist. Hier rechtfertigen sich deutlich die ersten Vereinigungsformen, wie der Zollverein oder der Norddeutsche Bund, ohne dabei die Verfassung Bismarcks 1871 zu vergessen, die vom Reich eine einheitliche Gesetzgebung erwartete, in der die wirtschaftliche Realität die Hauptposition einnahm.

Obwohl in Österreich das wirtschaftliche Modell der Verfassung von der Lehre kritisiert wurde, ist dort der Art. 4 des Bundes-Verfassungsgesetzes diesbezüglich eindeutig und erteilt dem Bund ausdrückliche Befugnisse betreffend die Wirtschaftsordnung.

An zweiter Stelle zu nennen sind die Erfordernisse des erwähnten Wirtschaftsmodells der Verfassung. Tatsächlich enthält die spanische Verfassung 1978, so wie die große Mehrheit der Verfassungen der europäischen Staaten ab der Zwischenkriegszeit, eine Reihe von Bestimmungen über den Rahmen, innerhalb dessen die wirtschaftliche Tätigkeit abzulaufen hat, wenn auch sehr weiträumig und mit verschiedenen Optionen.

Schlüsselelement dieses Wirtschaftsmodells ist eine Reihe von Rechten und Freiheiten, wie das Recht auf Privateigentum und auf die Erbschaft (Art. 33) oder die Unternehmensfreiheit im Rahmen der Marktwirtschaft. Die Regelung dieser Freiheiten und Rechte muß unbedingt auf einem gemeinsamen Kern für alle Staatsbürger basieren, was notwendigerweise von den staatlichen Gesetzgebungsinstanzen aus durchgeführt werden muß. Dies nicht so sehr wegen der Existenz eines Gesetzesvorbehalts zugunsten des Staates zur Bestimmung des Wesensgehalts dieser Rechte und Freiheiten — ein staatlicher Vorbehalt, der nicht vorhanden ist, da es sich nicht um die genannten Grundrechte handelt, die in den Artikel 14 bis 29 der Verfassung enthalten sind — sondern vielmehr wegen der Zuständigkeit, die dem Staat im Art. 149 für „die Regelung der Grundbedingungen, die die Gleichheit aller Spanier in der Ausübung ihrer Rechte und in der Erfüllung der verfassungsrechtlich verankerten Pflichten gewährleisten", erteilt wird.

Wofür aber tatsächlich ein Vorbehalt zugunsten des Zentralstaates existiert, ist die Festlegung des wesentlichen Inhalts der Grundrechte, da hier der Art. 81 der Verfassung bestimmt, daß diese Regelung mittels eines Gesetzes besonderer Art erfolgen soll, nämlich mit der Zustimmung der absoluten Mehrheit der Kongreßabgeordneten, einer Kammer der Staatsversammlung (Cortes). Obwohl im Katalog der Rechte jene mit wirtschaftlichem Inhalt nicht betont werden, so haben doch viele von ihnen eine bedeutende Rückwirkung auf die Gestaltung und Möglichkeiten ihrer Vertreter. Hervorzuheben sind hier zum Beispiel das Versammlungsrecht, die Gewerkschaftsfreiheit oder das Streikrecht.

Die Anerkennung eines Wirtschaftsmodells in der Verfassung hat das Verfassungsgericht veranlaßt, die Notwendigkeit einer einheitlichen Verwirklichung dieses Modells zu betonen, was ohne Zweifel die Rolle und die Kompetenzen der zentralen staatlichen Instanzen stärkt.

Dem Verfassungsgericht nach existieren „in der spanischen Verfassung von 1978, im Unterschied zu den liberalen Verfassungen des 19. Jahrhunderts und wie in den neuesten europäischen Verfassungen, zahlreiche Normen zur Bildung eines grundsätzlichen rechtlichen Rahmens für die Struktur und Funktion der wirtschaftlichen Tätigkeit". Die Gesamtheit dieser Normen bildet die sogenannte Wirtschaftsverfassung bzw. formelle Wirtschaftsverfassung. Dieser Rahmen bringt einige Grundprinzipien der wirtschaftlichen Ordnung mit sich, die mit einheitlichem Charakter anzuwenden sind. Eine Einheitlichkeit, die wiederholt von der Verfassung verlangt wird, deren Präambel das Vorhandensein „einer gerechten wirtschaftlichen und sozialen Ordnung" gewährleistet und deren Artikel 2 ein Einheitlichkeitsprinzip festlegt, das sich im wirtschaftlichen Bereich in verschiedenen Verfassungsvorschriften widerspiegelt. Andererseits legt die Verfassung eine Reihe von Zielen wirtschaftlichen Charakters fest, deren Erreichung wirtschaftspolitische Maßnahmen allgemeinen Charakters im ganzen Staatsgebiet verlangt. Diese Forderung, daß die nationale Wirtschaftsordnung im ganzen Staatsgebiet einheitlich sein soll, ist in einem Staat wie Spanien, der eine uneinheitliche Struktur hat, nämlich pluralistisch bzw. zusammengestückelt von der Gebietsordnung her, sehr dringend. Die Einheitlichkeit der nationalen Wirtschaftsordnung ist eine notwendige Voraussetzung, damit die Verteilung der Zuständigkeiten zwischen dem Staat und den verschiedenen Autonomen Regionen in wirtschaftlichen Fragen nicht zu funktionsgestörten und auseinandergehenden Ergebnissen führt.

An dritter Stelle soll auf das System der Kompetenzverteilung geachtet werden, auf das sich das Verfassungsgericht bezieht und das eine wichtige Bedeutung in der Ordnung der von uns behandelten Fragen hat. Und dort sind dem Staat Zuständigkeiten und Verantwortlichkeiten von besonderer Bedeutung zugewiesen.

Zunächst besitzt er die Zuständigkeiten über Devisen, Währungssystem, Wechsel und Konvertierbarkeit der Währung mit absolut exklusiven Charakter (Art. 149, Abs. 1, Z. 11 der Spanischen Verfassung).

In derselben Vorschrift wird dem Staat die Zuständigkeit für die Grundlagen der Kredit-, Banken- und Versicherungsordnung übergeben. Hier kommt ein Mechanismus zur Anwendung, der in der Verfassung zur Verteilung der Zuständigkeiten des Staates und der Autonomen Regionen oft vergessen wird: Ersterer fixiert die Grundsätze und zweitere besorgen die Ausführung.

In bezug auf den konkreten hier angesprochenen Bereich, die Kreditordnung, hatte das Verfassungsgericht die Gelegenheit genau anzugeben, daß die Grundlagen „sowohl die Regelungsnormen der Struktur, inneren Organisation und Funktionen der verschiedenen Finanzvermittler, als auch diejenigen Normen beinhalten sollen, die wichtige Aspekte der Tätigkeit dieser Vermittler regeln, unter die die Sparkassen gesetzlich eingefügt sind . . . zur Regelung der Hauptaspekte der Tätigkeit der verschiedenen Arten der Finanzvermittler sollen Normen bezüglich der Kontrolle der Bankgeldmenge treten, aufgrund ihrer Auswirkung auf die Gesamtmenge des in einem bestimmten Zeitpunkt am Markt befindlichen Geldes, sowie auch alle sonstigen Normen, die den privaten Finanzvereinen (Banken und Sparkassen) bestimmte Verpflichtungen auferlegen. Unter letzteren befinden sich Verordnungen, die darauf abzielen, bestimmte Prozentsätze oder obligatorische Koeffizienten für die in den Sparkassen deponierten Fremdmittel festzulegen".

Das Gliederungssystem staatlicher Grundlagenentwicklung stellte für die Autonomen Regionen eine bis zu einem bestimmten Punkt besondere Form der spanischen Verfassung bezüglich der Zuständigkeitsverteilung dar und hat eine spezielle Problematik verursacht, die in gewisser Weise die Entwicklung des Wirtschaftsmodells erläutert; Deshalb werde ich sie Ihnen kurz darlegen.

Das Verfassungsgericht sah vom ersten Augenblick an den Begriff „Grundlagen" als einen materiellen Begriff an: Er bezog sich nicht auf eine formale Gesetzesart — Grundlagengesetze —, die die Grundprinzipien für den Staat in einem bestimmten materiellen Sektor beinhalten. Diese Prinzipien bzw. Grundlagen waren jene, die aus der Gesamtheit der vorhandenen Regelung über ein Sachgebiet abgeleitet werden und in verschiedenen Normen verschiedener Rangordnung enthalten sein konnten. Die Ableitung dieser Grundlagen könnten die Autonomen Regionen selbst durchführen, deren Ausführungszuständigkeiten auf diese Art und Weise nicht bedingt bzw. blockiert waren, bis der Staat einige formal als Grundlagengesetze bezeichnete Gesetze diktierte. Dies war möglicherweise das Hauptproblem, das mit der materiellen Konzeption der staatlichen Grundlagen aufgetreten ist.

Neuerdings hat das Verfassungsgericht eine radikale Wendung in dieser Rechtsprechung vorgenommen, indem es erkannt hat, daß diese Lehre nur in der Anfangsphase der Verfassungsentwicklung, die praktisch ihre erste Dekade umfaßt, aufrechterhalten werden konnte, ein Zeitpunkt, in dem neue der Verfassungsordnung angepaßte Prinzipien in vielen Sachgebieten festgelegt werden sollten. Ab nun sei vom Staat eine explizite Definition der Grundlagen in jedem entsprechenden Sachgebietsbereich mittels Normen in Gesetzesrang zu fordern. Somit wurde praktisch eine Entfernung vom materiellen Begriff der staatlichen Grundlagen ausgelöst.

Wo die Rechtsprechung des Verfassungsgerichts über die staatlichen Grundlagen konstant geblieben ist, ist in der Erkenntnis, daß sie bei der Ausschöpfung der Regelung eines Sachgebietes in keinem Fall detailgenau sein können. Sie müssen gerade so ausführlich sein, daß sie verschiedene Varianten in ihrer Ausführung seitens der Autonomen Regionen ermöglichen.

Das Gliederungssystem der Vollziehung staatlicher Grundlagen seitens der Autonomen Regionen und seine Charakterisierung in der Rechtsprechung und in der Lehre weisen auch einige Eigenarten bezüglich der wirtschaftlichen Tätigkeit auf.

So wurde gesagt, daß die Besonderheit des Bereiches Wirtschaft die Verschiebung des Schemas der Zuständigkeitsverteilung Grundlagen-Ausführung auch nur in geringfügiger Form verhindert. Dieses Modell entfaltet seine Wirksamkeit nur dann, wenn die Sachgebietsbereiche einwandfrei abgegrenzt sind. Diese Unterscheidung ermöglicht eine eindeutige Bestimmung der Verantwortlichkeiten; jede Instanz übt ihre entsprechenden Funktionen in unabhängiger Weise und separat aus. Die Intervention der öffentlichen Hand in der Wirtschaft benötigt in vielen Fällen eine Konkurrenz der verschiedenen Instanzen in der Ausübung der öffentlichen Funktionen; eine Konkurrenz, die aus dem Ineinandergreifen und den Beziehungen zwischen verschiedenen Zuständigkeitsbereichen abgeleitet ist. Die Formulierung und Einführung bestimmter Politiken muß einheitlich durchgeführt werden, um eine zusammenhängende Gesamtheit zu erzielen, über den fragmentarischen Charakter der staatlichen und autonomen Zuständigkeiten hinweg. Deswegen ist eine neue Ausarbeitungsmethode für die einheitliche Politik notwendig.

Dem Staat obliegt auch die absolute und ausschließliche Zuständigkeit über den Handel mit anderen Staaten und das Zoll- und Zolltarifwesen. Es handelt sich um Grundelemente für die Aufrechterhaltung einer minimalen einheitlichen Grundlage in der wirtschaftlichen Ordnung — die Beseitigung der Zollschranken ist traditionell das erste zu erreichende Ziel in jedem Projekt wirtschaftlicher Vereinheitlichung gewesen — weswegen das Verfassungsgericht erkannt hat, daß die Autonomen Regionen in diesen Sachgebieten nicht einmal Ausführungszuständigkeiten haben (Urteil des Verfassungsgerichts vom 26. Januar 1982).

Der Zentralstaat hat auch die ausschließliche Zuständigkeit bezüglich der allgemeinen Finanzwirtschaft und der Staatsschuld. Das bedeutet die Kontrolle über einen wichtigen Teil der öffentlichen Gelder, was — unter Berücksichtigung des großen Volumens der staatlichen Finanzwirtschaft — ein Instrument großer Tragweite für die Definition und Ausführung einer Wirtschaftspolitik ist.

Dem Staat obliegt weiters die Leitung und letzte Entscheidung in einem für die Wirtschaftspolitik so wichtigen Prozeß, wie es die Planung ist.

Nach Art. 131 der Verfassung kann der Staat mittels Gesetz die allgemeine wirtschaftliche Tätigkeit planen, um die kollektiven Bedürfnisse zu befriedigen, um die regionale und sektorielle Entwicklung auszugleichen und zu harmonisieren sowie um das Wachstum der Einkommen und des Wohlstands und ihre gerechtere Verteilung zu fördern. Die Regierung wird die Planungsprojekte erstellen, entsprechend den ihr von den Autonomen Regionen vorgelegten Zielformulierungen und der Beratung und Zusammenarbeit der Gewerkschaften und anderer Berufsorganisationen.

Die Planung stellt sich so ohne Zweifel als ein Instrument besonderer Wirksamkeit zur Bestätigung der Hauptrolle der Zentralinstanzen des Staats in der Formulierung der Wirtschaftspolitik der Gesamtheit des Staates dar. Zu diesem Zweck soll hervorgehoben werden, daß dem Staat die Befugnis (es gibt keine diesbezügliche Anweisung im Verfassungstext: der Staat kann) zu planen vorbehalten ist; und diese Planung bezieht sich auf die „allgemeine Wirtschaftstätigkeit", ohne daß dementsprechend der Staat zur Durchführung von sektoriellen Planungen in besonderen Sachbereichsgebieten, die üblicherweise Tätigkeitsbereiche und Verantwortlichkeit der Autonomen Regionen sind, ermächtigt ist. So hat das Verfassungsgericht mit der Bestätigung erkannt, daß „der Artikel 131 der Verfassung sich auf eine gemeinsame Planung der wirtschaftlichen Tätigkeit mit globalem Charakter bezieht. Deswegen ist eindeutig, daß die Befolgung dieser Vorschrift in einer Planung vor geringerem Umfang nicht von Verfassungs wegen obligatorisch ist" (Urteil des Verfassungsgerichts 29 / 1986).

Die spanische Verfassung hat in Kenntnis der Erfahrungen von Bundesstaaten, in denen die Verwendung der Planungsinstrumente bedeutende Spannungen im Gleichgewicht der Zuständigkeitsverteilung — hier sind die deutschen Verfassungsreformen zu erwähnen — ausgelöst hat, von Anfang an den Bezug auf die allgemeine Planung hinzugefügt, obwohl das nachher paradoxerweise nicht verwirklicht wurde, zum Unterschied von Systemen, die dies ursprünglich in ihren Verfassungstexten nicht beachteten.

Für uns möglicherweise viel bedeutender in der jetzt von uns behandelten Frage ist die Anerkennung der Planungsbefugnis des Staates über die allgemeine wirtschaftliche Tätigkeit, weil implizit deutlich erkannt wird, daß das eine Realität ist, die in der ausschließlichen Verfügung des Staates liegt, da es andernfalls nicht möglich wäre, daß diesem ein so kraftvolles Instrument im Wirtschaftsbereich zur Verfügung stehen sollte, wie es die Planung ist.

Es scheint angebracht hervorzuheben, daß in jedem Fall die allgemeine wirtschaftliche Tätigkeit in der Kompetenz des Staates liegt, und daß eines der Instrumente, um die Politik in diesem Bereich zu ordnen und entwickeln, die Planung ist. Aber dieses Instrument ist eindeutig nicht das einzige und — was vielleicht wichtiger scheint — auch nicht die anderen Maßnahmen, Techniken und Instrumente, die für die Verwirklichung der allgemeinen Wirtschaftspolitik notwendigerweise einen programmatischen Charakter haben müssen, wie die Planung.

Die Definition, die Leitung und insb. die Ausführung einer Politik, die die allgemeine wirtschaftliche Tätigkeit lenkt und leitet, wird in vielen Fällen konkrete Maßnahmen notwendig machen, um den sehr häufig vorkommenden Konjunkturschwankungen entgegenzutreten, die im Zusammenwirken der sehr verschiedenen Faktoren und Agenden mit einer gewissen Unvorsehbarkeit auftreten.

Was dem Staat schließlich zukommt, ist die allgemeine Wirtschaftspolitik und das ist ein Tatbestand, wie das Verfassungsgericht in verschiedenen Fällen angedeutet hat, der nicht aus dem konkreten und detaillierten System der Zuständigkeitsverteilung zwischen Staat und Autonomen Regionen der Art. 148 und 149 der Verfassung abgeleitet wird, sondern direkt auf der Einheitsidee beruht, als Strukturprinzip territorialer Politik, das in der Verfassung verankert ist.

Das Einheitsprinzip erfordert das Vorhandensein eines einheitlichen Marktes, eine gleichmäßige Behandlung soweit es Anfangs- oder Ausgangspunkt der verschiedenen Wirtschaftsagenden ist sowie die harmonische Entwicklung der Wirtschaft. Die zu setzenden Maßnahmen hängen dann von diesen Endzielen ab.

Aber neben diesem Einheitsprinzip kennt die Verfassung auch das Autonomieprinzip als Rückgrat-Prinzip der territorialen politischen Ordnung. Und man muß nicht nur die Prinzipien berücksichtigen, um eine bedeutende Rolle der Autonomen Regionen zu erreichen: Das von der Verfassung angebotene Kompetenzverteilungssystem ermöglicht, daß sie Zuständigkeiten in wichtigen Bereichen der Wirtschaft übernehmen können, hauptsächlich bezüglich der verschiedenen materiellen Sektoren der wirtschaftlichen Tätigkeit.

Dies ist eine wesentliche Feststellung, die schon von der Verfassung her möglich ist und die sich durch die Autonomie-Statuten vollkommen bestätigt sieht. Fast alle Zuständigkeiten der Autonomen Regionen unterteilen sich in eine Reihe von Sektoren, deren wirtschaftliche Bedeutung über die Besonderheit eines jeden dieser Sektoren hinaus ohne jeden Zweifel ist. So haben viele Autonome Regionen Zuständigkeiten von so großer wirtschaftlicher Bedeutung, wie es z. B. die Landwirtschaft oder die Industrie sind.

Aber so wie die materiellen Sektoren in fast allen Phasen — wie z. B. in der Landwirtschaft die Produktion, die Bearbeitung und die Vermarktung — den Autonomen Regionen gehören können, verbleiben die notwendigen Instrumente für die Formulierung und Entwicklung einer allgemeinen Wirtschaftspolitik in großem Maße in der Verfügungsmacht des Staates. Es sind das die zuvor erwähnten Instrumentalpolitiken, wobei die wichtigsten die Währungs-, die Budget-, die Wechsel-, die Arbeits-, die Außenhandels- und die Direktkontrollenpolitik (wie z. B. Preispolitik) sind. Würde man die materiellen Sektoren, in welchen die Autonomen Regionen Zuständigkeiten haben, vertikal anordnen (Industrie, Landwirtschaft, Wohnung, Viehzucht, Energie, usw.) würden alle durch die Instrumentalpoliken (Währung, Kredit, Arbeit, Preise, usw.), bei denen der Zentralstaat die wichtigste Rolle hat, horizontal gekreuzt. Und man muß berücksichtigen, daß die Instrumentalpolitiken eine bedeutende Auswirkung in dem Schwung, den man als sektorielle Politik bezeichnen könnte, haben.

Dieser Sachordnung gegenüber wäre es nicht vernünftig, wenn die Autonome Regionen sich für eine vermeintlich ausschließliche Handlung in verschiedenen materiellen Sektoren, die nicht zusammemhängen und bei denen sich die Instrumente der Wirtschaftspolitik auswirken, die der Staat in großem Maße kontrolliert, soweit sie für die Definition und Verwirklichung der allgemeinen Wirtschaftspolitik für ihn notwendig sind, entscheiden würde.

Deswegen soll eine wichtige von den Autonomen Regionen zu spielende Rolle die ihrer Intervention und Beteiligung an der Formulierung der allgemeinen Wirtschaftspolitik seitens des Staates sein.

Weiters sollen den Autonomen Regionen wichtige Agenden bei der Bildung des staatlichen Willens zukommen, entsprechend den Zielprojektionen, die ihm die Autonomen Regionen liefern unter der Beratung und Mitarbeit der Gewerkschaften und anderer Berufsorganisationen.

Das Thema setzt uns in Verbindung mit der Präsenz der Autonomen Regionen in der Gesamtheit des Staates und bei seiner Willensbildung nicht nur im wirtschaftlichen Bereich, sondern in jeglichem Bereich staatlichen Interesses. Wir stoßen so auf einen der unhaltbarsten und fragwürdigsten Punkte des Autonomie-Modells: Der Mangel einer Instanz in der höchsten und zentralsten Stelle der Staatsstruktur, in der die Autonomen Regionen vertreten sind, nämlich das Fehlen eines so charakteristischen Organs der Bundessysteme, wie es der Bundesrat ist.

Nach der spanischen Verfassung ist der Senat, die zweite gesetzgebende Kammer, eine Kammer der territorialen Vertretung. Die Gliederung dieser Vertretung erfolgte nach Provinzen, die das vorherige zentralistische System der territorialen Strukturierung bildeten.

Dieses Senatsmodell hat zwei Wurzeln. Die erste ist das Vorherrschen einer Bewegung, die darauf abzielte, Autonomiebereiche für die Nationalitäten zu gewinnen, ohne daß ein ähnliches Interesse an der Neuordnung der globalen Struktur des Staates und seiner Institutionen, die als unerläßliches Resultat erfolgen sollte, vorhanden war.

Die zweite Ursache liegt in der eigenen Dynamik des Entwicklungsprozesses einer Verfassung, die genehmigt wurde, als die Autonomen Regionen noch nicht existierten, obwohl sie die Wege für ihre Bildung öffnete und regelte, ohne zu wissen, ob dies ein Prozeß sei, der das erwartete Ergebnis haben würde.

Heutzutage, nachdem das autonome System konsolidiert ist, erscheint die Bildung einer wichtigen Instanz, dem Bundesrat ähnlich, in der die Autonomen Regionen vertreten sind, unumgänglich. Dies wird zweifellos eine Änderung der Verfassung bedingen, wogegen auf politischer Ebene einige Vorbehalte vorhanden sind. In jedem Fall hat die Idee, aus dem Senat ein Vertretungsorgan der Autonomen Regionen zu machen, von den Punkten, die einer möglichen Verfassungsreform unterworfen wurden, ohne Zweifel die größte Anerkennung gefunden.

In Erwartung dieser notwendigen Reform finden die Interventionswünsche der Autonomen Regionen bei der Entscheidung der Wirtschaftspolitik seitens des Staates eine wichtige Grundlage im Verfassungsgesetz zur Finanzierung der Autonomen Regionen vom 22. Dezember 1980.

Dieses Gesetz bildet einen Beirat für Steuer- und Finanzpolitik, an dem das Finanz-, das Wirtschafts-, das Gebietsverwaltungsministerium und der Finanzminister jeder Autonomen Region teilnehmen. Unter den Aufgaben dieses Organes ragen die Koordinierung der Budgetpolitik des Staates mit der der Autonomen Regionen, die Koordinierung der Verschuldungspolitik und die Koordinierung der öffentlichen Investitionen hervor.

Bezüglich dieser letzten — die Politik zur Koordinierung der öffentlichen Investitionen — werden gemeinsame Investitionsprojekte zwischen dem Staat und einer Autonomen Region aufgeworfen, sowie Formeln, die auf der Potenzierung der Staatsinvestition in den Autonomen Regionen mit einem defizitären Niveau in der Leistung einiger öffentlicher Dienstleistungen zielen.

Ein anderes Gesetz mit bedeutenden Auswirkungen auf die Teilnahme der Autonomen Regionen an der allgemeinen Wirtschaftspolitik und an der Koordinierung mit dem Staat ist ohne Zweifel das Gesetz zur Regelung des Interterritorialen Kompensationsfonds, das die Koordinierung der Investitionen ermöglicht, an denen der Staat und die Autonomen Regionen teilhaben.

Außer ihrer Teilnahme an der allgemeinen Wirtschaftspolitik und ihrer Mitwirkung an koordinierten Aktionen verfügen die Autonomen Regionen über wichtige Befugnisse — manchmal im Ausschließlichkeitsregime — über führende Bereiche von sehr markantem wirtschaftlichen Inhalt und Auswirkung.

An erster Stelle muß man Bezug auf die genannten materiellen Sektoren nehmen, die im allgemeinen als Zuständigkeit der Autonomen Regionen dargestellt werden und die ihrerseits führende Sektoren wirtschaftlichen Inhalts sind. Dies ist der Fall bei der Industrie, der Landwirtschaft und der Viehzucht, der Pharmazeutischen Regelung, der Jagd und der Fischerei sowie der Forstwirtschaft.

An zweiter Stelle haben die Autonomen Regionen wichtige Zuständigkeiten für die Errichtung einer wirtschaftlichen Infrastruktur. Hier haben die Zuständigkeiten für die Raumordnung eine besondere Bedeutung; Straßen der territorialen Ebene der Autonomen Region: Eisenbahn, Transport, Hydraulikwirtschaft, Hafen und Hubschrauberlandeplätze; all das unterliegt im territorialen Bereich den Autonomen Regionen.

Nicht nur eine Reihe wichtiger materieller Sektoren und entscheidender Elemente der Infrastruktur befinden sich unter dem Regime der Autonomen Regionen. Diese können über wichtige Mittel verfügen, die man auch als Instrumente betrachten könnte, da sie sich auf keinen bestimmten materiellen Sektor beziehen. Auf dieser Ebene haben die Autonomen Regionen wichtige Befugnisse mit Auswirkungen zum Beispiel auf die Planung ihres Territoriums, die Koordination der wirtschaftlichen Interessen oder die Errichtung eines eigenen öffentlichen Sektors. Sehen wir uns jetzt kurz diese Funktionen an.

Die regionale Planung hängt nicht vom Vorhandensein eines staatlichen Plans ab. In den Autonomen Regionen, die diese Planungsbefugnisse wahrnehmen, werden sie normalerweise mit der Raumordnung verbunden, ein Bereich, der —

wie uns bekannt ist — eine besondere Bedeutung für die Autonomen Regionen hat. So ist in Katalonien das Gesetz über Territorial-Politik vom 21. November 1983 jenes, das die Figur des Allgemeinen Territorialen Plans regelt, der das Territorium in drei Zonentypen unterteilen sollte: mit unterentwickelter, zu entwicklender und gesättigter Wirtschaft. Es wird auch die Errichtung der Infrastrukturen und die Verwendung der Förderungsinstrumente, Steueranreize zur Förderung von Entwicklungszentren vorgesehen. Diese regionale Planung ist mit der Politik des Europäischen Entwicklungsfonds verbunden, die sich zur Finanzierung von Projekten von regionalem Interesse orientiert — und seit den Verordnungvon 1985 nicht nur der unterentwickelten Zonen —, obwohl das Interessen an jedem Programm vom jeweiligen Staat definiert wird. Spanien erhält konkret zwischen 17,90% und 23,90%, womit er der zweitbegünstigtste Staat nach Italien ist.

Bezüglich der Bildung eines öffentlichen Sektors haben nicht nur die Zielaussagen der Statuten oder der Entwicklungsgesetze, sondern auch die eigenen Maßnahmen der Autonomen Regionen Anlaß zu einer sehr entwickelten materiellen Realität gegeben. Viele Autonome Regionen verfügen über ein Gesetz für öffentliche Unternehmen, ein Begriff — der des öffentlichen Unternehmens — von dem es keine einheitliche Verwendung oder Erklärung gibt, aber auf den normalerweise eine Reihe in der staatlichen Gesetzgebung vorher genannter Kategorien hinweist.

Hier soll Bezug auf die Körperschaften öffentlichen Rechts genommen werden — in den meisten Fällen als autonome Organismen bekannt —, die von einem Ministerium oder Landesministerium abhängen und die mit einem bestimmten Ziel tätig sind, und andererseits auf die Handelsgesellschaften des Privatrechts, die über eine mehrheitliche Beteiligung einer Autonomen Gemeinschaft verfügen.

Die bedeutendste Neuerung bringt ohne Zweifel Art. 128 der Spanischen Verfassung, der die freie öffentliche Initiative in der wirtschaftlichen Tätigkeit bestätigt, womit das Subsidiaritätprinzip überholt wird. Diese Neuerung hat Anlaß zu einer gewissen Inflation des öffentlichen Sektors gegeben, da keine Grenze mehr gesetzt war und eine Überbürdung mit Aufgaben stattgefunden hat, womit die traditionellen Probleme noch verschlimmert worden sind, die aus der schnellen Zunahme instrumentaler Einrichtungen resultiert, zumal man sich dabei von den Leitlinien der Verwaltungsstruktur entfernt hat, in diesem Fall von der Verwaltung der Autonomen Region und der parlamentarischen Kontrolle.

Rechtliche Instrumente der wirtschaftlichen Entwicklung in den Ländern der Bundesrepublik Deutschland

Von Rolf Stober

I. Gegenstand der Untersuchung und Diskussionsstand

Das Thema „Rechtliche Instrumente der wirtschaftlichen Entwicklungspolitik in den Ländern“ ist eine Grundfrage des Staats- und Verwaltungsrechts, insbesondere der Staatsorganisation und der Aufgabenverteilung. Es hat eine rechtsdogmatische und eine rechtspolitische Seite. Rechtlich geht es um die verfassungsrechtlichen Vorgaben, Rahmenbedingungen und Grenzen einer eigenverantwortlichen ökonomischen Entfaltung der Bundesländer innerhalb des Grundgesetzes und der EG / EU. Nationales und europäisches Verfassungsrecht schaffen die normativen Voraussetzungen und setzen den Aktionsraum für die Wirtschaftspolitik der Länder. Deshalb kann man der Frage nach den rechtlichen Instrumenten erst nachgehen, wenn das rechtliche Korsett feststeht, in das die Länder eingebunden sind. Der wirtschaftspolitische Aspekt betrifft die spezifische Ausgestaltung des Landeswirtschaftsverwaltungsrechts und die dabei zu berücksichtigenden Zweckmäßigkeiten, Prioritäten, Abwägungen und regionalen Besonderheiten. Er schlägt sich in mehr oder weniger intensiv verfolgten wirtschaftspolitischen Aufgaben nieder, mit denen die ökonomische Entwicklung beeinflußt werden soll. Sie sind zugleich die Grundlage für die dabei einzusetzenden Instrumente, die zu erheben und zu systematisieren sind. Davon ist die Funktionstauglichkeit bzw. die Wirkungsbewertung zu trennen. Sie ist ebenfalls rechtspolitischer Natur, weil diese Kontrolle darauf abzielt, die Aufgabenwahrnehmung und das Instrumentarium zu verbessern.

Dieser Problemaufriß vermittelt einen ersten Blick von der juristischen und ökonomischen Tragweite sowie der Komplexität einer wirtschaftlichen Entwicklungspolitik der Länder. Bedenkt man ferner die Diskussion um das Europa der Regionen und den Standortwettbewerb zwischen den Regionen, dann müßte man eigentlich annehmen, daß die angeschnittenen Rechtsfragen Gegenstand intensiver literarischer Auseinandersetzung sind. Eine Auswertung des Schrifttums ergibt jedoch folgendes Grundbild. Wirtschaftsrechtlich wird das Staats- und Gemeinschaftsrecht vornehmlich aus der Sicht der Wirtschaft und der Unternehmen thematisiert[1]. Staatsrechtlich wird das Bund-Länder-EG-Verhältnis vornehmlich aus der Sicht des Rechtsvorrangs, der Mitwirkung der Gebietskörperschaften an der Gemeinschaftsrechtsetzung und an der Erfüllung von Gemeinschaftsaufgaben oder dem Gedanken der Gliedstaatlichkeit problematisiert[2]. Hingegen wird der wirtschaftsverwaltungsrechtliche Aspekt des Bundesstaatsprinzips, die ökonomische Konkurrenzlage zwischen dem Bund, den Ländern und der EG / EU und die Herausarbeitung der eigenständigen Stellung der Länder auf diesem Feld weitgehend ausgeblendet[3]. Diese bundesstaatliche Wirtschaftsverwaltungsblindheit erweckt den Eindruck, Wirtschaft und Wirtschaftsrecht finde nur in den Mitgliedstaaten und in der EG statt[4]. Die stiefmütterliche Behandlung des wirtschaftsbezogenen Landesrechts ist auch deshalb verwunderlich, weil gerade bei dem Wirtschaftsrecht die Gefahr besteht, daß es stärker als andere Rechtsgebiete vom europäischen Recht verdrängt, überlagert und beeinflußt wird. Zeigt dieser Befund nur mangelndes Problembewußtsein oder ist er Ausdruck einer tiefen juristischen Resignation vor dem übermächtigen Gemeinschaftsrecht im Binnenmarkt oder einer devoten Reverenz vor dem Topos der Einheitlichkeit der Lebensverhältnisse? Oder hängt die Beurteilung gar davon ab, ob man einen Europarechtler oder einen Landesstaatsrechtler mit der rechtlichen Begutachtung beauftragt? Jedenfalls übersieht diese einseitige Betrachtungsweise, daß die ökonomischen Grundlagen der Länder das Herz und der Motor für eine eigenständige und kraftvolle Landeswirtschaftspolitik sind, die im Bundesstaat nicht ohne weiteres beiseite geschoben werden dürfen. Und sie verkennt, daß sich in jüngerer Zeit eine Renaissance föderalistischer Strukturen beobachten läßt. Anders ausgedrückt: die Entwicklung der wirtschaftlichen Entwicklungspolitik der Länder scheint auch rechtswissenschaftlich entwicklungsbedürftig zu sein. Diese Analyse verlangt, zunächst die wirtschaftsverfassungsrechtliche Ausgangslage herauszupräzisieren.

---

1 s. näher *Stober,* EG-Binnenmarkt und deutsche Wirtschaft, 1990, m. w. N.

2 Die Literatur ist unübersehbar, s. die Nachweise bei *Stober,* Handbuch des Wirtschaftsverwaltungs- und Umweltrechts, 1989, vor § 12 und jüngst *Schmidt-Meinecke,* Bundesländer und Europäische Gemeinschaft, 2. Auf., 1988; die Beiträge von *Streinz / Blanke / Barnstedt,* in: Heckmann / Meßerschmidt (Hrsg.), Gegenwartsfragen des öffentlichen Rechts, 1988, S. 15 ff.; *Vitzthum / Funk / G. Schmid,* Die Bedeutung gliedstaatlichen Verfassungsrechts in der Gegenwart, VVDStRL 46 (1988), S. 7 ff.; *Borchmann,* DÖV 1988, 623 ff.; *Schütz,* BayVBl. 1990, 481 ff.; *Wuermeling,* BayVBl. 1990, 489 ff.; *Hailbronner,* JZ 1990, 149 ff.; *Steinberger / Klein / Thürer,* Der Verfassungsstaat als Glied einer europäischen Gemeinschaft, VVDStRL 50 (1991), S. 9 ff.; *Haneklaus,* DVBl. 1991, 295 ff. m. w. N.

3 s. zu diesem Defizit schon *Stober,* Handbuch, a. a. O., § 12 II m. w. N.

4 s. etwa *Rengeling,* ZHR 152 (1988), 455 ff.; *Vitzthum,* AöR 115 (1990), 280, 288 ff.; *R. Schmidt,* Öffentliches Wirtschaftsrecht, 1990, §§ 3, 4 und 6; Ehlers, NVwZ 1990, 810 ff.; Ossenbühl (Hrsg.), Föderalismus und Regionalismus in Europa, 1990; *Schweitzer / Hummer,* Europarecht, S. 381 f.; *Oppermann,* Europarecht 1991, S. 324 ff., der methodisch entlarvend die Bundesländerproblematik völlig unangemessen als „Exkurs" darstellt (S. 204).

II. Die verfassungsrechtlichen Rahmenbedingungen für eine wirtschaftliche Entwicklungspolitik der Bundesländer

1. Wirtschaftsverfassungsrechtliche Ausgangslage in der Bundesrepublik

Sie stellt sich für die Bundesrepublik wie folgt dar: Unbeschadet des seit Bestehens der Bundesrepublik Deutschland schwelenden literarischen Streits um die Wirtschaftsverfassung kann mittlerweile vor allem aufgrund der ständigen Spruchpraxis des Bundesverfassungsgerichts als weitgehend geklärt angesehen werden, daß die Wirtschaftsverfassung relativ neutral bzw. offen ist[5]. An dieser Bewertung, die mit dem Fehlen eines eigenständigen Kapitels bzw. bestimmter wirtschaftsrechtlich relevanten Aussagen begründet wird, hat sich auch durch den Währungs- und Einigungsvertrag nichts geändert. Dort wurde zwar das Wirtschaftssystem der sozialen Marktwirtschaft erstmals in einem Verfassungsvertrag festgeschrieben. Die soziale Marktwirtschaft wird aber weder ausdrücklich in den Verfassungsrang erhoben, noch ist sie ein verbindliches Verfassungsziel geworden[6]. Folglich kann aus dem Topos Wirtschaftsverfassung oder soziale Marktwirtschaft kein Argument für die Verteilung von Zuständigkeiten und Aufgaben auf Bund und Länder genommen werden[7].

Da die Bundesrepublik Deutschland als Bundesstaat organisiert ist (Art. 20, 28 Abs. 1 GG), muß auch die Staatsaufgabe Wirtschaftsverwaltung zwischen Bund und Ländern aufgeteilt werden. Das ergibt sich als Grundregel für alle Staatsaufgaben aus Art. 30 GG. Diese Aufgabenverteilung darf aber nicht darüber hinwegtäuschen, daß das Grundgesetz dem Bund im Bereich der Wirtschaftsverwaltung eine führende Rolle zuweist, die in der Verfassungspraxis auch ausgeschöpft wird[8]. So ist die Bundesregierung für die Formulierung der Wirtschaftspolitik und der Bundestag in großem Umfange für die Gesetzgebung auf dem Wirtschaftssektor zuständig (Art. 72 ff. GG). Insbesondere kann er die konkurrierende Kompetenz beanspruchen, wenn ein Bedürfnis nach bundesgesetzlicher Regelung zur Wahrung der Einheitlichkeit der Lebensverhältnisse geltend gemacht wird (Art. 72 Abs. 2 Nr. 3 GG). Hinzu tritt die außenwirtschaftspolitische Zuständigkeit des Bundes (Art. 32 GG).

Da Bundesrecht Landesrecht bricht (Art. 31 GG), scheinen die landesrechtlichen Zuständigkeiten daneben zu verblassen. Zwar enthalten mehrere Landesverfassungen Abschnitte über das Wirtschaftsleben (s. etwa Art. 151 ff. BayLV), in denen z. B. auch die Förderung des Mittelstandes geregelt war. Diese Normen haben jedoch wegen der dargelegten umfassenden Kompetenzen des Bundes keine nennenswerte Wirksamkeit entfaltet. Teilweise wird sogar vertreten, sie

---

5 s. näher *Stober,* Handbuch, a. a. O., § 7

6 s. *Stober,* Wirtschaftsverwaltungsrecht, 7. Aufl., 1991, § 5 II, S. 49.

7 A. M. wohl *Bleckmann,* JZ 1988, 946 ff.

8 s. näher *Stober,* Handbuch, a. a. O., § 12 II 2.

seien im wesentlichen „toter Buchstabe“ geblieben[9]. Hinzu kommt, daß die wirtschaftliche Entwicklungspolitik auf der örtlichen Ebene aufgrund von Art. 28 Abs. 2 GG in den Händen der Gemeinden liegt, so daß die Länder in ihrem wirtschaftspolitischen Wirken nach oben und unten eingeengt sind. Damit ist aber die Wahrnehmung wirtschaftlicher Entwicklungspolitik auf Landesebene nicht völlig ausgeschlossen. Vielmehr ist festzuhalten, daß die Möglichkeit der Einwirkung auf die Ordnung der Wirtschaft und der Lebensverhältnisse aus eigener Initiative und unter Zugrundelegung eigenständiger landesstaatlicher bzw. regionalpolitischer und wirtschaftspolitischer Konzepte zu den essentiellen Bestandteilen der Bundesländer gehört[10]. Zum einen bestimmen die Ministerpräsidenten der Bundesländer im Sinne eines Regierungsvorbehaltes die Richtlinien der wirtschaftsrelevanten Landespolitik (z. B. Art. 47 BayLV). Die Landesparlamente beschließen über die Gesetze, die zum „Hausgut“ der Länder gehören oder die der Ausfüllung durch Landesrecht bedürfen (Art. 75 GG). Die Landesexekutive entscheidet über die gesetzlich nicht geregelte Aufgabenerfüllung (Auftragsvergabe, Subventionierung) und sie führt die Wirtschaftsgesetze des Bundes aus, wobei ihr teilweise Beurteilungs- und Ermessensspielräume zustehen. Zum anderen folgt die Qualifizierung einer umfassend zu verstehenden wirtschaftlichen Entwicklungspolitik als Länderaufgabe sich sowohl aus Art. 30 sowie aus Art. 91a und 104a Abs. 4 GG als auch aus der Sach- und Problemnähe der Länder[11]. In einem föderativen Staatswesen sind primär die Länder für die Regionen und die regionale Strukturpolitik zuständig. Die Entwicklung in allen Industrieländern zeigt, daß Strukturprobleme am besten von den Regionen bewältigt werden können. Sie kann deshalb in der Verfassungspraxis eine nicht zu unterschätzende Wirksamkeit entfalten[12]. Sie ist nicht nur ein zentrales Element für die Attraktitvität einer Region als Wirtschaftsstandort sowie für die Verbesserung der Wettbewerbsfähigkeit gegenüber anderen Bundesländern. Aus dem Blickwinkel des jeweiligen Bundeslandes stehen im wesentlichen folgende Zielsetzungen im Vordergrund[13]:

— *ausgleichspolitische Zielsetzung:* sie versucht, interregionale Wohlstandsunterschiede im Interesse einer Erreichung der Einheitlichkeit von Lebensverhältnissen auszugleichen.

---

9 *Leisner,* Die bayerischen Grundrechte, 1986, S. 76.

10 *Neupert,* Regionale Strukturpolitik als Aufgabe der Länder, 1986, S. 444 und allgemein zu Qualitätskriterien *Kewenig,* JZ 1990, 458 ff.

11 s. auch *A. Jaumann,* BayVBl. 1976. 737; *H. Neupert,* Regionale Strukturpolitik als Aufgabe der Länder, 1986, S. 181 ff.

12 Vgl. *Maack,* BWVPr. 1986, 10.

13 Vgl. Sachverständigenrat, Jahresgutachten 1984 / 85 Rdnr. 414; *J. Vesper,* Diversifizierung der Wirtschaftsstruktur als Ziel der Regionalpolitik, Diss. rer. pol. Münster, 1984; *Jooss,* BayVBl. 1985, 6546; *Neupert,* Regionale Strukturpolitik als Aufgabe der Länder, 1986, S. 91 ff.

— *wachstumspolitische Zielsetzung:* Sie versucht, Wachstumspotentiale entwicklungsfähiger Regionen z. B. durch wirtschaftliche Erschließung strukturschwacher Räume besser zu nutzen.

— *stabilitätspolitische Zielsetzung:* Sie versucht, die Risiken wirtschaftlicher Instabilität und die strukturelle Anfälligkeit einzelnen Regionen durch Förderung des wirtschaftlichen Wandels zu verhindern.

Eine andere Typisierung ist die nach ordnungs-, struktur- und prozeßpolitischen Gesichtspunkten[14]. Im einzelnen umfaßt die wirtschaftliche Entwicklungspolitik u. a. Elemente der Arbeitsmarkt-, der Infrastruktur-, der Ausbildungsförderungs-, der Berufsbildungs-, der Technologie-, der Agrar-, der Städtebau-, der Planungspolitik, der Privatisierungs- und Deregulierungspolitik[15]. Teilweise wird der wirtschaftlichen Entwicklungspolitik entgegengehalten, sie trage neomerkantilistische Züge. Insoweit wird übersehen, daß Wirtschaft in der Bundesrepublik gerade auf dem Gebiet der Länder stattfindet, die deshalb auch das Recht haben müssen, für ihren Wirtschaftsraum zu werben und in Konkurrenz mit anderen Ländern zu treten. Ein gewisses Maß an Wettbewerb zwischen den Ländern ist dem Bundesstaatsprinzip immanent. Allenfalls stellt sich die Frage nach einer besseren Abstimmung oder Kooperation.

Im Interesse der Bundesländer ist die konkurrierende und rahmenausfüllende Gesetzgebungszuständigkeit durch Art. 72 ff. GG beschränkt. Die Länder können insbesondere wirtschaftsverwaltungsrechtliche Gesetze erlassen, sofern der Bund nicht von seinem Gesetzgebungsrecht Gebrauch macht. Für das Wirtschaftsverwaltungsrecht ist ferner bedeutsam, daß der Bund das Gesetzgebungsrecht in diesem Bereich u. a. nur besitzt, soweit ein Bedürfnis zur bundesgesetzlichen Regelung besteht, weil die Wahrung der Rechts-und Wirtschaftseinheit, insbesondere die Wahrung der Einheitlichkeit der Lebensverhältnisse über das Gebiet eines Landes hinaus sie erfordert (Art. 72 Abs. 2 Nr. 3 GG). Insgesamt ist zu beobachten, daß das Leitbild der Einheitlichkeit der Lebensverhältnisse das allgemeine Bewußtsein zur Zeit mehr prägt als der Wert des Föderalismus[16]. Dieser Wert wird aber zu wenig herausgearbeitet[17], obwohl sich dies schon deshalb anböte, weil das Grundgesetz mehrfach auf die Bedürfnisklausel verweist (Art. 72 Abs. 2, 74, 74a, 75, 98 Abs. 3, 105 Abs. 2 GG). Hierzu bemerkte die Enquete-Kommission Verfassungsreform zutreffend, die als Schutz für die Landesgesetzgeber gedachte Bedürfnisklausel habe sich weitgehend als wirkungslos erwiesen, weil das Bundesverfassungsgericht lediglich die äußersten Grenzen einer Überschreitung des politischen Ermessens des Bundesgesetzgebers überprüfe[18]. Mit

---

14 s. *Stober,* Wirtschaftsverwaltungsrecht, 7. Aufl., 1991, § 2 VIII

15 s. *Stober,* Deregulierung im Wirtschaftsverwaltungs- und Umweltrecht, 1990.

16 *Püttner,* Verwaltungslehre, 1982, S. 53.

17 s. etwa *Bleckmann,* JZ 1988, 946 ff.; *Hohmann,* DÖV 1991, 191 ff.

18 Enquete-Kommission Verfassungsreform, Zur Sache 2 / 77, S. 54.

anderen Worten: Es ist aufgrund des vom Bundesverfassungsgericht in Anspruch genommenen „Freibriefs“ kaum ein Fall denkbar, in dem die Gesetzgebungskompetenz des Bundes eingeschränkt werden könne. Die Bedürfnisklausel ist in ihr Gegenteil verkehrt und zum Treibsatz für den unitarischen Trend geworden. Dieses auf Egalität zielende Sozialstaatsdenken, das den Durchbruch zum Bundesstaat im Sinne einer umfassenden Pluralismusgarantie behindert, wird von der herrschenden Meinung gebilligt[19].

„Das Bekenntnis von einem Bundesstaat ist nicht bloß ein Entscheid für einen ganz bestimmten Staatsaufbau, sondern auch eine Aussage für eine bestimmte Form der politischen Ordnung insgesamt und damit auch der Beziehungen zwischen Staat und Bürger.“ Dem Bundesstaat liegt insofern die Idee einer regionalen Demokratie, Rechts-, Kultur-, Wirtschafts- und Versorgungsgemeinschaft zugrunde, die sich darin manifestiert, daß die Länder die Verantwortung für die Daseins- und Zukunftsvorsorge in ihrem Bereich zu tragen haben. Insofern ist das föderative Prinzip zugleich ein Baugesetz, das zahlreiche materiale Ziele verfolgt[20].

Ein rechtsstaatlich ausgerichteter Bundesstaat verlangt zunächst einen wirksamen Rechtsschutz gegen Kompetenzverschiebungen. Wenn unbestritten ist, daß das Grundgesetz mit Art. 72 Abs. 2 GG rechtliche Schranken zum Schutz der Länder vor einer allzu überhandnehmenden bundesgesetzlichen Regelung aufstellen wollte, dann wird dieser Schutz beseitigt, wenn es in das Ermessen des Bundesgesetzgebers gestellt wird, ob er diese Schranken einhält. P. Lerche formuliert diese Erkenntnis so: „Das Bundesverfassungsgericht ist genauso Hüter des Landesbereichs gegenüber Zugriffen des Bundes (und umgekehrt) wie Hüter des Individualbereichs gegenüber Zugriffen des Staates. Hier sollte fortan nicht mehr mit zweierlei Maß gemessen werden[21]. Mit anderen Worten: Die Bedürfnisklausel muß nur ernstgenommen und als justiziabel angesehen werden. Das Bundesverfassungsgericht sollte daher im Interesse der Wahrung des Bundesstaatsprinzips Anlaß nehmen, sich mit der wachsenden Gegenmeinung auseinanderzusetzen, seine Rechtsprechung zu überprüfen und den vernachlässigten Schutz der Landesgesetzgebung in seine Rechtsprechung einbeziehen[22].

Rechtsstaatsprinzip heißt ferner Beachtung des Verhältnismäßigkeitsprinzips auch im Bund-Länder-Verhältnis[23]. Es hat sowohl in der Formulierung des Art. 72 Abs. 2 GG als auch in der Stufung der Zuständigkeitskataloge seinen Nieder-

---

19 Vgl. im einzelnen m. w. N. *Stober,* in: Kremer (Hrsg.), Das Selbstverständnis des Landesparlamentarismus, Bayerischer Landtag, 1987, S. 22 ff.; *Klatt,* VerwArch 82 (1991), 430, 451 f. (m. w. N.).

20 s. *Stern,* in: Überlegungen zur Verfassungsreform, Schriftenreihe der Nds. Zentrale für politische Bildung, Heft 15, 1977, S. 46.

21 *Lerche,* BayVBl. 1958, 231.

22 Vgl. m. w. N. *Stober,* Kompetenzverschiebungen, a. a. O., S. 29 ff.

23 A. M. BVerfG GewArch 1990, 238.

schlag gefunden. Aber auch unabhängig von diesen Konkretisierungen stellt diese abgestufte und differenziert zu handhabende Ausprägung in Verbindung mit der Grundentscheidung für die vertikale Gewaltenteilung eine praktikable Ausübungsschranke für die Wahrnehmung von Bundeskompetenzen dar[24]. Der Bund hat diese Grenze im Gegensatz zur Rechtsprechung erkannt. In dem — von den Ländern nicht akzeptierten — sog. Flurbereinigungsabkommen von 1971 stellte er für die Wirtschaftsförderung immerhin fest, daß der Bund nur für solche Maßnahmen zuständig sei, „die sich auf das Wirtschaftsgebiet des Bundes als Ganzes beziehen und ihrer Art nach nicht durch ein Land allein wirksam wahrgenommen werden können“[25].

Danach ist die Schaffung oder Ausschöpfung einer Bundeskompetenz um so unbedenklicher, je weniger die Länder zur Regelung geeignet sind und je schonender in die Landeskompetenzen eingegriffen wird. Der Bund muß also stets prüfen, ob überhaupt eine Bundeskompetenz geeignet und erforderlich ist und ob nicht eine Voll- oder Teilkompetenz der Länder ausreicht. Die von der Bundesregierung für Rechtsvorschriften des Bundes im Jahre 1984 beschlossenen sog. „blauen Prüffragen“[26] bestätigen die Richtigkeit dieses Ansatzes. Versteht man das Verhältnismäßigkeitsprinzip richtig, dann umschließt die Schranke „nicht erforderlich“ auch den Tatbestand „nicht mehr erforderlich“. Daher ist auch zu untersuchen, ob ein früher bejahtes Bedürfnis für bundeseinheitliche Regelungen fortbesteht oder ob das gesetzte Recht nicht zurückzunehmen ist[27]. Eine Länderkoordination zur Vorbereitung einer weitgehend übereinstimmenden Gesetzgebung („Musterföderalismus“) oder von Staatsverträgen entspricht der bundesstaatlichen Verfassung eher als eine Bundesgesetzgebung. Denn sie wahrt die Eigenstaatlichkeit der Länder besser, ohne daß auf ein Mindestmaß an Einheitlichkeit verzichtet werden muß. Das ist auch die Meinung des Bundesverfassungsgerichts: „Es ist ein für den Bundesstaat entscheidender Unterschied, ob sich die Länder einigen, oder ob der Bund eine Angelegenheit auch gegen den Willen der Länder oder einzelner Länder gesetzgeberisch regeln kann“[28].

Diese Schranke ist auch im Lichte des EG-Binnenmarktes sachgerecht. Wenn die Wirtschaftseinheit künftig europäisch definiert wird, dann kann auch das bedürfnisauslösende Kriterium der einheitlichen Lebensverhältnisse im Bundesgebiet seinen bisherigen Stellenwert nicht länger behaupten[29]. Die sozialstaatliche Dimension bedeutet, daß das Leben in erster Linie in einem Bundesland stattfin-

---

24 s. näher *Stober,* Handbuch, § 12 II 2 b.

25 s. den Abdruck bei *Frowein,* VVDStRL 31 (1972), S. 38 FN 95.

26 s. Unabhängige Kommission für Rechts- und Verwaltungsvereinfachung, Zwischenbericht 1987.

27 *v. Pestalozza,* NJW 1981, 2081.

28 BVerfGE 12, 205, 252; 26, 246, 257.

29 *Scharpf,* in: Regionalisierung des Europäischen Raums, Ein Cappenberger Gespräch, 1989, 7, 28.

det. Es ist deshalb auch dazu berufen, den Sozialstaat auf seinem Territorium zu verwirklichen. Hier kommt das Element der Ver- und Entsorgungsgemeinschaft zum Vorschein, das den Bundesstaaten zur Daseins- und Zukunftsvorsorge und damit zur Schaffung vielfältiger infrastruktureller und darauf aufbauender Einrichtungen verpflichtet und berechtigt, die sich mit Verkehrs-, Energie-, Kultur-, Bildungs- und Wirtschaftsaufgaben befassen.

Aufgrund der aufgezeigten Spruchpraxis kam es in der Vergangenheit zu zahlreichen Kompetenzverlusten der Länder. Ihnen standen jedoch Kompetenzzuwächse aufgrund der Verrechtlichungstendenz und der Ausdehnung der Staatsaufgaben auf den Gebieten der Leistungs-, Planungs- und Förderungsverwaltung, des Umwelt- und Datenschutzes sowie dem Medienrecht gegenüber[30]. Deshalb kann nicht von einer geringen praktischen Bedeutung des wirtschaftsverwaltungsrechtlichen Landesrechts gesprochen werden[31]. Umgekehrt verliert das Gesetz im Sektor der Wirtschaftsverwaltung zunehmend an Bedeutung, während der Gedanke des Verwaltungsvorbehaltes Konturen gewinnt[32]. Er wird flankiert von dem Bemühen, neue insbesondere kooperative Handlungsformen und Steuerungsinstrumente einzusetzen.

Die verfassungsrechtliche Beschreibung des Bund-Länderverhältnisses wäre unvollständig, würde man sie nur isoliert aus der getrennten Aufgabenerledigung erfassen. Stattdessen sind im Verfassungsrecht und in der Verfassungspraxis zahlreiche Verflechtungen festzustellen, ohne die ein hochentwickelter Industriestaat nicht auskommen kann, wenn die Wirtschaft funktionstüchtig bleiben soll. Die ökonomisch wichtigste Form dieses kooperativen Föderalismus ist die Gemeinschaftsaufgabe „Verbesserung" der regionalen Wirtschaftsstruktur. Sie wird von Bund und Ländern gemeinsam wahrgenommen (Art. 91 a GG), um eine Verbesserung der wirtschaftlichen Lebensverhältnisse zu erreichen.

Es ist zu beachten, daß der Bund bei den Gemeinschaftsaufgaben nur mitwirkt. Aus dieser Formulierung folgt, daß der Verfassungsgeber die regionale Wirtschaftspolitik insoweit dem Zuständigkeitsbereich der Länder zuordnet[33]. Durch die Aufzählung der Gemeinschaftsaufgaben wird der Mitwirkungsbereich des Bundes ferner dadurch begrenzt, daß es keine Mitwirkung an nicht genannten Aufgaben gibt. Art. 91 a und b GG entfalten Sperrwirkung gegenüber dem Bund, weil er diese Aufgaben nicht als eigene Bundesangelegenheiten erledigen darf[34]. Da jedes Land der Aufnahme eines Vorhabens in die zur Ausführung der Gemein-

---

30 s. *Stober,* in: (FN 19) a. a. O., S. 15 ff.; *Müller* und *Engelhardt,* BayVBl. 1988,. 289 ff. und 294 ff.

31 Ebenso *Peine,* in: Bunte / Stober (Hrsg.), Lexikon des Rechts der Wirtschaft, Stichwort Bundesstaatsprinzip.

32 BVerfGE 68, 1, 87.

33 Das übersieht *Bleckmann,* JZ 1988, 946 ff.

34 *Goroncy,* DÖV 1970, 109; *Barschel,* Die Staatsqualität der deutschen Länder, 1982, S. 154.

schaftsaufgabe erforderlichen Rahmenplanung zustimmen muß (Art. 19a Abs. 3 GG), bleibt es jeweils dem einzelnen Land überlassen, ob es sich für den Weg der Gemeinschaftsaufgabe entscheidet oder ob es die Aufgabe als eigene Landesangelegenheit durchführt[35]. Stimmt es der Rahmenplanung zu, dann stellt sich die Frage nach der Zulässigkeit von parallelen Landesaktivitäten außerhalb des Planes. Insoweit ist umstritten, ob die Beteiligung an Gemeinschaftsaufgaben für das betroffene Land Sperrwirkung entfaltet. Eine pauschale Antwort ist angesichts der Vielfalt von Förderungsmöglichkeiten und der häufig nicht feststellbaren Wirkungen nicht möglich. Als Grundsatz kann nur gelten, daß parallele Länderprogramme den Zielen der Gemeinschaftsaufgabe nicht zuwiderlaufen und die beabsichtigten Förderungen nicht durchkreuzen dürfen. Im übrigen wird man es den Ländern aus strukturpolitischen Gründen nicht vorn vornherein verwehren können, wenn sie vorrangig Regionen außerhalb der Gebiete der Gemeinschaftsaufgabe etwa durch Sonderprogramme begünstigen und die Förderhöhe deutlich unterhalb der innerhalb der Gemeinschaftsaufgabe liegt[36] Außer bei den von der Verfassung so bezeichneten Gemeinschaftsaufgaben wirken Bund und Länder bei bestimmten Investitionsausgaben im wirtschaftlichen Bereich zusammen. Rechtsgrundlage ist Art. 104a Abs. 4 GG, der die Einflußnahme des Bundes über Dotationen und damit die Fondswirtschaft verfassungsrechtlich kanalisiert[37]. Angesichts der gemeinsamen Finanzierung ist deshalb von unechten Gemeinschaftsaufgaben die Rede[38]. Hier erschöpft sich der Beitrag des Bundes in der Gewährung von Finanzhilfen über eine von den Ländern vorzunehmende Aufgabe zur Abwehr einer Störung des gesamtwirtschaftlichen Gleichgewichts, zum Ausgleich unterschiedlicher Wirtschaftskraft im Bundesgebiet und zur Förderung des wirtschaftlichen Wachstums (z. B. Ausbau der Fernwärme, regionale Erdgasleitungen). In einer bundesstaatlichen Ordnung müssen allerdings Finanzhilfen aus dem Bundeshaushalt an die Länder die Ausnahme bleiben, und die Gewährleistung muß so geregelt sein, daß sie nicht zum Mittel der Einflußnahme auf die Entscheidungsfreiheit der Gliedstaaten bei der Aufgabenerfüllung werden. Aus der Aufzählung der Förderziele folgt, daß die Finanzhilfe kein Instrument der Investitionssteuerung zur Durchsetzung allgemeiner wirtschafts- und strukturpolitischer Ziele des Bundes in den Ländern sein darf[39]. Diese Gefahr besteht jedoch teilweise, wenn der Bund die Dotationen mit Auflagen versieht und auf diese Weise versucht, die Länder „am goldenen Zügel" zu führen[40].

---

35 *Frowein,* VVDStRL 31 (1973), S. 32.

36 Vgl. im einzelnen *Frowein,* VVDStRL 31 (1973), S. 32 ff.; *Neupert,* Regionale Strukturpolitik als Aufgabe der Länder, 1986, S. 251 ff.; *Püttner,* Wirtschaftsverwaltungsrecht, 1989, S. 296 f.

37 s. auch *Carl,* AöR 114 (1989), 450.

38 *Frowein,* VVDStRL 31 (1973), S. 35; *Klatt,* VerwArch 78 (1987), S. 186, 200.

39 BVerfGE 39, 96.

40 Vgl. auch *Pauker,* DÖV 1988, 64 ff.

2. Wirtschaftsverfassungsrechtliche Ausgangslage im Hinblick auf den EG-Vertrag

Da die Bundesländer Teil der Europäischen Gemeinschaft sind, reicht es nicht aus, ihre wirtschaftsrechtliche Rolle lediglich aus dem klassischen Bund-Länderverhältnis zu bestimmen. Die Länder sehen nicht mehr — wie Dürig einmal formulierte — monarchistisch nur auf Bonn als angeblichen föderativen Gegenspieler[41]. Allerdings berücksichtigte der EWG-Vertrag die Länder nicht ausdrücklich. H. P. Ipsen hat dazu seinerzeit zutreffend festgestellt, die EG-Verträge seien von Landesblindheit geschlagen[42]. Deshalb war auch nicht zu erwarten, daß sich die EG-Organe als Hüter des Bundesstaatsprinzips hervortun[43]. Daraus folgt zwangsläufig die Frage nach der Bedeutung der Bundesländer in der EG und der EG-Verträglichkeit landesrechtlicher Entscheidungspolitik.

Die Antwort folgt aus Art. 24 Abs. 1 GG, der den Bund berechtigt, durch Gesetz Hoheitsrechte auf zwischenstaatliche Einrichtungen zu übertragen und insoweit auf eigene Rechtsetzungs-und Verwaltungskompetenzen mit Wirkung für die Länder zu verzichten[44]. Davon hat der Bund mit dem Beitritt zum EWG-Vertrag und der Zustimmung zur Einheitlichen Europäischen Akte Gebrauch gemacht. (Mittlerweile gibt der neue „Europaartikel" — Art. 23 (neu) GG — die Grundlage zur Ratifizierung des Europäischen Unionsvertrages, in welchem ansatzweise föderalen und regionalen Strukturen der Mitgliedstaaten Rechnung getragen wird.) Die Relevanz für die ökonomische Entwicklungspolitik der Länder ergibt sich aus der wirtschaftsverfassungsrechtlichen Struktur des Gründungsvertrages. Er ist einerseits auf freien Warenverkehr, Personenverkehr, Dienstleistungsverkehr und Kapital- sowie Zahlungsverkehr, Wettbewerbsfreiheit und Diskriminierungsverbot und andererseits auf sektorelle Marktordnung sowie ein gesamtwirtschaftliches Gleichgewicht angelegt. Insoweit weist der EWG-Vertrag Übereinstimmung mit dem praktizierten deutschen Wirtschaftsverfassungsrecht auf. Da auch die EG-Organe ihre Zuständigkeiten extensiv nutzen[45], Rechtsverordnungen sowie Richtlinien Bindungswirkung gegenüber Bund und Ländern erzeugen (Art. 189 EGV) und die EG aus keinem rechtlichen Gesichtspunkt verpflichtet ist, föderalen Strukturen Rechnung zu tragen[46], besteht kein Zweifel,

---

[41] Zit. nach *Vitzthum,* AöR 115 (1990), 281, 286 f.

[42] *H. P. Ipsen,* in: FS für Hallstein, 1966, 248, 256.

[43] *Dietlein,* NWVBl 1990, 253, 256.

[44] s. näher *Kewenig,* JZ 1990, 458 ff.

[45] Teilweise ist von einem disziplinlosen und willkürlichen Umgang mit den Komplexnormen die Rede — s. *Ossenbühl,* in: ders. (Hrsg.), Föderalismus und Regionalismus in Europa, 1990, 117,174.

[46] *Rolfes,* Regionale Wirtschaftsförderung und EG-Vertrag, 1991, S. 206 ff.; *Geiger,* in: Kremer (Hrsg.), Die Landesparlamente im Spannungsfeld zwischen europäischer Integration und europäischem Regionalismus, 1982, S. 51, 61 ff.; *Bethge,* in: Kremer (Hrsg.), Die Bundesrepublik Deutschland und das Königreich Spanien 1992 — Die Rolle der Länder und Comunidades Autónomas, 1989, S. 22, 33 ff.; *Vitzthum,* AöR 115 (1990), 281, 287.

daß die wirtschaftliche Eigenstaatlichkeit der Länder in erheblichem Umfange auch durch die EG-Rechtsetzung geschmälert wird[47]. Das gilt insbesondere für das Landwirtschafts-, Berufs-, Bildungs-, Wirtschaftsförderungs-, Gesundheits-, Medien-, Umwelt und Verbraucher- und Vergaberecht[48]. Damit droht gleichzeitig eine Veränderung des ursprünglichen Gleichgewichts staatlicher Funktionen im Verhältnis von und Ländern, weil die Integrationsbereitschaft nicht von der binnenföderalistischen Kompetenzverteilung abhängig gemacht werden soll. Deshalb wurde beim Bundesrat eine Kammer für Vorlagen der Europäischen Gemeinschaft geschaffen[49], die aber nur eine relativ schwache Kompensation[50] für den Kompetenzverlust darstellt.

Die regionalpolitische Komponente ist in Art. 130a ff. EGV verankert. Sie bezweckt, den Abstand zwischen den verschiedenen Regionen zu verringern[51]. Hierzu wurden mehrere Strukturfonds aufgelegt.

III. Aufgaben und Instrumente der wirtschaftlichen Entwicklungspolitik in den Ländern

1. Zur Offenheit und Vielfalt der Wirtschaftsverwaltungsaufgaben

Nachdem der wirtschaftsverfassungsrechtliche Rahmen abgesteckt ist, kann man sich den Aufgaben und Instrumenten der wirtschaftlichen Entwicklungspolitik der Länder zuwenden. Die einzelnen Aufgaben ergeben sich aus verfassungsrechtlichen Normierungen sowie aus den wirtschaftlichen, technischen, sozialen, ökologischen und anderen ständigem Wechsel unterliegenden Bedürfnissen von Wirtschaft und Staat. Wegen der damit angeschnittenen Dynamik und der unterschiedlichen Ansatzmöglichkeiten zur Beeinflussung der Wirtschaft besteht über den Aufgabenkanon und die Abgrenzung kein Konsens. Hierauf kann nicht näher eingegangen werden[52]. Gleichzeitig ist es angesichts der Themenstellung nicht erforderlich, sämtliche Wirtschaftsverwaltungsaufgaben zu erörtern. So können die Aufgaben Wirtschaftsstatistik, Wirtschaftsüberwachung und Wirtschaftslen-

---

47 s. allgemein *Kössinger,* Die Durchführung des Europäischen Gemeinschaftsrechts im Bundesstaat, 1989, S. 60 ff.

48 s. etwa zur Anwendung des EG-Beihilferechts auf die Länder EuGH NJW 1989, 1430 ff.

49 Änderung der GeschO des Bundesrates v. 10.6.1988, BGBl. I, S. 857

50 s. dazu *Streinz,* in: Heckmann / Meßerschmidt (Hrsg.), Gegenwartsfragen des öffentlichen Rechts, 1988, 15, 19; *Merten,* in: Kloepfer u. a., Die Bedeutung der Europäischen Gemeinschaften für das deutsche Recht, 1989, S. 31, 43 ff.; *Geiger,* in: Kremer (Hrsg.), Die Landesparlamente im Spannungsfeld zwischen europäischer Integration und europäischem Regionalismus, 1988, S. 51, 59.

51 s. näher *Oppermann,* Europarecht, 1991, S. 324 ff.

52 s. näher *Stober,* Handbuch, a. a. O., § 46 I und *Klockzin,* Möglichkeiten und Grenzen landesstaatlicher Wirtschaftslenkung, Diss. jur. Münster, 1990, der unter Wirtschaftslenkung auch Wirtschaftsförderung versteht.

kung ausgeklammert werden. Entweder beziehen sie sich nicht unmittelbar auf die wirtschaftliche Entwicklung der Länder oder sie lassen ihnen keinen wirtschaftspolitisch ausschöpfbaren Spielraum. Deshalb beschränken sich die nachfolgenden Ausführungen auf die wirtschaftliche Infrastruktur, die Wirtschaftsplanung, den Umweltschutz, die Wirtschaftsförderung, die Wirtschaftslenkung und die auswärtigen Wirtschaftsbeziehungen.

2. Einzelne Aufgaben und Instrumente

a) Wirtschaftliche Infrastruktur

Grundlage jeder Wirtschaftsverwaltung und damit auch der auf der Landesebene ist die Sorge um den Ausbau und die Weiterentwicklung einer wirtschaftsnahen Infrastruktur. Diese Aufgabe beruht auf der Erkenntnis, daß der Wirtschaftsablauf nur funktionieren kann, wenn die allgemeinen Rahmenbedingungen für wirtschaftliches Handeln gegeben sind und ständig wechselnden Bedürfnissen angepaßt werden. Im Zeitalter der Dienstleistungs-und Informationsgesellschaft sowie des zunehmenden Wettbewerbs der Wirtschaftsregionen gebieten sozialstaatliche Verantwortung, Art. 91a GG sowie Art. 28 Abs. 2 Einigungsvertrag, daß auch die Länder nicht marktgängige lebensnotwendige Güter und Dienstleistungen bereitstellen.

Auf den ersten Blick sind die Instrumente der wirtschaftlichen Landesinfrastruktur vielfältig und kaum abschließend aufzählbar[53]. Erinnert sei nur an die regionale Verkehrserschließung, die Vorhaltung regionaler Entsorgungseinrichtungen sowie die Berücksichtigung sog. weicher Standortfaktoren. Bei näherem Hinsehen stellt sich jedoch heraus, daß viele wirtschaftsrelevante Infrastrukturleistungen hauptsächlich von den Kommunen erbracht werden. Eine Folge davon, daß Wirtschaft vor Ort stattfindet und eine Möglichkeit, die Gemeinden bei der Fortschreibung ihrer Infrastruktur zu unterstützen. Die Länder halten jedoch Bildungs- und Forschungsleistungen vor. Sie beteiligen sich an regional bedeutsamen Flughäfen und Messegesellschaften oder sie engagieren sich in public-private partnerships, Wirtschaftsförderungsgesellschaften, Investitionsbanken und Landesentwicklungsgesellschaften. Daneben zeichnen sie für die wirtschaftsnahe Ausgestaltung und Handhabung von Genehmigungsverfahren verantwortlich. Die Relevanz dieser ökonomischen Rahmenbedingung erkennt man der Standardaussage von Wirtschaftsverbänden und Unternehmen, wonach die Klarheit, Verläßlichkeit und Rechtzeitigkeit der wirtschaftlichen Rahmenbedingungen wichtiger sie als Subventionen.

---

53 s. näher *Stober,* Handbuch, § 47.

b) *Wirtschaftsplanung*

Neben der Infrastruktur steht die Wirtschaftsplanung[54]. Sie bedeutet aktive Wirtschaftsgestaltung und übergreifende planmäßige Ordnung von Wirtschaftsabläufen, um zufälliges unwirtschaftliches Handeln und unerwünschte Entwicklungen auszuschließen. Sie ist begrifflich und ihrer Natur nach zukunftsbezogen und entwicklungsoffen. Schon diese Skizzierung belegt, daß Wirtschaftsplanung eine fundamentale Aufgabe wirtschaftlicher Entwicklungspolitik und damit Entwicklungsplanung ist.

Die Wirtschaftsplanung auf Lebensebene wird sowohl durch die Bundesplanung als auch durch die Kommunalplanung begrenzt. Allerdings vollzieht sich hinsichtlich der Raumordnung der Schwerpunkt der Gesamtplanung auf der Landesebene[55]. Denn die Länder entwickeln mit Hilfe der Landesplanung die im Raumordnungsgesetz niedergelegten Zielsetzungen durch Planungsgesetze, Landesentwicklungsprogramme, Landesentwicklungspläne und Gebietsentwicklungspläne. Konkret auf die wirtschaftliche Dimension gewendet, heißt es beispielsweise in §§ 10, 25 LEPrO NW, daß die Standortvoraussetzungen für eine den Strukturwandel, die Schaffung von Arbeitsplätzen und das wirtschafltiche Wachstum fördernde umweltverträgliche Entwicklung der Erwerbsgrundlagen erhalten, verbessert oder geschaffen werden sollen. Diese und andere Vorschriften eröffnen den Ländern beachtliche Entwicklungspotentiale.

Eine Form der wirtschaftlichen Entwicklungsplanung ist ferner die zur Durchführung der Gemeinschaftsaufgabe „Verbesserung der wirtschaftlichen Infrastruktur“ vorgesehene Rahmenplanung aufgrund des Art. 91 a GG. Sie gibt Auskunft über die im Rahmen der regionalen Wirtschaftsförderung des jeweiligen Landes zu bedienenden Gebiete, Ziele, Maßnahmen und Voraussetzungen (s. § 4 des Gesetzes über die Gemeinschaftsaufgabe Verbesserung der regionalen Wirtschaftsstruktur). Mit Hilfe der Rahmenplanung soll die gewerbliche Entwicklung insbesondere in solchen Gebieten gefördert werden, deren Wirtschaftskraft erheblich unter dem Landesdurchschnitt liegt oder erheblich darunter abzusinken droht oder in denen Wirtschaftszweige vorherrschen, die vom Sturkturwandel in einer Weise betroffen sind, daß negative Auswirkungen auf das Gebiet absehbar sind (§ 25 Abs. 2 LEPrONW).

Wichtigstes Instrument der wirtschaftlichen Entwicklungspolitik auf Landesebene ist die Finanzplanung in Gestalt der Haushaltsplanung. Denn in Verbindung mit dem Prinzip des gesamtwirtschaftlichen Gleichgewichts tritt der Staat aus seiner ökonomisch neutralen Bedarfsdeckungsfunktion heraus und setzt den Haushalt im Sinne einer wirtschaftspolitischen Steuerung als Gestaltungsmittel ein[56]. Der Haushaltsplan ist auch für die Wirtschaftsverwaltung und die Privat-

[54] s. näher *Stober,* Handbuch, a. a. O., § 49.

[55] Ebenso *Vitzthum,* AöR 115 (1980), 280, 287.

[56] *Stober,* Wirtschaftsverwaltungsrecht, 7. Aufl. 1991, § 10 I; BVerfGE 79, 311, 329.

wirtschaft von herausragendem Interesse, weil er prinzipiell die einzige Ermächtigungsgrundlage zur Leistung von Finanzhilfen ist (§ 3 HGrG). Da der traditionelle Haushaltsplan die ihm zugewachsene Gestaltungsfunktion nur eingeschränkt erfüllen konnte, wurde er durch eine fünfjährige Finanzplanung ergänzt, die auf mehrjährigen Investitionsprogrammen aufbaut (Art. 109 Abs. 3 GG, §§ 9 f. StabilitätsG).

Die dargestellten Planungsinstrumente werden durch besondere Finanzplangesetze der Länder sowie Kooperationsformen ergänzt, die etwa auch auf eine Selbstbeschränkung bestimmter Wirtschaftszweige gerichtet sein können.

3. Umweltschutz

Elementare Hauptaufgabe und konservatives Element der Wirtschaftsverwaltung ist heute mehr denn je die Sorge des Staates um den Schutz der natürlichen Lebensgrundlagen. Wenngleich in Rechtswissenschaft, Gesetzgebung und Verwaltungspraxis Wirtschaftsverwaltungs- und Umweltrecht getrennt behandelt werden, ist der sachliche Zusammenhang der Aufgabe unübersehbar. Denn kein Lebensbereich wirkt sich so tiefgreifend und umfassend auf die Natur und die Umwelt aus wie die Wirtschaft[57].

Das ist auch der Grund, weshalb die Europäische Wirtschaftsgemeinschaft zu einer Umweltgemeinschaft erweitert wurde (Art. 130r EWG-Vertrag). Insbesondere für die Länder ist der Schutz der natürlichen Lebensgrundlagen eine Existenzaufgabe, an deren Verbesserung und Weiterentwicklung ein großes Interesse besteht (s. auch Art. 34 Einigungsvertrag). Außerdem ist das Umweltrecht eine typische Querschnittsmaterie, so daß nur eine Integration in das Wirtschaftsverwaltungsrecht ökonomisch und ökologisch vertretbare Lösungen garantiert. Zwar hat der Bund die Regelung der wichtigsten Materien an sich gezogen. Daneben besteht aber noch ein beachtlicher Spielraum für eine eigenständige Entwicklungspolitik auf Landesebene zur Regelung des Abfall-, Wasser-, Abwasser-, Naturschutz- und Immissionsschutzrechts. Insbesondere sei daran erinnert, daß die Länder teilweise ermächtigt sind, durch ökonomisch wirkende Anreizsysteme ökologische Vorsorge zu treffen. Musterbeispiele sind Abgabenlösungen, die nach Schädlichkeit differenzieren (§ 3 AbwAG, §§ 64 ff. WasserG NW) oder die in Abfallgesetzen enthaltene Pflicht, Abfälle getrennt zu halten, wenn dadurch bestimmte Abfallarten verwertet bzw. für sie vorgesehene Entsorgungswege genutzt werden können (§ 2 Abs. 2 AbfG NW). Ferner können die Länder bestimmen, daß bei der Auftragsvergabe der öffentlichen Hand solche Güter und Materialien berücksichtigt werden, die aus Reststoffen oder Abfällen hergestellt oder umweltverträglich sind.

---

[57] s. näher *Stober,* Handbuch, a. a. O, § 51.

4. Wirtschaftsförderung

Im Mittelpunkt der Landesaufgabe Wirtschaftsförderung[58] steht das Bemühen, Unternehmen verschiedenartige Anreize für ein bestimmtes wirtschaftliches Verhalten zu geben. Sie beschränkt sich jedoch keineswegs auf die als Subventionierung gekennzeichnete Gewährung finanzieller oder anderer materieller Hilfen. Wirtschaftsförderung auf Landesebene erfaßt vielmehr auch das weite Feld der Dienstleistungen, das allerdings im Schrifttum wegen der einseitigen monetären Betrachtung des Subventionsrechts zu wenig berücksichtigt wird[59]. Allgemein ist dieser Aufgabensektor einerseits dadurch gekennzeichnet, daß die Wirtschaftsförderung eine Länderdomäne ist, weil der Bund nur wenige Spezialgesetze erlassen hat. Diese Ausgangslage hat dazu geführt, daß es in mehreren Ländern Mittelstandsförderungsgesetze gibt. Andererseits wird insbesondere die regionale Wirtschaftsförderung durch das EG-Beihilferecht determiniert, das sowohl die Gewährung eigener Beihilfen als auch die Überprüfung von Landesförderungen umfaßt (Art. 92 ff. EGV)[60]. In diesem Zusammenhang steht die Frage im Vordergrund, ob und inwieweit eine Landessubvention mit dem Anliegen des Gemeinsamen Marktes vereinbar ist. Die Antwort richtet sich nach dem Beihilfebegriff, der in Art. 92 Abs. 1 EWG-Vertrag konkretisiert wird. Sowohl der Wortlaut „Beihilfen gleich welcher Art“ als auch das Abstellen auf die „Wirkung“ einer Beihilfe[61] sprechen für eine weite Auslegung. Umgekehrt wird nur die Subventionierung bestimmter Unternehmer oder Produktionszweige erwähnt und Art. 93 Abs. 1 EWG-Vertrag sieht nicht vor, daß eine Beihilfe automatisch in seinen Anwendungsbereich fällt[62]. Ferner unterfallen allgemeine Infrastrukturmaßnahmen (s. o. III 2a) nicht diesem Beihilfenbegriff[63]. Im übrigen wurde die Beihilfegewährung an kleinere und mittlere Unternehmen inzwischen durch den weitgehenden Wegfall der Notifizierungspflicht (Art. 92 Abs. 3 EWG-Vertrag) gelokkert[64], so daß der Spielraum der Länder wieder erweitert wurde[65]. Eine wichtige Ausnahme sind ferner die Subventionen, die zur Überwindung der Teilung Deutschlands gewährt wurden (s. auch Art. 92 Abs. 2c).

Ebenso vielfältig wie die Aufgaben und Ziele der Wirtschaftsförderung sind die Instrumente, die die Länder einsetzen. Die meisten Maßnahmen werden in den Mittelstandsförderungsgesetzen und in den Landeshaushaltsordnungen erwähnt. Sie lassen sich grob in unmittelbare und mittelbare Maßnahmen einteilen[66].

---

58 s. *Götz*, Recht der Wirtschaftssubventionen, 1966, S. 309.

59 s. näher *Stober*, Handbuch, a. a. O., § 53.

60 s. näher *Oppermann*, Europarecht, 1991, S. 370 ff.

61 s. EuGH NJW 1989, 1430.

62 EuGH NJW 1989, 1430.

63 s. *Hoischen*, Die Beihilferegelung in Art. 92 EWG-Vertrag, 1989; *Rolfes*, a. a. O., S. 69 ff., 87 ff.; *Bleckmann*, NVwZ 1990, 820, 822.

64 ABl. C 40 v. 20.2.1990, S. 2.

65 s. auch *Borchmann*, DÖV 1988, 623, 630.

Während die unmittelbaren Maßnahmen Anreize geben, die sofort günstig auf die Vermögenslage von Unternehmen wirken, wird unter mittelbaren Maßnahmen sie Satzung wirtschaftsfördernder Rahmenbedingungen verstanden. Insoweit kann es zu Überschneidungen mit der Aufgabe wirtschaftliche Infrastruktur kommen. Die regionale, sektorale, betriebs- oder projektbezogene unmittelbare Wirtschaftsförderung findet in zwei Grundformen statt: durch die Gewährung öffentlicher Leistungen (sog. Leistungssubventionen) und durch die Verschonung von zu erbringenden Leistungen (sog. Verschonungssubventionen). Die Wirtschaftsförderung durch Leistungsgewährung erstreckt sich auf verlorene Zuschüsse, Prämien, zinsgünstige Darlehen, Bürgschaften, Garantien, Naturalsubventionen, Bevorzugungen bei der öffentlichen Auftragsvergabe[67]. Hinsichtlich des zuletzt genannten Mittels ist zu bemerken, daß eine Bevorzugung wegen ihrer wettbewerbsverzerrenden Wirkung jedenfalls gegen die Richtlinien verstößt, welche die EG inzwischen zur Öffnung der öffentlichen Beschaffungsermächtigung erlassen hat[68]. Die Wirtschaftsförderung durch Leistungsverschonung betrifft Steuer-, Beitrags-und Gebührenverzichte. Soweit sie nicht ausdrücklich gesetzlich geregelt sind, ist unklar, ob und inwieweit eine wirtschaftliche Entwicklungspolitik über Abgaben erfolgen darf. Wegen des Grundsatzes der Gleichmäßigkeit der Steuererhebung ist insbesondere umstritten, ob allgemeine Erlaß- und Billigkeitsvorschriften (z. B. § 227 AO) für Zwecke der Wirtschaftsförderung herangezogen werden dürfen[69]. Von den materiellen Hilfen sind die Dienstleistungen zu unterscheiden, die angesichts des Subventionsdschungels der Fördervielfalt, der Kompliziertheit der Verwaltungsverfahren und der zahlreichen Träger von Wirtschaftsförderung dringend notwendig sind. Denn das Vorhandensein von Fördermittel nutzt wenig, wenn es an den entsprechenden Informationen fehlt, denen eine Schlüsselrolle zukommt. In der jüngeren Vergangenheit wurden hier zahlreiche Aktivitäten entwickelt (z. B. Existenzgründungs-, Betriebs-, Außenhandels-, Technologie-, Messe-, öffentliche Auftragsberatung usw.).

5. Auswärtige Wirtschaftspolitik

Unklar ist, ob und in welchem Umfange die Bundesländer Wirtschaftsbeziehungen zu ausländischen Staaten und Regionen unterhalten und eigene Außenwirtschaftsförderung betreiben können[70]. Art. 32 GG, der nicht isoliert betrachtet werden darf, gibt zu dieser Frage nur unzureichend Auskunft[71]. Da nach dieser

---

66 s. näher *Stober*, Handbuch, a. a. O., § 53 IV.

67 s. näher *Stober*, Wirtschaftsverwaltungsrecht, 7. Aufl., 1991, § 31 II.

68 s. näher *Stober*, Einführung Textausgabe, Öffentliches Auftragswesen, 1991.

69 s. näher *Stober*, in: Ehlers (Hrsg.), Kommunale Wirtschaftsförderung, 1990, 241, 251 ff.

70 Unbefriedigend in diesem Sinne *Vitzthum*, AöR 115 (1990), 280, 295 ff., der sich im wesentlichen auf die Wiedergabe des Befundes beschränkt.

Vorschrift der Pflege der auswärtigen Angelegenheiten zur Sache des Bundes erklärt wurde, müssen die Länder jedoch im Zweifelsfalle ihre Zuständigkeit nachweisen. Maßgeblicher Anknüpfungspunkt ist die Gesetzgebungszuständigkeit. Danach ist nach der geltenden Rechtslage grundsätzlich der Bund für die Vertretung deutscher Wirtschaftsinteressen im Ausland zuständig. Aufgrund des sog. Lindauer Abkommens[72] wird dem Bund selbst eine Abschlußkompetenz für Sachbereiche der ausschließlichen Gesetzgebungszuständigkeiten der Länder zugestanden. Für den Abschluß von Verwaltungsabkommen reicht die Verwaltungskompetenz aus.

Diese Verfassungssituation schließt eine wirtschaftlich motivierte Auslandstätigkeit der Länder nicht aus. Das gilt zum einen für überregionale Wirtschaftskontakte mit Nachbarländern[73]. Erinnert sei etwa an die Arbeitsgemeinschaft Alpenländer[74]. Zum anderen dürfte auch eine regionale Wirtschaftsförderung im Ausland statthaft sein. Man denke nur an die Wirtschaftsförderung durch Dienstleistung in Form von Beratungen oder organisatorischen Unterstützungen bei Auslandsmessen, bei denen ein Bundesland seinen Wirtschaftsraum und spezifische Landesprodukte präsentieren will[75]. Teilweise wird allerdings behauptet, derartige Eigenwerbung im Ausland sei neomerkantilistisch und für Selbstverständnis sowie Darstellung der Wirtschaft als Ganzes schädlich. Diese Kritik übersieht, daß der Bund in dem sog. Entwurf eines Flurbereinungsabkommens nur solche Maßnahmen der Wirtschaftsförderung für sich reklamiert, die ihrer Art nach nicht durch ein Land allein wirksam wahrgenommen werden können[76]. Ob die Landeskompetenz auch die Einrichtung eigener Auslands-Wirtschafts-Repräsentanten in Gestalt von Kontakt-Büros deckt, ist zweifelhaft, aber im Hinblick auf die wirtschaftspolitische Eigenstaatlichkeit und ihre Entwicklungsbedürftigkeit zu bejahen. In der Wirtschaftsministerkonferenz besteht zwischen Bund und Ländern Konsens darüber, die Gründung von Auslandsrepräsentanzen weiterzuverfolgen, die gleiche oder ähnliche Dienstleistungen erbringen wie die bestehende außenwirtschaftliche Informations- und Beratungsstruktur.

Zusammengenommen hängt es also von der wirtschaftspolitischen Phantasie und der Individualität der Länder ab, inwieweit sie die vorhandenen Gestaltungsräume ausschöpfen und ein eigenes wirtschaftliches Profil verfolgen.

---

71 s. hierzu näher *U. Fastenrath,* Kompetenzverteilung im Bereich der auswärtigen Gewalt, 1986.

72 Abgedruckt in: Schlußbericht der Enquete-Kommission für Verfassungsreform, BT-Ds. 7 / 5924, S. 236.

73 s. *Stern,* Staatsrecht I, 2. Aufl., § 19 III 3.

74 *Fastenrath,* a. a. O., S. 132, 140 ff.; 194 ff.

75 *Fastenrath,* a. a. O., S. 187 f.

76 s. dazu Abdruck bei *Frowein,* VVDStRL 31 (1972), S. 38 FN 95.

IV. Zur Funktionstauglichkeit wirtschaftlicher Entwicklungspolitik in den Ländern

1. Zur Funktionstauglichkeit des Bundesstaatsprinzips

Dieses rechtliche Ergebnis beruht natürlich auf der Aussage, daß es zweckmäßig und ökonomisch vertretbar ist, den Bundesländern eine eigenständige wirtschaftliche Entscheidungspolitik zuzubilligen. Diese Thesc ist an der politischen und ökonomischen Theorie des Föderalismus zu messen, deren Denkansätze hier nicht sämtlich ausgebreitet werden können[77]. Ihr Hauptanliegen ist die Herstellung und Aufrechterhaltung der Funktionsfähigkeit bzw. die Optimierung des Gesamtsystems. Zu diesem Zweck wird gefragt, ob sich die Vorteile einer föderalen Verfassung gegenüber einer zentralistischen ökonomisch begründen lassen und nach welchen Maßstäben die Aufgabenerledigung zu verteilen sei[78] So hebt die politökonomische Theorie des Föderalismus hervor, daß sie den unterschiedlichen individuellen Präferenzen der Gesellschaftsmitglieder besser Rechnung trage als die schematische Gleichbehandlung im Einheitsstaat. Die Aufteilung des Staatsverbandes in eine größere Zahl relativ selbständiger Subsysteme ermögliche eine jeweils auf die Präferenzen der Bürger dieser Subsysteme zugeschnittene gleichsam „maßgeschneiderte" Politik[79]. Die Zusammenhänge zwischen Nutzen und Kosten, Empfängern von Leistungen und Abgabepflichten können bei dezentralisierten Einheiten überschaubarer und kalkulierbarer gemacht werden[80]. An Höchstmaß an verantwortlicher Mitbestimmung könne dem Entstehen sog. externer Effekte entgegenwirken, da nur bei Berücksichtigung aller Kosten und Nutzen rational gehandelt werden könne. Deshalb sei die Internalisierung externer Effekte und die Akzeptanz staatlicher Entscheidungen am besten gewährleistet, wenn die einzelnen Ebenen jeweils die Aktivitäten erfüllten, die mit ihren Bewohnern deckungsgleich seien[81]. Gleichzeitig wird betont, daß nur eine den Subsystemen beträchtlichen Spielraum lassende staatliche Ordnung die Stabilität und Weiterentwicklung des Gesamtsystems sicherstellen könne[82]. Insoweit verweisen die Verfechter des ökonomischen Föderalismus auf die prinzipielle Funktionsunfähigkeit der Zentralverwaltungswirtschaften. Der föderale Staatsaufbau begünstige eine polyzentrische wirtschaftliche Entwicklung und lasse gravierende Disparitä-

---

77 s. dazu *E. Thöni,* Politökonomische Theorie des Föderalismus, 1986.

78 s. *K.-H. Hansmeyer,* in: Probleme des Föderalismus, 1985, S. 107.

79 *Kisker,* in: Probleme des Föderalismus, 1985, S. 27 f.; *Vitzthum,* VVDStRL 46 (1988), S. 7, 46 f.; *Voß,* Regionen und Regionalismus im Recht der Mitgliedstaaten der EG, 1989; *Ossenbühl,* in: ders., a. a. O., S. 160 ff.

80 *Zippelius,* Allgemeine Staatslehre, 8. Aufl., § 38.

81 *Scharpf,* in: Regionalisierung des europäischen Raums, 24. Cappenberger Gespräch, 1989, S. 7 ff.; *Mayntz,* AöR 115 (1990), S. 232 ff.; 239.

82 s. auch BR-Ds. 279 / 89 ZRP 1990, 168; Entschließung der Teilnehmer der Konferenz Europa der Regionen v. 18. / 19. 10. 1989 und vom 24. / 25. 4. 1990, abgedruckt bei *Borchmann,* DÖV 1990, 879 ff.; s. auch *ders.,* VR 1991, 160 ff.

ten zwischen Zentrum und Peripherie nicht entstehen. Deshalb trage die wirtschaftliche Regionalpolitik insgesamt dazu bei, das interregionale Wohlstandsgefälle zu verringern[83].

Die ökonomischen Aspekte sind für die Entfaltung des Bundesstaates auch deshalb von großem Gewicht, weil es dem Grundgesetz primär um die Funktionsfähigkeit dieses Strukturprinzips geht[84]. Deshalb verwundert es nicht, daß sich die Staatsrechtslehre diesen Überlegungen für den Bereich Wirtschaftspolitik anschließt. So wird vertreten, die in den Vordergrund tretenden Aufgaben der Verbesserung der wirtschaftlichen Infrastruktur seien besser in einem dezentral ausdifferenzierten System zu lösen[85]. Auch das Bundesverfassungsgericht ist dieser Auffassung, wenn es auf „Richtigkeits"- bzw. „Vermutungs"-Theorien zurückgreift. Danach zielt die im Grundgesetz normierte organisatorische und funktionelle Gewaltenteilung auch darauf ab, daß staatliche Entscheidungen möglichst richtig, d. h. von den Organen getroffen werden, die dafür nach ihrer Organisation, Zusammensetzung, Funktion und Verfahrensweise über die besten Voraussetzungen verfügten, und sie will auf eine Mäßigung der Staatsgewalt insgesamt hinwirken[86]. Und in einem Beschluß zum kommunalen Selbstverwaltungsrecht hat das Gericht dieses Argument mit der verallgemeinerungsfähigen Begründung ergänzt, die Vermutung spreche dafür, daß die örtliche Verwaltungsebene die voraussehbaren Bedürfnisse der Gemeinden und die bestehende Struktur in aller Regel besser kenne und daher sachgerechter planen könnten, als dies ortsfernere kommunale und staatliche Institutionen vermöchten[87]. Diese verfassungspolitischen Ansätze werden durch eine Reihe von Staatsprinzipien unterstützt, die mehr als bisher zur Geltung gebracht werden müssen. In erster Linie ist an das Art. 30 GG für die Aufgabenverteilung zwischen Bund und Länder maßgebliche Subsidiaritätsprinzip zu erinnern, das den Wettbewerb zwischen den Ländern und damit auch in einem bestimmten Umfange wirtschaftliche Vielfalt will, die der Bund respektieren muß. Aus diesem Blickwinkel ist es konsequent, wenn im Hinblick auf die Europäische Wirtschafts- und Währungsunion — etwa in Art. 3a EWG-Vertrag[88] -eine vertragliche Festschreibung des Subsidiaritätsprinzips verlangt wird, mit dessen Hilfe die regionale Ebene als Bereich für die Gestaltung der vielfältigne und differenzierten Lebensbedingungen der Bürger Eingang in die Gemeinschaftsverfassung finden soll[89]. Mit der Stärkung durch diese Klugheitsregel im Sinne der Staatsrechtslehre[90] könnte

---

83 Vgl. Sachverständigenrat, Jahresgutachten 1984 / 85, Rdnr. 410 ff.

84 *Stern,* Staatsrecht I, § 19 I 2; *Kewenig,* JZ 1990, 458, 462.

85 *Hesse,* Grundzüge des Verfassungrechts, 16. Aufl., § 7 I 2.

86 BVerfGE 68, 1, 86.

87 BVerfGE 77, 78, 300.

88 EuZW 1991, 167.

89 BR-Ds 279 / 89 und BR-Ds 780 / 90; ZRP 1990, 168 sowie jüngst *Schelter,* EuZW 1990, 217 ff.; *Knemeyer,* DVBl. 1990, 449 ff.; *Heintzen,* JZ 1991, 317 ff.; *Blanke,* ZG 1991, 133 ff.

wirksam der Gefahr begegnet werden, der Kompetenzföderalismus entwickle sich unaufhaltsam zum Beteiligungsföderalismus[91]. Hinzu kommt die demokratische Dimension des Bundesstaates, der von unten nach oben aufgebaut ist. Diese Gewaltenteilung verlangt, daß den Ländern ein bestimmter Mindestbestand an ökonomisch selbständig zu erledigenden Aufgaben verbleibt[92]. Schließlich ist bei der Aufgabenaufteilung der Verhältnismäßigkeitsgrundsatz fruchtbar zu machen. In diesem Sinne ist es folgerichtig, wenn die Bundesländer am Sitz der europäischen Gemeinschaften präsent sind[93] und wenn sie die von der Enquete-Kommission Verfassungsreform im Jahre 1976 vorgeschlagenen Verankerung der Zustimmungsbedürftigkeit bei der Übertragung von Landeshoheitsrechten verlangen.

Eine ganz andere Frage ist, ob die im Prinzip bewährte bundesstaatliche Struktur auch ein zukunftstaugliches Modell für die Entfaltung wirtschaftlicher Entwicklungspolitik ist. Die bundesstaatliche Ordnung orientiert sich an mehr oder weniger zufällig bestehenden Staats- und Verwaltungsgrenzen und damit am Trennsystem. Reicht dieses überkommene Denken insbesondere im ökonomischen Sektor noch aus? Zweifel sind schon deshalb anzumelden, weil die grundgesetzlich verankerte Aufgabe „Förderung der regionalen Wirtschaftsstruktur" nach Wirtschaftsräumen differenziert und der Neugliederungsartikel 29 GG u. a. auf die wirtschaftliche Zweckmäßigkeit abstellt. Im Raumordnungsgesetz[94] heißt es u. a., daß die Leistungskraft der Grenzregionen des im Einigungsvertrag genannten Gebietes zu stärken ist. Ferner betont § 5 des NW Gesetzes über die Landesentwicklungsprogramme, daß die wirtschaftlichen Verflechtungen zu berücksichtigen sind. Daneben existieren zahlreiche regionale Initiativen im Bundesgebiet und im Grenzgebiet stellt sich zunehmend das Bedürfnis nach grenzüberschreitender Zusammenarbeit[95]. Die Schichttorte wird, um ein gängiges Bild zu bemühen, zunehmend vom Marmorkuchen verdrängt.

Diese bisherigen Reaktionen der Wirtschaftspolitik auf die tatsächliche Veränderung der ökonomischen Verhältnisse erhalten durch die Entschließung des Europäischen Parlaments zur „Regionalpolitik der Gemeinschaft und Rolle der Regionen" vom 18.11.1988[96] einen zusätzlichen Schub. Denn sie begreift die

[90] *Link,* VVDStRL 48 (1990), S. 7, 26.

[91] So aber *Ossenbühl,* in: ders., a. a. O., S. 148.

[92] s. allgemein auch *Kewenig,* JZ 1988, 458, 461.

[93] s. auch *Borchmann,* NVwZ 1988, 218 ff.; *Strohmeier,* DÖV 1988, 633 ff.; *Fastenrath,* DÖV 1990, 129 ff.; *Bleckmann,* Europarecht, 5. Aufl., 1990, S. 367 f.

[94] i. d. F. v. 24.6.1991, BGBl. I 1991, S. 1322, 1236.

[95] s. auch *M. Müller,* Wirtschaftsverwaltung im grenzüberschreitenden Raum, 1988; *Damkowski,* NVwZ 1988, 297 ff.; *Leidinger,* Eildienst LKT NW 1989, 353, 366 ff.; *L. Späth,* Regionalisierung des europäischen Raums, Ein Cappenberger Gespräch, 1989, S. 1 ff.; *W. Schäuble,* in: Ossenbühl (Hrsg.), Föderalismus und Regionalismus in Europa, 1990,S. 11 ff.; Entschließung der Teilnehmer der Konferenz „Europa der Regionen" v. 18./19.10.1989, abgedruckt bei *Borchmann,* DÖV 1990,879 ff.

[96] v. 18.11.1988.

Region als Strukturelement einer Europäischen Verfassungsordnung[97]. Dabei steht u. a. die Forderung im Vordergrund, daß die Regionen über ausreichende Befugnisse für die Förderung und Ausrichtung der regionalen Wirtschaftsentwicklung verfügen sollen[98].

Diese nur beispielhaft aufgeführten Gesichtspunkte verdeutlichen, daß die wirtschaftliche Entwicklungspolitik der Länder neu bestimmt und unter Berücksichtigung wirtschaftsraumgebundener Lebenszusammenhänge beurteilt werden muß. Da das Regionalprinzip auf partielle Gemeinsamkeiten abstellt, steht die Notwendigkeit der Verflechtung infrastruktureller und anderer ökonomischer und damit sachbezogener Erfordernisse im Mittelpunkt[99], während traditionelle Staatsgrenzen an Gewicht verlieren. Dieses Konzept liegt auch der EG-Regionalpolitik zugrunde, ohne daß es sich hierauf beschränken muß. Ergänzend wird es darauf ankommen, daß die einzelnen Bundesländer künftig vermehrt auf dem wirtschaftspolitischen Sektor kooperativen Föderalismus praktizieren. Es wird allerdings bezweifelt, ob das Modell der sog. interregionalen Zusammenarbeit ein tragfähige Alternative zur Neugliederung darstellt, die von der Bundesregierung präferiert wird[100].

2. Zur Funktionstauglichkeit der Wirtschaftsförderung durch Subventionierung

Die Verortung wirtschaftsrelevanter Aufgaben als Landesangelegenheit sagt nichts über die Funktionstauglichkeit einzelner Aufgaben aus. Insoweit steht vor allem die Wirtschaftsförderung durch Subventionierung im Kreuzfeuer ökonomischer Kritik. Sie gipfelt in der Forderung nach Deregulierung durch Subventionsabbau, die vor allem mit folgenden Argumenten begründet wird:[101]

— die staatliche Wirtschaftsförderung lähme den Leistungswillen und die eigenverantwortliche Innovationsfähigkeit des Wirtschaftsunternehmers. Sie führe zu Abhängigkeit vom Subventionsgeber und zu sachfremden bzw. ungewollten Investitionen.

— die staatliche Wirtschaftsförderung greife in das marktwirtschaftliche Wettbewerbssystem ein, das an sich von der Wettbewerbsneutralität des Staats ausgehe. Die Begünstigung einzelner verschiebe die Wettbewerbsposition, erschwere den marktwirtschaftlichen Auslegeprozeß und verzögere die Anpassung der Wirtschaftsstruktur an den Markt.

---

97 s. auch *Thürer,* VVDStRL 50 (1991), 97, 133.

98 Vgl. auch *Haneklaus,* DVBl. 1991, 295 ff., der aber die Staatsgrenzenproblematik nicht behandelt, obwohl er sich der „funktionsgerechten Regionalisierung" widmet.

99 s. auch *Isensee,* AöR 115 (1990), 227 f.; *Vitzthum,* AöR 115 (1990), 280,300 ff.

100 s. *Klatt,* VerwArch 82 (1991), 430, 450.

101 s. näher *Stober,* Handbuch, a. a. O., § 53 III; *Joos,* BayVBl. 1985, 615 ff.; *Dikkertmann,* WiSt 1990, 478.

— die staatliche Wirtschaftsförderung belaste die öffentlichen Haushalte insbesondere in einer Zeit hoher Defizit und stehe nicht immer im Einklang mit den Grundsätzen der Sparsamkeit und des Schenkungsverbotes.

— die staatliche Wirtschaftsförderung sei ineffizient, weil die verfolgten Ziele nicht erreicht würden. Teilweise sei der Subventionsaufwand zu hoch und teilweise bestünden hohe Mitnahmeeffekte, weil das angestrebte Verhalten auch ohne Subventionierung eingetreten wäre [102].

Die danach notwendige Daueraufgabe Subventionsabbau kommt nur schleppend voran. Immerhin wurden insoweit Erfolge erzielt, daß das Investitionszulagengesetz inzwischen aufgehoben wurde [103]. Im Interesse der Einheitlichkeit der Lebensverhältnisse ist es jedoch vorübergehend sachgerecht, wenn die neuen Bundesländer eigene Förderprogramme vorsehen.

3. Funktionstauglichkeit einzelner Instrumente

a) Wirtschaftsfreundliche Genehmigungsverfahren

Von der generellen Aufgabenkritik sind die Bedenken zu unterscheiden, die sich gegen bestimmte Instrumente richten. Sie können hier nur exemplarisch gestreift werden. Dabei ist die Schwierigkeit zu berücksichtigen, daß nur partiell rechtstatsächliche oder wirtschaftswissenschaftliche Untersuchungen vorliegen und sich häufig wissenschaftlich nicht eindeutig die Funktionstauglichkeit klären läßt [104].

Hinsichtlich der Entwicklungaufgabe wirtschaftliche Infrastruktur bereitet nach wie vor die Ausgestaltung und Handhabung staatlicher Genehmigungsverfahren Probleme. In Wirtschaftskreisen werden sie vielfach als bedeutsames Investitionshemmnis und als zentraler Faktor für Standortentscheidungen bezeichnet. Deshalb hat sich auch der EG-Rat dieser Problematik angenommen und eine Empfehlung zur Verwaltungsvereinfachung verabschiedet [105]. Schon die verfahrensrechtliche Wirkung der materiellen Wirtschaftsgrundrechte verlangt aber eine wirtschaftsfreundliche Normierung und Durchführung der Genehmigungsverfahren. Davon sind die Länder noch weit entfernt. Vor allem wird beklagt, die Genehmigungserteilung dauere zu lange und werde durch überzogene bürokratische Anforderungen verzögert [106]. Insoweit werden unterschiedliche Mo-

---

[102] s. auch *Dickertmann / Diller,* WiSt 1989, 166, 594 ff.

[103] BGBl. 1988 I, S. 1093, Art. 6.

[104] s. auch *Püttner,* Wirtschaftsverwaltungsrecht, 1989, S. 298; *Asmacher,* Regionale Strukturpolitik der Bundesrepublik Deutschland: Wirkungskreise und zielkonforme Gestaltung, 1989; *Grossekettler,* in: Ehlers (Hrsg.), Kommunale Wirtschaftsförderung 1990, 71, 94; *Froch / Gusy,* VerwArch 1990, 512 ff.

[105] Abgedruckt in WUR 1990, 59 ff.

delle diskutiert, die aber bislang nur rudimentär umgesetzt sind[107]. Ein Vorschlag ist das Fristenmodell. Danach ist innerhalb einer bestimmten Frist eine Entscheidung zu treffen. Oder ein Vorhaben gilt als genehmigt, wenn nicht innerhalb einer bestimmten Frist entschieden wird. Insoweit komm der Gedanke zum Ausdruck, daß jeder Antragsteller einen grundgesetzlich abgesicherten Anspruch auf eine Entscheidung in angemessener Frist besitzt. Beschleunigungsmöglichkeiten eröffnet ferner diese Genehmigungskonzentration oder das Sternverfahren, wonach alle zuständigen Behörden den Antrag gleichzeitig bearbeiten[108].

Solange jedoch Wirtschaft und Wirtschaftsverwaltung nicht im gleichen Rhythmus arbeiten[109] und solange sich bürokratisches Verhalten mehr lohnt als ein Verhalten, das an ein Dienstleistungsunternehmen erinnert, wird auch die Genehmigungspraxis bürokratisch bleiben[110].

b) Regionalisierung der Regionalpolitik

Hinsichtlich der Gemeinschaftsaufgaben wird mobiert, die erhoffte Effektivität und Flexibilität sei nicht erreicht worden[111]. Sie führten zu einer unrationellen Mischverwaltung und Mischfinanzierung. Dadurch werde die Aufgaben- und Finanzverantwortung von Bund und Ländern verwischt. Das staatliche Handeln und die Zuordnung der politischen Verantwortung werde für den Bürger unüberschaubar. Der Bund habe zu viele Einflußmöglichkeiten auf die Ausführung der Rahmenplanung. Die Bundesbeteiligung führe zu einer Vereinheitlichung, die zu wenig die regionalspezifischen Bedürfnisse berücksichtige. Die Parlamente würden durch die Planungen weitgehend gebunden, ohne hinreichend am Planungsprozeß beteiligt zu sein. Insbesondere werde die Entscheidungshoheit der Länder durch Dotationsauflagen und den Zwang zur Aufbringung von Komplementärmitteln eingeschränkt. Die Integration der Aufgabenplanung werde gehemmt. Die Verwaltung werde unnötig erschwert und aufgebläht; das Planungsinstrumentarium sei zu unrational und schwerfällig[112]. Unter dem Eindruck veränderter Wachstums- und Beschäftigungsbedingungen wird vielfach jedenfalls eine Neuorientierung der Gemeinschaftsaufgabe „Verbesserung der regionalen Wirt-

---

106 s. *Crone-Erdmann,* in: Stober (Hrsg.), Deregulierung im Wirtschafts- und Umweltrecht, 1990, S. 47 ff.; *Busch,* Staatliche Genehmigungsverfahren als Investitionshemmnis?, 1990; *Pitschas,* DVBl. 1991, 460; *Broß,* DVBl. 1991, 177 ff.

107 s. etwa die Empfehlungen der Unabhängigen Kommission für Rechts- und Verwaltungsvereinfachung beim Bundesminister des Innern, auszugsweise abgedruckt in: WUR 1991, 179 f.

108 s. zum Diskussionsstand *Stober* (Hrsg.), Deregulierung im Wirtschafts- und Umweltrecht, 1990, S. 1 ff.

109 s. *Bullinger,* JZ 1991, 53 ff.

110 s. *Grossekettler,* in: Stober, Deregulierung, a. a. O., S. 27, 30.

111 *Thieme,* BayVBl. 1978, 353.

112 s. näher *Stober,* Handbuch, a. a. O., § 12 III 2 m. w. N.; *R. Schmidt* (Hrsg.), Aktuelle Fragen der regionalen Strukturpolitik, 1989.

schaftsstruktur"[113] bzw. unter dem Stichwort Regionalisierung der Regionalpolitik die Verlagerung von Kompetenzen auf die Regionen gefordert. Eine derartige Aufgabenzuweisung führe zu einer größtmöglichen Deckung von Einflußbereich und Verantwortungsbereich, von Ausgabenbefugnis und finanzieller Verantwortlichkeit. Auf diese Weise rücke die Politikgestaltung näher an die Probleme heran, regionalspezifische Engpaßfaktoren könnten eher und präziser ausgemacht werden und auf neue Entwicklungen und Erfahrungen könnte flexibler reagiert werden. Hierzu werden ausreichend Anreize für die regionalen Instanzen gefordert, um sich etwa durch besonders wirksame Ideen der Wirtschaftsförderung einen Wettbewerbsvorsprung zu verschaffen[114]

c) Mehr Differenzierung bei der Auftragsvergabe

Teilweise wird die Funktionstauglichkeit landesrechtlicher Instrumente auch durch EG-Vorgaben beeinflußt. Musterbeispiel sind die detaillierten und pauschalen Vorschriften zur öffentlichen Auftragsvergabe. Dabei geht es weniger um den Verwaltungsaufwand, der durch Formalisierung Begründungszwang, Auskunftsrechte und EG-weite Beteiligung zunimmt, so daß zusätzliche Verwaltungskosten und Verzögerungen eintreten[115]. Viel gravierender ist jedoch der Widerspruch zur allgemeinen EG-Wirtschaftspolitik, weil regionale Interessen ignoriert werden. So ist eine europaweite Ausschreibung von Bauaufträgen kaum effektiv, weil die Bauwirtschaft vorwiegend stationär tätig ist und sich daher allenfalls bei Ausschreibungen in Grenzregionen beteiligen wird. Im übrigen sollte sich nach den Vorstellungen der EG-Organe vor allem der Mittelstand am Auftragsmarkt beteiligen. Das ist angesichts des Informations-, Sprach-, Fristen-, Form- und Personalproblems mehr als fraglich. Insbesondere wird eine verstärkte Teilnahme erst funktionieren, wenn Betriebe, EG-Berater, Kammern und andere Institutionen aufgrund von betrieblichen Informationsprofilen täglich die Datenbanken selektiv abfragen oder die einschlägigen Ausschreibungstexte den interessierten Unternehmen zusenden.

d) Mehr Differenzierung bei den Beihilfen

Ähnliche Probleme wird das von der Kommission konstruierte weitreichende gemeinschaftsrechtliche Beihilfeverbot für die Bundesländer auf, weil die unterschiedlichen Wettbewerbsinteressen zu einem Zielkonflikt führen. Aufgrund der Beihilfekompetenzzentralisierung sind die Bundesländer auf ein standardisiertes Vorgehen verpflichtet. Zulässigkeitsmaßstab sind die „Koordinierungsgrundsätze

---

[113] s. *Ewrigmann / Freund u. a.:* Die Gemeinschaftsaufgabe „Verbesserung der regionalen Wirtschaftsstruktur" unter veränderten Rahmenbedingungen, 1986.

[114] Sachenverständigenrat, Jahresgutachten 1984 / 85 Rdnr. 413 ff.; Jahresgutachten 1988 / 89, BT-Ds 11 / 347 f., Ziffer 420 ff.; Jahresgutachten 1990 / 91 Bt-Ds 11 / 8472, S. 213; *Leidinger,* Eildienst LKT NW 1989, 363, 366; *Rüter,* WiSt 1988, 94.

[115] s. näher *Stober,* in: Hoppe / Schink (Hrsg.), Kommunale Selbverwaltung und europäische Integration, 1990, S. 116 ff.; *I. Seidel,* WUR 1990, 155 ff.

betreffend die allgemeinen Beihilferegelungen mit regionaler Zielsetzung"[116]. Sie enthalten Förderungshöchstsätze sowie geographische und quantitative Vorgaben. Die maßgeblichen Schwellenwerte richten sich nach der strukturellen Arbeitslosigkeit und dem Bruttoinlandsprodukt. Diese Praxis ist zu einseitig auf den EG-Wettbewerbsgedanken fixiert und sie übersieht, daß die Kommission nicht Herrin, sondern nur Hüterin der Beihilfegewährung ist[117]. Sie vernachlässigt Kriterien wie Förderungsintensität, Art der Förderung und Adressatenkreis[118]. Deshalb wird teilweise propagiert, das Beihilfeverbot dadurch zu umschiffen, daß Beihilfen an alle Unternehmen bzw. Produktionszweige gewährt werden[119]. Dieser Ansatz ist schon wegen der beschriebenen Nachteile abzulehnen, die mit einer allgemeinen Subventionierung verbunden sind. Ferner wird vorgeschlagen, die Förderung auf Regeln für einen innovationsorientierten Wettbewerb der Standorte in Form von Ausweis- und Verantwortungspflichten für Förderungsfonds umzustellen[120]. Ein anderer Ansatz wäre, auf die breite Auswahl von Indikatoren zur Messung regionaler Wettbwerbsfähigkeit zurückzugreifen, die den Raumordnungsberichten zugrundeliegen (Wirtschaftskraft, Wachstum, Beschäftigungsentwicklung, Forschungspersonal, Exportanteil und -entwicklung, Lohn- und Gehaltsniveau, Betriebsgröße, Industriealter)[121]. Jedenfalls müßte mehr der Grundgedanke im Vordergrund stehen, daß es einen Unterschied macht, ob die EG mit Beihilfen Unterschiede oder Nachteile innerhalb der EG ausgleicht oder ob dies innerhalb von Bundesländern durch Bundesländer geschieht[122]. In diesem Zusammenhang dürfte auch das vom EuGH geforderte Kriterium der Spürbarkeit des Wettbewerbsvorteils an Gewicht gewinnen[123]. Die damit verbundenen Fragen brauchen hier aber nicht vertieft zu werden, da sie Gegenstand eines anderen Referates sind.

Nach alledem mag der wirtschaftlichen Entwicklungspolitik der Länder der Wind aus Bonn und Brüssel ins Gesicht blasen. Das ist jedoch kein Unglück, solange die Länder nicht von Bord geweht werden. Entscheidend ist, die Segel richtig zu setzen, damit die bundesstaatliche Idee auf den richtigen Kurs gebracht wird[124]. Die Gesamtwetterlage ist dafür günstig. Wird der Kurs beibehalten, dann wird sich schnell zeigen, daß die Vielfalt und der Ideenreichtum des Föderalismus selbst starken Stürmen trotzen kann.

---

116 s. näher *Rolfes,* a. a. O., S. 149 ff.

117 s. auch *Leibrock,* NJW 1989, 1416.

118 s. auch *Püttner,* Wirtschaftsverwaltungsrecht, 1989, S. 304; *ders.,* in: R. Schmidt (Hrsg.), Aktuelle Fragen der regionalen Strukturpolitik, 1989, S. 57 ff.

119 *Bleckmann,* NVwZ 1990, 820, 823.

120 s. *Grossekettler,* in: Ehlers (Hrsg.), Kommunale Wirtschaftsförderung, 1990, S. 95 ff.

121 s. Raumordnungsbericht 1990, S. 32.

122 So *Streinz,* in: Heckmann / Meßerschmidt (Hrsg.), Gegenwartsfragen des öffentlichen Rechts, 1988, S. 15, 37.

123 EuGH NJW 1989, 1430.

124 s. zu diesem Vergleich schon *Dietlein,* NWVBl 1990, 253, 259.

Diskussion zu Thema 1 und 2

Huber unterstreicht den Gedanken des kooperativen Föderalismus. Man solle nicht Regionalismus gegen Zentralismus ausspielen, sondern im Sinne eines wohl verstandenen Subsidiaritätsgedankens jeweils sinnvolle Aufgaben auf der zweckmäßigsten Ebene erfüllen. Es sei wenig sinnvoll, historisch gewachsene Verwaltungs-, Staats- bzw. Ländergrenzen in Frage zu stellen, aber es sei notwendig anzuerkennen, daß diese gewachsene Grenzenvielfallt nicht optimal zur Abbildung bzw. Abdeckung von Wirtschaftsräumen geeignet ist, es sei daher auch notwendig, grenzüberschreitende Kontakte wahrzunehmen. Möglicherweise werde man dafür verschiedene Kooperationsformen finden müssen: z. B. dort wo die föderale Ebene sehr kleinräumig ist, wie ganz besonders in der Schweiz und auch zum Teil in Österreich, werde man mehr auf die Kooperation von Teilregionen setzen müssen, während dort wo die föderale Struktur bereits großräumig ist, wie etwa in Deutschland, möglicherweise eine Aufgliederung bzw. das Einziehen einer weiteren regionalen Ebene unterhalb der Länderebene notwendig sei. Es gehe also darum, nicht Einheitsregionen im Kopf zu haben, sondern jeweils aufgabenbezogen bestimmte Formen der Zusammenarbeit zwischen Gebietskörperschaften zu wählen.

Schäffer führt als Beispiel ergänzend das Accordino an. Ein weiteres Beispiel sei die Grenze zwischen dem alten Deutsch-Westungarn, heute Burgenland und Ungarn, wo bekanntlich die Grenzlinie genau im Bereich der Hauptstadt Ödenburg / Sopron verlaufen sei. Das Burgenland mußte dann eine neue Hauptstadt, Eisenstadt, finden, deren Infrastruktur bis in die 2. Republik nicht funktioniert hat. *Schäffer* stimmt *Huber* auch darin zu, daß die Größenordnung der Planungsebenen bzw. der Einheiten, die miteinander kooperieren sollen, sehr unterschiedlich sei. In Wahrheit sei Österreich von der Wirtschaftspotenz her der Partner Bayerns und nicht etwa Salzburg. Das Problem bilde sich auch auf der technischen Ebene ab, wenn man etwa an Beihilfenkontrollenregelungen denke.

Schäffer schneidet dann noch das Problem der Gemeindeautonomie im föderalistischen Staat an. Nach Meinung mancher Autoren habe Österreich sogar einen dreistufigen Föderalismus, insoweit es eher dem Dezentralisations- als dem föderalistischen Modell entspreche. Die Gemeinden haben im Rahmen der österreichischen Verfassung eine relativ starke Stellung. Nur habe man ihre Aufgaben im Jahr 1962 um der Gemeindeautonomie-Ideologie willen so streng festgeschrieben, daß den Gemeinden auch vieles gegeben wurde, was sie überfordere bzw. in einen Interessenkonflikt bringe. Z. B. liegen die Baurechtskompetenzen bei den Gemeinden mit einem Instanzenzug nur innerhalb der Kommunen. Manche Kompetenzen würden auch besser nach der Größenordnung „Leistungskraft der Gemeinden" differenziert und nicht an dem Einheitsgemeindenbegriff angeknüpft.

Schindegger knüpft an die Wortmeldung von *Schäffer* an, meint aber, daß die gegenwärtig etwas außer Kontrolle geratene Siedlungsentwicklung nicht allein darauf zurückzuführen sei, daß die Bürgermeister und Gemeinderäte überfordert sind, sondern auch auf das weitgehende Fehlen einer Landes- und Regionalplanung im Sinne von Vorgaben für die örtliche Siedlungsentwicklung.

Schindegger meint, daß ein Europa der Regionen bzw. auch Fragen der Raumordnung auf der gesamteuropäischen Ebene nur bewältigt werden könnten, wenn sozusagen ein Normenkatalog zurechtgelegt bzw. vereinbart würde, der über den Aspekt Binnenmarkt hinausgehe. Es gebe hier ein Ideologiedefizit, alles werde nur an die Wettbewerbsidee geknüpft, man müsse zusätzlich eigenständige Werte schaffen, z. B. die Schonung der Ressourcen etc.

Schäffer stimmt dem zu, daß am Beginn der Europäischen Gemeinschaften keine grundlegenden gemeinsamen, sondern sehr pragmatische, wirtschafts- und machtpolitische Überlegungen gestanden seien. Eine der Grundideen sei bekanntlich die gewesen, daß dann, wenn in Europa miteinander eng verflochtene Wirtschaftssysteme bestehen, eine militärische Auseinandersetzung, wie die Initialzündungen zu den beiden Weltkriegen nicht mehr möglich wäre. Darüberhinausgehend habe man sich nicht sehr viel überlegt und daher sei diese große europäische Vision auch bald nach der ersten Gründungsphase ins Stocken geraten. Erst sehr viel später konnte man sich zu neuen europäischen Initiativen aufraffen und versuchen, eine neue Perspektive zu entwickeln. Die derzeitige Situation der Suche nach Werten könne man mit der eines Bundestaats am Beginn seiner Gründungsphase vergleichen, der nach einer Kompetenzverteilung suche. *Schäffer* stellt daneben in den EG auch eine langfristige ökonomisch-ökologische Orientierung fest. Diese Neuorientierung könne der gedankliche Ansatzpunkt für sonstige neue Politiken sein. Aufgabe der Mitgliedstaaten sei es, die EG-Kommission, also die Exekutive der EG, zu kontrollieren, damit diese kein unkontrolliertes Instrument, keine eigenständige Potenz ohne nationale oder regionale parlamentarische Kontrolle werde. Mit dem Weißbuch zur Gründung des Binnenmarkts habe die Kommission den Staaten eine Initialzündung gegeben. Die Staaten hätten sich dann selbst Fristen gesetzt, zwar nicht ganz realistische, aber immerhin Zielvorstellungen, denen man nahezukommen versuche. Ein wichtiger Schritt dorthin sei auch das Bemühen, innerstaatliche Verwaltungsschranken abzubauen, man denke nur an das Schengener Abkommen. Dieses baue die normalen Sicherheitskontrollen zwischen den EG-Staaten ab, freilich um den Preis, daß damit gewohnte Standards unter Umständen in Frage gestellt werden müssen. Es müßten dann andere Mechanismen greifen, damit die Standards an persönlicher Sicherheit vor kriminellen Akten, der Sicherheit der Gesundheit bei freier Zirkulation lebensmittelrechtlich nicht mehr den nationalen Standards unterworfener Güter u. a. m. einigermaßen gleichwertig gewährleistet würden. Es gebe allerdings noch keine absolut klaren und vor allem ausformulierten Basiswerte. Die praktische Erfahrung zeige ja auch, daß Basiswerte erst im nachhinein formuliert und als Rechtfertigung nachgeschoben würden, wenn sich bereits ein politisches System praktisch entwickelt habe. Das sei auch mit den klassischen Bundesstaaten nicht anders gewesen; das Subsidiaritätsprinzip sei eine theoretische Erklärung für gestufte staatliche Modelle wie insbesondere die klassischen Bundesstaaten.

Müller bezeichnet den Denkansatz der Bewertung der Regionen nach ihrer Größe als technokratisch und als föderalistisch suspekt. Er meint, daß so wie auf der Ebene souveräner Staaten ein kleiner Staat wie Luxembourg gleichermaßen Respekt verlangen könne, ebenso wie selbständige Länder (Terminologie der österreichischen Bundesverfassung) unabhängig von ihrer Größe diesen Respekt erwarten dürften. Er glaubt auch, daß man das kooperative Element des Föderalismus betonen müsse. Allerdings solle dabei darauf geachtet werden, daß die Klarheit der Kompetenzzuweisung und die Klarheit der Verantwortungen nicht verwischt würden. Gerade das Förderungswesen sei in Österreich ein Beispiel, wo es sehr viele gemeinsame Aktionen gebe, trotzdem selbstverständlich auch Doppelgleisigkeiten und andere Auswüchse.

Schäffer stimmt zu, daß der kooperative Föderalismus mit den verschiedenen Finanzierungsverbänden etwas zur Verwischung der Aufgabenbereiche beigetragen habe und auch zur unnützen Belastung der Gebietskörperschaften. Es wäre hier sehr nützlich, eine klar handhabbare Abgrenzung der Verantwortungsbereiche zu haben. Eine solche Kompetenzverteilung müsse im Bereich des Förderungswesens wahrscheinlich anderen Gesichtspunkten folgen, als es klassische hoheitliche Staatsaufgaben erforderten. Ein erster Schritt bzw. Versuch, das Förderungswesen gesetzlich näher zu regeln und einfach abzugrenzen, sei am Beginn der 70er Jahre in Östereich mit dem Bundessportförderungsgesetz gemacht worden. Hier habe der Bund sich selbst Zurückhaltung auferlegt und fördere nur noch sportliche Anlagen bzw. Vorhaben von nationaler oder überregionaler Bedeutung. Damit lasse er Freiräume für die Förderungsaktivitäten der Länder.

Thöni weist auf das „Finanzausgleichsdilemma“ der Privatwirtschaftsverwaltung hin, das immer zu einem „Diktat des Stärkeren“ führe. Man müsse dem einzelnen im Sinne des Äquivalenzprinzips mehr Verantwortung geben, Verantwortung auch auf der Gemeindeebene, auf der Bundesebene, auf der EG-Ebene. Eine Schwierigkeit sei das mangelnde Funktionieren eines finalen Aufgabenkataloges.

Stober merkt an, daß die EWG nicht nur eine Wirtschaftsgemeinschaft, sondern heute auch eine Umweltgemeinschaft sei. Es gebe auch auf europäischer Ebene Ansätze zur Regionalpolitik, man denke nur an den europäischen Regionalfonds.

Schäffer glaubt, daß man sich de facto schon von der Vorstellung verabschiedet habe, daß der Staat eine nach außen hin undurchdringliche Einheit und gegenüber anderen Subjekten, völkerrechtlichen oder überhaupt der internationalen Gemeinschaft, nur mit einer Stimme agiere. Man werde sich an dem Grundmechanismus orientieren müssen, daß die Länder in Fragen, die ihre Kompetenzen betreffen, bei der innerstaatlichen Willensbildung, die nach außen in Erscheinung treten soll, in irgendeiner Form beteiligt werden müssen und zwar rechtzeitig und ohne den Entscheidungamechanismus zu blockieren, hier müsse ein entsprechender Ausgleich gefunden werden. In Österreich werde ja bereits ein Beteiligungsverfahren der Länder diskutiert[1]. Der Bund dürfe bei einer einheitlichen Stellungnahme der Länder keine Willensäußerung abgeben, die den Kompetenzbereich der Länder gegen deren erklärten Willen binden würde. Dieses Modell wäre in einem mehrstufig gegliederten Staatswesen auch auf die gemeindliche Ebene übertragbar, wenngleich hier noch ganz andere Schwierigkeiten hinzukommen. Denn es mache einen Unterschied, ob ein Staat aus neun oder 16 Bundesländern besteht oder ob er 3.200 oder mehr Gemeinden hat, mit durchaus divergierenden Interessen. Dafür gebe es nun schon seit vielen Jahren in Österreich die bekannten Gemeinde- und Städtebünde, die inzwischen auch verfassungsrechtliche Anerkennung gefunden haben. Sie hätten innerstaatlich immerhin ein Anhörungsrecht erreicht, und es sei vorstellbar, daß eine Anhörung auch in europarechtlich relevanten Angelegenheiten stattfinden werde müssen. Ob das zu einer Vier- oder womöglich sogar Fünfstöckigkeit des künftigen europäischen Hauses führe, werde man sich noch überlegen müssen.

Schindegger stellt klar, daß „mit einer Stimme“ nicht heißen solle, daß es im Karussell der Meinungsbildung auf europäischer Ebene nun keine Regionen, keine Stimmen der Kammern usw. geben solle, die an der Meinungsbildung mitwirkten. Er habe gemeint, daß ein kleines Land wie Österreich seine Interessen vielleicht nicht ganz durchsetzen könne bei einem so starken Partner wie der EG, wenn man nicht geeint als Land auftrete.

Schäffer merkt ergänzend noch an, daß im Grunde Übereinstimmung herrsche. Die Basis bilde dabei die österreichische Konsenspolitik, die allgemein mehr oder minder geschätzt werde, da sie zur Stabilität und Friedlichkeit des österreichischen politischen Systems erheblich beitrage. Es zeichne sich ab, daß die Zusammenarbeit der großen sozialpartnerschaftlichen Gruppen auch im Rahmen der Europäischen Gemeinschaft ihren Platz haben werde, obwohl dafür noch kein institutioneller Rahmen vorhanden sei. Die Sozial- und Wirtschaftsräte jener Staaten, die diese Einrichtung verfassungsrechtlich verankert haben, hätten sich als Sozialpartnerschaften bereits zu Konferenzen zusammengeschlossen und man denke über eine Art Dachorganisation nach, in die die Interessengruppen in den

---

[1] Vgl. inzwischen Art. 10 Abs. 4-6 B-VG (i.d.F. B-VG-Novelle BGBl. 1992 / 276) sowie die Vereinbarung zwischen dem Bund und den Ländern gemäß Art. 15a B-VG über die Mitwirkungsrechte der Länder und Gemeinden in Angelegenheiten der europäischen Integration (BGBl. 1992 / 775) und ergänzend hiezu die sog. „IKL-Ländervereinbarung“ (Vereinbarung gemäß Art. 15a B-VG über die gemeinsame Willensbildung der Länder in Angelegenheiten der europäischen Integration, verkündet in den LGBl., z. B. Wr LGBl. 1992 / 29), mit welcher einer Integrationskonferenz der Länder eingerichtet wurde.

Staaten wieder jeweils eingebunden würden. Es entstehe zwar noch kein europäischer Bundesstaat, aber doch Strukturen, die den klassischen Nationalstaat überhöhen und gewisse Institutionen in diese neue Ebene aufnehmen. Um die konkrete Ausformung müsse noch gerungen werden.

Thema 3

Die Finanzhilfen der Länder und Autonomen Gemeinschaften und die Bewahrung einer eigenständigen Rolle der europäischen Regionen

Österreich

Spielräume der Förderungspolitik der Bundesländer (insbesondere am Beispiel Tirols*)

Von Erich Thöni

I. Vorbemerkung, Abgrenzung und Vorgangsweise

Unter „Wirtschaftsförderung“ wird sowohl in der praktischen Wirtschaftspolitik als auch in der Wirtschaftswissenschaft Uneinheitliches verstanden (Smekal u. a. 1986, 4; Schiefer 1990, 1 ff.). Dies gilt auch für Österreich.

Wie eine jüngst veröffentlichte Aufsatzsammlung der Wirtschaftspolitischen Blätter (Heft 4 / 1991) aufzeigt, sind hierunter in einem engeren Sinne die mehr oder weniger marktkonforme Begünstigung aller oder aber nur bestimmter Sektoren oder Regionen zwecks Unterstützung bzw. Erleichterung verschiedenster Art, und damit Anreize für erwünschte Produktionen oder Dienstleistungen durch sachliche oder finanzielle Bereitstellung von Mitteln durch die öffentliche Hand sowie Verbände und Kammern zu verstehen (Baltzarek 1991, 426). In einem weiten Sinne werden dagegen „alle Maßnahmen der Wirtschaftspolitik“ zusammengefaßt (G. E. Tichy 1991, 451). Daneben verweist die Förderungsliteratur auf eine Vielzahl dazwischen liegender Definitionsversuche. Letztlich sind jedoch alle Definitionsversuche am jeweiligen Untersuchungsobjekt orientiert (Bundesministerium der Finanzen 1978).

Dieser Beitrag konzentriert sich im weiteren auf ausgewählte Aspekte der *„Finanzhilfen“*.

„Institutionell“ beschränkt er sich auf die vornehmliche Beachtung der *Länder* und ihnen zuzurechnende Institutionen, wobei beispielhaft auf das Bundesland *Tirol* abgestellt wird. Damit ergeben sich mögliche Lücken aufgrund besonderer Gegebenheiten in anderen Bundesländern, welche aber einerseits aufgrund der Informations- und Datenlage, andererseits aufgrund der Begrenzung dieses Beitrags sowie der damit zu verbindenden forschungsökonomischen Gesichtspunkte zu akzeptieren sind. Derart ist dieser Beitrag Übersicht und zielt nicht auf die vollständige Darstellung im Detail. Es sei aber betont, daß die Argumentationslinien im Zusammenhang der beispielhaften „Tirol-Diskussion“ in Analogie auf

---

* Das Manuskript wurde 1991 abgeschlossen. Spätere Veränderungen (EU und Tirol) konnten vom Autor nicht mehr berücksichtigt werden.

die anderen Bundesländer (nicht unbedingt Wien als Land und Gemeinde) übertragbar erscheinen.
In bezug auf diese institutionelle Dimension soll auch nicht von „regionalen Finanzhilfen" gesprochen werden, sondern von *„Finanzhilfen der Länder"*.

Werden in diesem Beitrag *„regionale Finanzhilfen"* angesprochen, so umfaßt diese begriffliche Fassung die „raumwirtschaftliche Dimension" derselben.

„Sektoral" wird die Analyse auf Gewerbe, Industrie, Fremdenverkehr, Handel, Verkehr begrenzt. Damit bleiben die Förderung des Agrarbereiches, der Sektor der Vermögensverwaltung und große Bereiche des Dienstleistungssektors (z. B. Bankenförderung) außerhalb der Betrachtung.

Unter *„allgemeinen Finanzhilfen"* werden solche zusammengefaßt, die weder eine sektorale, noch eine regionale Spezifität aufweisen. Diese umfassen damit auch „funktionale Finanzhilfen" (z. B. für Forschung und Entwicklung, Umweltschutz), wobei diese im weiteren auch als „allgemein-funktionale Finanzhilfen" angesprochen werden.

Derart schließen also die hier angesprochenen Finanzhilfen der Länder neben allgemein ausgerichteten Förderungen sowohl sektorale, raumwirtschaftliche als auch funktionale Dimensionen ein.

Nach Vorbemerkung, Abgrenzung und Aufzeigen der Vorgangsweise soll im Abschnitt 2 eine kurze Darstellung und finanzwissenschaftliche Beurteilung der Finanzhilfen der Länder den weiteren Ausführungen vorangestellt werden. Im Abschnitt 3 soll das EG-Beihilfenaufsichtsrecht mit den Finanzhilfen der Länder konfrontiert werden, wobei letztere auf das Beispiel Tirol reduziert werden. Hieraus leiten sich nachfolgend notwendige Anpassungsmaßnahmen im Falle eines EG-Beitritts ab. Diese werden im Abschnitt 4 dargestellt. Darüber hinaus soll darin eine zusammenfassende Beurteilung des verbleibenden finanzpolitischen Spielraumes erfolgen.

Es erscheint sinnvoll, die Analyse mit der Abgrenzung des Begriffes der, sowie allgemeinen Anmerkungen zu den staatlichen „Finanzhilfen" zu beginnen.

II. Staatliche Finanzhilfen in Österreich unter besonderer Berücksichtigung jener der Länder

1. Der Begriff der „Finanzhilfen"

Unter staatlichen „Finanzhilfen" werden im weiteren „direkte Finanzierungshilfen" verstanden, die beim Transfergeber zu Ausgaben führen und beim Transfernehmer finanzielle Anreize darstellen und die unmittelbar und direkt unternehmerische Entscheidungen und Verhaltensweisen beeinflussen.

Damit beachtet die Analyse vornehmlich Förderungen der Investitionsaktivitäten, soferne aber gegeben, auch die Förderung der Betriebsmittel, der Arbeitskosten, der Exporte.

Außerhalb der Betrachtung bleiben Wohnbauförderung, Sparförderung und alle sonstigen Transferzahlungen an private Haushalte (Sozialleistungen etc).

Im einzelnen sind unter unternehmensbezogenen „Finanzhilfen" (vgl. auch Schäffer in diesem Band) die Instrumente

— zinsverbilligte Darlehen,
— Prämien,
— Zins-, Kredit- (incl Leasing-)kosten-, Haftungskostenzuschüsse,
— begünstigende Haftungsübernahmen

zu verstehen.[1]

2. Ziele und Rechtfertigung

Als Ziele der Wirtschaftsförderung generell und der Finanzhilfen speziell werden „höhere Produktivität, höhere Wertschöpfung, Wirtschaftlichkeit und Rentabilität" vorangestellt. Sie sind auch die Maßstäbe einer ökonomischen Rechtfertigung, wobei aber das Verhältnis zueinander nicht immer eindeutig ist.

Z. B. ist die Förderung einer unrentablen Produktion A aus gesamtwirtschaftlicher Sicht dann zu rechtfertigen, wenn über sie die Produktion B derart gefördert wird, daß eine überkompensierende, höhere Gesamtrentabilität folgt. Dabei ist jedoch den Förderungen auch die Finanzierung derselben gegenüberzustellen.

Daneben wird aber auch „regionaler Ausgleich" (Einkommen, Startchancen), „Strukturkonservierung" (Erhaltung der Landwirtschaft, des Bergbaus etc) und „Erreichung verschiedener Stabilitäten" (Preisniveau, Beschäftigung, Zahlungsbilanz etc) explizit als Ziel formuliert. Die prinzipiellen Begründungen finden sich dabei oft nicht in erster Linie in ökonomischen Argumenten (Thöni / Ciresa 1990, 125; Smekal 1991, 482).

---

1 Damit bleiben folgende weitere, auch in Österreich Verwendung findende „Wirtschaftsförderungsinstrumente" außerhalb der Betrachtung:
— Instrumente der steuerlichen Wirtschaftsförderung,
— Wirtschaftsförderung durch die Bereitstellung von Infrastruktur,
— Wirtschaftsförderung durch entsprechende Gestaltung der öffentlichen Auftragsvergabe,
— Wirtschaftsförderung über Verlustabdeckung und Kapitalaufstockung staatlicher Unternehmen,
— Wirtschaftsförderung durch Ordnungspolitik,
— Wirtschaftsförderung über allgemeine, prozessuale Wirtschafts- und Gesellschaftspolitik.

Wirtschaftstheoretisch werden direkte Wirtschaftsförderungsmaßnahmen unter Zugrundelegung eines prinzipiell marktwirtschaftlichen Systems im wesentlichen für den Fall der Internalisierung positiver externer Effekte, langfristiger Planungshorizonte, von Informationsmängeln oder -asymmetrien gerechtfertigt. Sie werden aus der Wachstums, Ausgleichs- und Stabilisierungszielsetzung begründet. Beispiele dafür wären u. a. im F & E- (externe Effekte aufgrund von Erfindungen), im Investitions- (z. B. Raumfahrt aufgrund des langen Zeithorizonts), im fehlenden Ausbildungsbereich zu finden (Smekal 1991, 482; Supper 1991, 509 f.).

Konsequenterweise verlangt in der Folge jede ökonomische Rechtfertigung und Beurteilung ein „Netz" von Kennzahlen (G. E. Tichy 1991, 455 ff.), wobei die Problematik insbesondere in der Ermittlung der „Ausgleichszahlung" liegt (Thöni / Ciresa 1990, 6). Jedenfalls, Partialanalysen, die zur Rechtfertigung und Beurteilung herangezogen werden, verstellen nur allzuoft den Blick auf die gesamtwirtschaftlichen Zusammenhänge und notwendigen Gesamtbewertungen.

Insgesamt ist aber auch zu beachten, daß, worauf die Neue Politische Ökonomie hinweist, zudem interessen- bzw. wählerbezogene Förderung durch die Politiker nicht auszuschliessen ist, die dem Stimmenfang dient und „die insgesamt Strukturentwicklungen eher verzögern als beschleunigen" (Thöni / Ciresa 1990, 7 f. insb. 125; Smekal 1991, 482 f.).

3. Die Finanzhilfen der Länder

Ist auch unbestritten, daß grundsätzlich die sektorale Wirtschaftsförderung wegen ihrer umfassenden räumlichen Reichweite eine Aufgabe des Bundes sein soll und die Länder aufgrund ihrer Zuständigkeit für Raumordnungspolitik vornehmlich regionale Wirtschaftsförderung betreiben sollen, so zeigen die Förderaktionen auf Landesebene über lange Zeit hinweg dennoch eine *vornehmlich sektorale bzw. allgemeine Ausrichtung*, bei in wenigen Fällen zusätzlicher Aufnahme regionaler, neben einer Vielzahl anderer Zielsetzungen in den Zielkatalog der Aktionen (Smekal 1991, 484 f.). Erst in jüngerer Zeit kommt es zu einer Umorientierung und damit einer im Verhältnis erheblich stärkeren Einrichtung regionaler Sonderförderungsprogramme, aber auch funktionaler Aktionen (siehe Anhang).

Das Ziel der sektoralen Förderung kann mit Smekal (1991, 482 ff.) wachstumspolitisch und strukturkonservierungspolitisch gesehen werden. Im ersten Fall wird die Erhöhung der Produktivität eines Sektors, im zweiten Fall wird die Konservierung eines Sektors aus anderen politischen Gründen (z. B. Basisversorgung) angestrebt. Zwischen beiden Zielen bestehen Konflikte. Der zweite Fall bindet Ressourcen in un- oder weniger produktiven Sektoren und behindert damit das gesamtwirtschaftliche Wachstum.

Das Ziel der regionalen Förderung besteht in der Herstellung ausgewogener Wirtschaftsstrukturen und damit annähernd gleicher Erwerbschancen als Voraussetzung annähernd gleicher Lebensverhältnisse. Verschiedene Autoren (Ewringmann u. a. 1986, Smekal 1991) verweisen auf die Problematik der „höheren Attraktivität der entwicklungsstarken Gebiete“, woraus, trotz hoher Förderungen, bei gleichzeitig hohen Ballungskosten, dennoch keine echte Wanderung in die entwicklungsschwachen Gebiete folgt. Wird diese These akzeptiert, so folgert Smekal (1991, 483), kann die regionale Förderungspolitik letztlich nur Ausgleichspolitik zur Verringerung regionaler Einkommensdisparitäten in entwicklungsschwachen Gebieten bedeuten.

Das Ziel der allgemeinen Förderung besteht in der Stärkung der Finanzposition der Unternehmen generell, wobei sowohl die Zielsetzungen sektoraler als auch regionaler Art relevant werden können.

Funktionelle Förderung zielt hingegen darauf, eine(n) ganz bestimmte(n) unternehmerische(n) Aktivität / Phase / Rahmen speziell zu unterstützen.

Sektorale bzw. allgemeine und regionale Förderungen beeinträchtigen sich oftmals gegenseitig dann, wenn sektorale bzw. allgemeine Finanzhilfen räumlich nicht oder kaum differenziert werden.

4. Finanzwissenschaftliche „Kurz“-Beurteilung

Ein Überblick über die Förderungsliteratur Österreichs verweist auf erhebliche Zweifel hinsichtlich positiver Wirkungen der direkten Wirtschaftsförderung in Österreich (z. B. G. Tichy 1991, 49 ff.; Szopo 1991, 468; Smekal u. a. 1986), wobei aber die oftmals schwache empirische Fundierung dieser Einschätzungen anzumerken ist. Hauptgrund für letzteres ist die noch immer unbefriedigende Datenlage. Die daraus folgende faktische Un- bzw. lediglich Teilüberprüfbarkeit der Wirkungen (womit aber auch die empirische Fundierung sogenannter Mitnahmeeffektevorwürfe mit Vorsicht zu behandeln sind [Steinhöfler 1991, 489 ff.]) spricht allein deshalb für einen restriktiven Einsatz der Wirtschaftsförderungsmittel.

Wie auf Bundesebene waren bis in die späten 80er Jahre die Länderförderungen durch vornehmlich sektorale und allgemeine bzw. allgemein-funktionale Ausrichtungen geprägt, obwohl die Länder aufgrund der Inanspruchnahme der Raumordnungskompetenz die regionale Dimension eigentlich aufzufüllen gehabt hätten (zum Unterschied von der oben angesprochenen sektoralen Ausrichtung der Bundesförderung). Trotz obiger Bedenken hinsichtlich der Wirkungsüberprüfung von Fördermaßnahmen kann dennoch für Österreich gefolgert werden, daß die Übergewichtigkeit der sektoralen bzw. allgemeinen Förderung die geringfügige regionale Förderung überkompensierte, womit der Nicht- bzw. nur marginale Abbau regionaler Disparitäten vermutet werden muß. G. Tichy (1991, 49 ff.)

weist sogar auf Zunahmen der regionalen Disparitäten hin. Hinsichtlich der Konsequenzen der nunmehr doch bedeutenden Umorientierung in Richtung dominierender regionaler Förderung sowohl auf Bundes- als auch auf Länderebene (siehe Anhang zu diesem Beitrag) liegen noch keine empirischen Analyseergebnisse vor. Aufgrund der oft noch „zu weiten" Abgrenzung der regionalen Fördergebiete sowie der oftmals immer noch überfrachteten Zielfunktionen einzelner Aktionen könnten sich jedoch erneut Ineffizienzen in der Umlenkung von Ressourcen einstellen. Auch dies spricht für den restriktiven Einsatz der Finanzhilfen.

Ein Problem, das das österreichische Förderungswesen seit langem prägt, sind Koordinationsschwächen zwischen den verschiedenen Förderungsebenen wie auch auf der jeweiligen Förderungsebene. Doppelförderungen, Widersprüchlichkeiten und föderalismuspolitische Konflikte zwischen z. B. Bund und Ländern sind die Folge (Schmidjell u. a. 1983, 89). Zudem gilt es Schwierigkeiten in der Abstimmung zwischen sektoraler, regionaler und funktionaler Förderung der Länder anzumerken (Smekal 1991, 484).

Daneben weist der österreichische Kapitalmarkt seit Jahren Entwicklungen auf, denen im Rahmen des Förderungswesens der Länder nur teilweise begegnet wurde. Der österreichische Kapitalmarkt zeigt seit Jahren Kapitalüberhänge. Insbesondere die privaten Kapitalmärkte wurden enorm ausgeweitet, wozu durchaus weitere Möglichkeiten (z. B. Aktienmarkt) offenstehen. Konsequenterweise sind aus marktwirtschaftlicher Sicht manche Förderungen obsolet. Es ist eine Tatsache, auch auf Länderebene, daß zwar neue Förderungsaktionen relativ rasch eingeführt werden, daß aber für den Fall obsolet gewordener Aktionen nur zäh, in den meisten Fällen nur aufgrund „äußeren Drucks" (wie er z. B. nunmehr wiederum über den möglichen EU-Beitritt entsteht) reagiert wird.

III. Das Beihilfenaufsichtsrecht der EG und Länderfinanzhilfen — dargestellt am Beispiel des Bundeslandes Tirol

1. Allgemeine Anmerkungen zum EG-Beihilfenaufsichtsrecht

Lange Jahre standen die Beihilfen im Hintergrund der wirtschafts- bzw. finanzpolitischen Diskussion, aber auch der Alltagsarbeit der EG-Organe, insbesondere der EG-Kommission. Seit der letzten EG-Krise und den daraus folgenden bedeutenden Neuanstrengungen zur Verwirklichung eines „Binnenmarktes"[2] rückte der finanzpolitische Einsatz des Beihilfeninstrumentariums sowohl auf seiten der EG als auch der Mitgliedstaaten wiederum verstärkt in den Vordergrund des EG-Wirkens.

---

[2] Im Sinne der Verwirklichung der „4 Freiheiten" (für Kapital, Dienstleistungen, Personen, Güter) für den Gemeinschaftsraum.

War es anfänglich und ist es vielleicht auch noch heute so, daß einzelne Mitgliedstaaten versuchen, den Wegfall der Handelshemmnisse durch Beihilfen zu ihrem Vorteil zu substituieren (woraus sich das Phänomen des „Subventionswettlaufes" einstellt; vgl. 1. und 2. Subventionsbericht der EG-Kommission), so ist seit der „Einheitlichen Europäischen Akte" die Verwirklichung einer stärkeren Vertrauensbasis in die gemeinsame Verwirklichung des „Binnenmarktes" zwischen den Mitgliedstaaten, aber auch zwischen ihnen und den EG-Organen, insbesondere der EG-Kommission festzustellen. Damit ist aber die Beobachtung, Analyse und Kontrolle der „nationalen" staatlichen Beihilfen immer mehr zu einem Schwerpunkt der EG-Tätigkeit geworden, und sie wird es in Zukunft noch verstärkt sein. Denn ohne Kontrolle derselben über den gesamten geographischen EG-Bereich hinweg würde das nunmehr wechselseitige Vertrauen in die Öffnung der Märkte und damit die Verwirklichung des „Binnenmarktes" unterminiert.

a) Ordnungsprinzipien

Der Begriff der Beihilfe ist in der EG weit gefaßt; er setzt nicht alleine voraus, daß entweder dem Unternehmer finanzielle Vorteile zufließen oder der Staat finanzielle Ausgaben tätigt. Vielmehr ist eine Beihilfe jede staatliche Maßnahme, die durch eine Verfälschung des Wettbewerbs den Einsatz der Produktionsfaktoren verändert. Abgestellt wird in der EG einzig auf die Wirkung der staatlichen Maßnahme und nicht auf die Technik der Zuwendung (Sucharipa 1973, 406; Müller-Graff 1988, 403 ff.).

Die EG kennt deshalb eine Vielzahl von Beihilfenformen, wie regionale oder sektorale Beihilfen, allgemeine (horizontale) Beihilfen, Finanzhilfen, allgemeine Investitionsbeihilfen, welche voneinander zu unterscheiden sind und weiter unten erläutert werden. Auch sieht sie Beihilfen durchaus im Zusammenhang mit Zuschüssen, Steuer- und Abgabebefreiungen, Zinszuschüssen, unentgeltlichen oder besonders preiswerten Überlassungen von Grundstücken und Gebäuden, bevorzugten Lieferungen von Gütern und Leistungen, Kapitalbeteiligungen zur Förderung z. B. der Kreditwürdigkeit oder zur Verlustabdeckung, Bürgschaften, Haftungen und Garantien sowie Kapitalbeteiligungen, oder jeder anderen Maßnahme gleicher Wirkung gegeben.

Auch ist nicht erforderlich, daß die Beihilfe dem zu begünstigenden Unternehmen unmittelbar zufließt, vielmehr zählen auch mittelbare hinzu. Eine mittelbare Beihilfe ist gegeben, wenn wirtschaftsfördernde Rahmenbedingungen verändert werden — wenn also z. B. ein Staat oder Land (auch Gemeinde) Kreditinstituten finanzielle Mittel überläßt oder steuerliche Erleichterungen gewährt, damit sie bestimmten Unternehmen oder Produktionszweigen Kredite zu besonders vorteilhaften Bedingungen zur Verfügung stellen.[3] Mittelbare Beihilfen stellen auch

[3] ABl. 1972 Nr. L 10, 2; 10. Wettbewerbsbericht 1980.

die in Form von Steuersenkungen oder Steuerzugeständnissen oder im Rahmen der Systeme der sozialen Sicherheit gewährten Förderungen dar.[4]

Der spezifische Charakter der staatlichen Beihilfen nach Art. 92 EWGV (... sie begünstigen bestimmte Unternehmen oder bestimmte Wirtschaftszweige ...) unterscheidet sie von anderen, üblicherweise *„allgemein" genannten Maßnahmen.*[5] Diese beziehen sich auf die gesamte Volkswirtschaft, wie z. B. das allgemein gültige Steuersystem, und begünstigen nicht bestimmte Unternehmen oder Wirtschaftszweige. Sie sind auch streng von „allgemeinen Beihilfen" abzuheben. „Beihilfen", wie regionale, sektorale und allgemeine, sind hingegen auf bestimmte Wirtschaftszweige oder Unternehmen konzentriert.

Eine Unterscheidung zwischen allgemeinen Maßnahmen und Beihilfen ist wichtig, da für sie ein unterschiedlicher Rechtsrahmen besteht und unterschiedliche Konsequenzen folgen.

b) Beihilfeverbot — Ausnahmeregelungen

Beihilfen nach Art. 92 Abs. 1 EWGV sind, mit Ausnahme der unter Abs. 2 aufgeführten Beihilfen, grundsätzlich verboten, sofern nicht die Kommission eine Ausnahme unter Berücksichtigung der Ziele des EWGV nach Abs. 3 zugesteht (dazu insbesondere Bleckmann 1989).

Die unter Art. 92 Abs. 2 Buchstabe a) als Beihilfen *sozialer Art* an einzelne Verbraucher bezeichneten Zahlungen sind in allen Fällen mit dem Gemeinsamen Markt vereinbar, selbst wenn sie den Wettbewerb verfälschen bzw. den Handel zwischen den Mitgliedstaaten beeinträchtigen. Es können allerdings nur für solche Beihilfen Ausnahmen erlaubt werden, die ohne Diskriminierung nach der Herkunft der Waren gewährt werden. Beihilfen für z. B. den verbilligten Bezug von Butter verfälschen den Wettbewerb zum Nachteil von Herstellern anderer Speisefette. Trotzdem gewähren mehrere Mitgliedstaaten, wie Dänemark, Irland, Luxembourg oder das Vereinigte Königreich, im Rahmen ihrer Wirtschaftspolitik Beihilfen für den Verbrauch von Butter. Die Kommission duldet dies unter Anwendung des Art. 92 Abs. 2a).

Für Beihilfen, die zur Beseitigung von *Naturkatastrophen* gewährt werden, sieht Buchstabe b) eine Ausnahme vor, da in solchen Fällen nur die „natürliche" Wettbewerbslage des geschädigten Unternehmens wieder hergestellt wird. Unter Naturkatastrophen fallen alle Naturereignisse mit schwerwiegenden Folgen, welche die gewöhnliche wirtschaftliche Leistungsfähigkeit der Unternehmen beeinträchtigen, nicht jedoch Gewitter, Hagel oder schlechte klimatische Verhältnisse. Diese nicht so „schwerwiegenden" Folgen sind insbesondere für die Landwirtschaft als normale Risiken anzusehen.

---

[4] Vgl. EuGH — (Kommission / Frankreich) Rs. 290 / 83. NJW 1985, 2889.

[5] 1. Subventionsbericht 1988, 7.

Buchstabe c) stellt auf die *besondere Stellung Deutschlands* infolge seiner früheren Teilung ab, indem für gewisse Zonenrandgebiete Ausnahmen gewährt werden konnten. Derart gewährte Beihilfen sind nur so weit mit dem Gemeinsamen Markt vereinbar, als sie zum Ausgleich der durch die Teilung verursachten wirtschaftlichen Nachteile erforderlich sind. Diese Bestimmung läuft in einer Übergangsphase 1991 — 1994 aus.

Der EWGV räumt der Kommission einen weiten, aber an seine Ziele und seinen Zweck gebundenen Ermessensspielraum (Abwägung der sozialen und wirtschaftlichen Gegebenheiten in der Gemeinschaft[6]) ein, um Ausnahmen, die *nicht* nach Art. 92 Abs. 2 mit dem Gemeinsamen Markt vereinbar sind, nach Art. 92 Abs. 3 zu gewähren (siehe dazu Thöni / Ciresa 1990, 29 ff.).

Die Förderung unterentwickelterer Gebiete gemäß Art. 92 Abs. 3a) (hier gilt der gesamte Durchschnitt der Gemeinschaft als Bezugsgröße) ermöglicht es, Beihilfen für in der wirtschaftlichen Entwicklung *besonders zurückgebliebene Gebiete* der Gemeinschaft zu gewähren, um dadurch eine gesunde Strukturpolitik zu betreiben.

Zur Förderung wichtiger Vorhaben von *gemeinsamem europäischen Interesse* können Beihilfen gemäß Buchstabe b) erlaubt werden, wenn sie geeignet sind, die Verwirklichung der Ziele der Gemeinschaft zu fördern. Angesichts der krisenhaften Entwicklung der Beschäftigungslage in der Gemeinschaft hat die Kommission zahlreiche Beihilfevorhaben von Mitgliedstaaten zur Schaffung und Erhaltung von Arbeitsplätzen aufgrund des Art. 92 Abs. 3b) als mit dem Gemeinsamen Markt vereinbar angesehen.

In der Praxis kommt der Ausnahme des Art. 92 Abs. 3c) (hier gilt zunächst der nationale (Landes-)Durchschnitt[7] als Bezugsgröße) größte Bedeutung zu. Diese Vorschrift ermöglicht der Kommission, gewisse staatliche Beihilfen zur sektoralen oder regionalen Förderung (z. B. zum Zwecke der Behebung der Unterbeschäftigung) als mit dem Gemeinsamen Markt vereinbar anzusehen.

Zwei alternative Bezugswerte, Einkommen gemessen am Bruttoinlandsprodukt bzw. an der Bruttowertschöpfung und strukturelle Unterbeschäftigung, werden in einem ersten Schritt zunächst als Maßstab verwendet. Beide Größen werden im nationalen Durchschnitt beurteilt. Anschließend werden weitere Kriterien zur Beurteilung der „Gemeinschaftslage" herangezogen. Je besser die Lage eines Mitgliedstaates im Vergleich zur Gemeinschaftssituation zu bewerten ist, um so größer muß der Abstand einer Region sein, um die Vergabe von Beihilfen zu rechtfertigen. In einem zweiten Schritt wird eine „sozio-ökonomische Analyse" durchgeführt und unter Beachtung der Gemeinschaft als Ganzes gewürdigt. Unter gewissen Umständen ist es möglich, daß der zweite Schritt eine Rechtfertigung

---

6 Siehe dazu Rs. 310 / 85, NJW 1987, 3072 f.; Rs. 730 / 79 (Philip Morris), EuGH-Slg. 1980, 2671.

7 17. Wettbewerbsbericht 1987, 223.

für Regionalbeihilfen selbst in Gebieten ergibt, die im ersten die Schwellenwerte nicht erreichen (siehe dazu auch Matthies 1988, 451; Dauses 1989, 616 f.). Für die Höhe der Beihilfen wurden Höchstgrenzen vorgesehen. Diese „Beihilfen müssen mit Erstinvestitionen und / oder der Schaffung von Arbeitsplätzen in Verbindung stehen"[8], Betriebsbeihilfen werden grundsätzlich nicht zugelassen.

c) Das Verfahren

Art. 93 EWGV enthält Verfahrensvorschriften für die Anwendung der Beihilferegeln. Er überträgt der Kommission eine umfassende Zuständigkeit, die sich sowohl auf in den Mitgliedstaaten bestehende allgemeine Beihilferegelungen als auch auf Beihilfen in Einzelfällen erstreckt. Das Verfahren ist umfangreich und kompliziert (siehe dazu Thöni / Ciresa 1990, 109 ff.).

Beihilfen, welche die Mitgliedstaaten unter Verletzung der Verfahrensvorschriften einführen, sind unrechtmäßig.

Aufgrund von Art. 93 Abs. 1 hat die Kommission die in den Mitgliedstaaten bestehenden Beihilferegelungen zu überprüfen, wozu auf seiten der Mitgliedstaaten eine *Berichtspflicht* besteht. Darüberhinaus sind die Mitgliedstaaten verpflichtet, die Kommission von jeder beabsichtigten Einführung oder Umgestaltung einer Beihilfe rechtzeitig zu unterrichten *(Mitteilungs-, Notifizierungspflicht).* Neben der allgemeinen Notifizierung unterrichten die Mitgliedstaaten die Kommission im voraus von den wichtigsten Fällen einer *Kumulierung.*

Für Beihilfen mit geringer Bedeutung gilt ein beschleunigtes Prüfungsverfahren der Kommission.

d) Arten und Beurteilungsgrundsätze sowie Methoden der Berechnung der Beihilfen

Arten und Beurteilungsgrundsätze

— Die Kommission unterscheidet zwischen „regionalen", „sektoralen" und „allgemeinen" Beihilfen.

— Unter „allgemeinen (horizontalen) Beihilfen" versteht die Kommission solche „ohne sektorale oder regionale Spezifität".[9]

Sektorale Beihilfen

Bei sektoralen Beihilfen wendet die Kommission folgende Grundsätze der Bewertung[10] an:

---

[8] 18. Wettbewerbsbericht 1988, 152.

[9] Ibidem, 31.

[10] 8. Wettbewerbsbericht 1978.

— Sektorale Beihilfen dürfen nur gewährt werden, wenn es die Lage der betreffenden Industrie erfordert. Dann sind sie nur als Ausnahme, nicht aber als Regelfall erlaubt.

— Die Beihilfen müssen langfristig die Lebensfähigkeit der betreffenden Industrie wieder herstellen, indem sie Strukturprobleme lösen; sie dürfen nicht zur Erhaltung des Status quo führen oder unvermeidbar gewordene Entscheidungen und Veränderungen hinausschieben.

— Da die Anpassungsmaßnahmen eine gewisse Zeit erfordern, muß aber hingenommen werden, daß Mittel bereitgestellt werden, um die sozialen und wirtschaftlichen Kosten der Veränderung zu erleichtern, wenn bestimmte Umstände gegeben sind und bestimmte Bedingungen eingehalten werden.

— Die Beihilfen müssen degressiv (in bezug auf die Höhe und / oder den Betrag) und deutlich an die Umstrukturierung (innovative Konsequenzen bzw. Anpassungen) des Wirtschaftszweigs gebunden sein, es sei denn, daß sie nur für einen relativ kurzen Zeitraum (bis 6 Monate) gewährt werden.

— Die Beihilfeintensität muß in angemessenem Verhältnis zu den anstehenden Problemen stehen, um Wettbewerbsverzerrungen auf ein Mindestmaß zu begrenzen.

— Industrielle Probleme und Arbeitslosigkeit dürfen nicht von einem Mitgliedstaat auf einen anderen abgewälzt werden.

Für Industriezweige, die sich in besonderen Schwierigkeiten („sensible Bereiche") befinden (Textilindustrie, Schiffbau, Stahlindustrie, Kunstfaserindustrie, Kfz-Industrie), hat die Kommission besondere Leitlinien (insbesondere in bezug auf das Kapazitätsproblem) formuliert.

Regionale Beihilfen

In seiner Ersten Entschließung dokumentierte der Rat hinsichtlich der Beihilfen mit regionaler Zielsetzung[11] folgende Grundsätze:

— Regionale Beihilfen dürfen sich nicht auf das gesamte Staatsgebiet erstrecken (Ausnahme Luxemburg);

— die Fördergebiete müssen klar nach geographischen Gesichtspunkten oder quantitativen Kriterien abgegrenzt sein;

— regionale Beihilfen dürfen nicht punktuell vergeben werden;

— Probleme unterschiedlicher Art, Intensität und Dringlichkeit müssen unterschiedlich intensiv gefördert werden;

— die Abstufung und Staffelung der Beihilfen nach verschiedenen Zonen und Gebieten müssen klar gegeben sein;

[11] Erste Entschließung des Rates vom 20.10.1971, ABl. Nr. C 111 vom 4.11.1971, 1.

— eine doppelte Kumulierung, z. B. die Berücksichtigung ein und desselben regionalen oder sektoralen Problems gleichzeitig durch sich kumulierende regionale und sektorale Beihilfen zu fördern, ist untersagt.

In neuerer Zeit, seit 1987, wendet die Kommission zur systematischen Anwendung der Art. 92 Abs. 3 lit a) und c) auf regionale Beihilfen die oben erwähnten speziellen Verfahren an.

Allgemeine Beihilfen

Als allgemeine Beihilfen gelten:

— Ausfuhrbeihilfen,

— allgemeine Investitionsbeihilfen,

— Betriebsbeihilfen,

— Beschäftigungsbeihilfen,

— Rettungs- und Begleitbeihilfen,

— Beihilfen für kleine und mittlere Unternehmen,

— Forschungs- und Entwicklungsbeihilfen,

— Beihilfen für den Umweltschutz.

Beihilfen für die Ausfuhr in andere Mitgliedstaaten können keinesfalls zugelassen werden. Es ist mit dem Grundsatz des freien Warenverkehrs unvereinbar, daß ein Mitgliedstaat die Ausfuhren in andere Mitgliedstaaten künstlich fördert.[12] Ausfuhrbeihilfen für Lieferungen in Drittländer dürfen nicht den Grundsätzen der gemeinsamen Handelspolitik widersprechen und unterliegen außerdem einer Prüfung nach den Kriterien von Art. 92 wegen etwaiger Auswirkungen auf den Wettbewerb innerhalb der Gemeinschaft.[13]

Prinzipiell läßt die EG-Kommission *allgemeine Investitionsbeihilfen* dann nach Art. 92 Abs. 3 zu, wenn sie für „Problemregionen" (lit. a und c) oder für die Förderung des Gemeinschaftsinteresses (lit. b) erforderlich sind. Für den Fall, daß eine allgemeine Beihilfe einem der nach EG-Definition „sensiblen" Bereiche (Textil, Schiffbau, Stahl, Chemie, Kfz) zufließt, müßte der jeweilige Gemeinschaftsrahmen zur Beurteilung herangezogen werden.

Betriebsbeihilfen für in Schwierigkeiten geratene Unternehmen können, vor allem zur Erhaltung von Arbeitsplätzen, ausnahmsweise für kurze Zeit geduldet werden. Sie müssen aber Bestandteil eines genauen Umstrukturierungsprogramms und ihr sektoraler oder regionaler Anwendungsbereich muß hinreichend genau bestimmt sein.[14]

---

12 ABl. 1973 Nr. L 253, 10; 1976 Nr. L 270, 39; 1979 Nr. L 138, 30.

13 VO Nr. 3056 / 73, ABl. 1973 Nr. L 312, 1.

14 1. / 8. / 12. Wettbewerbsbericht 1971 / 1978 / / 1982.

Bei der Beurteilung von *Beschäftigungsbeihilfen* unterscheidet die Kommission zwischen solchen Beihilfen, die nur zur Erhaltung von Arbeitsplätzen bestimmt sind und solchen, die neue Beschäftigungsmöglichkeiten schaffen. Vor allem gegen erstere bestehen Bedenken, weil sie den Charakter reiner Betriebsbeihilfen haben und häufig dazu führen, beschäftigungs- und industriepolitische Probleme in andere Mitgliedstaaten zu verlagern.[15]

Die Kommission äußerte sich detailliert zur Frage von *Rettungs- und Begleitbeihilfen.* Erstere sind Beihilfen, um während einer begrenzten Zeit Umstrukturierungs- / Umstellungsmöglichkeiten zu prüfen, letztere sind Beihilfen, um die Zeit zu überstehen, bis diese Umstrukturierung / Umstellung zu positiven Ergebnissen führt.[16] Rettungs-(oder Not-)beihilfen, die den Fortbestand von an sich gesunden Unternehmen sichern sollen, die vorübergehende Liquiditätsschwierigkeiten haben, sind grundsätzlich nicht zu beanstanden. Rettungsbeihilfen für auf Dauer nicht lebensfähige Unternehmen können nur dann vorübergehend geduldet werden, wenn sie zur Abwendung sozial unerträglicher Situationen erforderlich sind.[17]

Beihilfen für kleine und mittlere Unternehmen (KMU) können zugelassen werden, wenn sie nicht den Charakter von laufenden Betriebsbeihilfen haben und zur Verbesserung der Marktstrukturen beitragen.[18] Sowohl hinsichtlich Förderungsintensität als auch Transparenz gibt sich die Kommission in bezug auf Prüfung und Verfahren nach Art. 92 und 93 EWGV nachsichtiger als bei großen Unternehmen (Ausnahmen „sensible Bereiche").

Gegenüber *Forschungs- und Entwicklungsbeihilfen* nimmt die Kommission eine „wohlwollende Haltung" ein, soferne sich hinter ihnen keine gewöhnlichen Betriebsbeihilfen verbergen. Als problematisch sind sie einzustufen, wenn mit ihnen andere Unternehmensaktivitäten zu verbinden sind. Zudem, je näher sie an den Markt herangerückt werden (Fertigungsüberleitung), ein um so geringeres Beihilfeelement wird akzeptiert.

Mit den *Umweltschutzbeihilfen* sind dann keine Probleme zu verbinden, wenn mit ihnen keine Erweiterungen der Produktionskapazität, insbesondere in den „sensiblen" Bereichen, zu verbinden sind, Anpassungen vorgenommen werden und wenn es sich dabei um „neue und bedeutende Verpflichtungen" handelt.

---

15 5. / 7. / 8. / 9. Wettbewerbsbericht 1975 / 1977 / 1978 / 1979.

16 Auszug aus dem 8. Wettbewerbsbericht — Punkt 228 über die Kontrolle bei Rettungs- und Begleitbeihilfen, zit. nach Handbuch des Europäischen Rechts, 233. I A 50 / 68.

17 1. / 8. Wettbewerbsbericht 1971 / 1978.

18 6. / 8. Wettbewerbsbericht 1976 / 1978, Beschluß des Rates ABl. 1982 Nr. L 116, 16.

Methoden

Zur Einschätzung der Wirkungsweise der Beihilfen auf den Wettbewerb und den Handel ermittelt die Kommission das sogenannte Nettosubventionsäquivalent (NSÄ) sowie die Beihilfeintensität aller Maßnahmen (im Detail siehe Thöni / Ciresa 1990, 117 ff.).

Darüberhinaus hat die Kommission, wie erwähnt, spezielle Verfahren zur Beurteilung von Regionalbeihilfen nach Art. 92 Abs. 3a) und 3c) (die voneinander abweichen!) entwickelt (zu Details siehe Thöni / Ciresa 1990, 119 ff.).

2. Die Finanzhilfen des Bundeslandes Tirol — der gegebene regionale Spielraum

a) Sektorale bzw. allgemeine Finanzhilfen

Wie das Beispiel Tirol zeigt, sind die derzeitigen Aktionen (ab 1989) darauf ausgerichtet, durch *überwiegend allgemeine Finanzhilfen*

— Betriebsgründungen, -übernahmen, -verlegungen und -erweiterungen zu fördern,

— die Wettbewerbsfähigkeit von Betrieben durch Rationalisierung und Modernisierung zu verbessern,

— Ausbildungsmaßnahmen zu erleichtern,

— die Nahversorgung zu sichern,

— Energieeinsparung und Maßnahmen des Umweltschutzes zu fördern,

— Innovation bis Fertigungsüberleitung einschließlich der Markterschließung im In- und Ausland zu unterstützen,

— Auslandsinvestitionen zu fördern,

— Betriebsmittelfinanzierungen zu erleichtern und

— dem Ausgleich von regionalen und sektoralen Strukturschwächen zu dienen.

Im Bereich des Fremdenverkehrs werden besonders

— Verbesserungen des bestehenden Angebotes,

— Förderung der Unterbringung der Dienstnehmer und

— Schaffung zusätzlicher Infrastruktur unterstützt.

b) Regionale Finanzhilfen

Ziel der regionalen Finanzhilfen in Tirol (Sonderförderungsprogramm) ist die „Belebung der Wirtschaft in entwicklungsschwachen Regionen Tirols“ (Wirtschaftsförderung in Tirol, Gesetze und Richtlinien, AdTLReg 1988). Die entwicklungsschwachen Regionen wurden mit 1.1.1988 als Sonderförderungsgebiete neu festgelegt, mit 1.7.1990 eingeschränkt und mit 1.1.1991 erneut geändert.

Insgesamt müssen die Aktionen im „gesamtwirtschaftlichen Interesse“ liegen und „mit den Zielen der örtlichen und überörtlichen Raumordnung sowie der Entwicklungsprogramme im Einklang stehen“ (Wirtschaftsförderung in Tirol, AdTLReg 1988).

Zusammenfassend haben die Bundesländer und damit auch Tirol aufgrund des Art. 17 B-VG (Grundsatz der Kompetenzfreiheit) die Möglichkeit, im Rahmen der Privatwirtschaftsverwaltung in allen Bereichen Finanzhilfeaktivitäten zu setzen. Da allen gebietskörperschaftlichen Ebenen dieses Recht zukommt, wurde entsprechend der budgetären Möglichkeiten in vielen Bereichen überschneidendes oder doppelseitiges Handeln der verschiedenen Ebenen ermöglicht — so auch im Bereich der Förderungsverwaltung. Die Kompetenzverteilung entsprechend der Art. 10 — 15 B-VG konnte über das „Diktat des finanzstarken Haushalts“ unterlaufen werden (Thöni 1977, 37 f.; dazu auch Schäffer in diesem Band). Konsequenterweise ergab sich das österreichische Förderungsdilemma, in dem jedenfalls die Länder „ihren Part spielen“, obwohl kraft Finanzmasse sicherlich auch in diesem Bereich ein „Diktat des Bundes“ zu vermuten ist (Smekal u. a. 1986, 296). Im konkreten Fall des Landes Tirol lassen nun Richtlinien und Vergabepraxis erkennen, daß das Land seine Förderung vornehmlich „subsidiär“ sieht. Diese subsidiäre Förderung erlaubt derzeit dem Land Tirol im Konzert der österreichischen Länder einen erheblichen, im Verhältnis „weiteren“ Förderungsspielraum, sowohl in quantitativer als auch in qualitativer (Struktur, Verfahren) Hinsicht.

3. Konfrontation mit dem EG-Beihilfenaufsichtsrecht

In einer ersten Beurteilung wäre festzustellen, daß die Förderungsaktionen des Bundeslandes Tirol mit Ausnahme der zwei Fremdenverkehrsaktionen keine spezifische sektorale Ausrichtung in dem Sinne kennen, als daß sie auf einen bestimmten Wirtschaftszweig ausgerichtet wären. Vielmehr zeigen sie in den meisten Fällen die bereits erwähnte „industriell-gewerbliche Ausrichtung im weitesten Sinne“ (also neben Industrie und Gewerbe i. e. S., Bau, Fremdenverkehr, Verkehr und Handel). Daher wären sie gemäß einer Interpretation des Selbstverständnisses der EG-Beihilfebegriffe dem Bereich der „allgemeinen Beihilfen“ zuzuordnen.

Grundsätzlich könnten auch alle Förderungsaktionen des Landes Tirol jedenfalls zunächst als „Beihilfen von geringer Bedeutung“ eingestuft werden. Daraus folgte dann das beschleunigte Verfahren der Genehmigung.

Hinsichtlich der materiellen Beurteilung könnten die meisten Programme als Beihilfen für KMU angesehen werden. Damit wäre zum jetzigen Zeitpunkt infolge der wohlwollenden Beurteilungspraxis der Kommission wohl eine Genehmigung zu erwarten. Schwierigkeiten wären dann zu erwarten, wenn mit den Aktionen (auch) die Erhaltung und Sicherung von bestehenden Unternehmen verbunden wäre (z. B. Betriebsmittelkredite, Beschäftigungsbeihilfen).

Gegenüber Forschungs- und Entwicklungsbeihilfen nimmt die Kommission eine „wohlwollende Haltung“ ein, soferne sich hinter ihnen keine gewöhnlichen Betriebsbeihilfen verbergen. Die Tiroler Aktionen könnten, soferne sie den Zielsetzungen von F & E im Sinne der EG tatsächlich entsprächen, ohne Frage akzeptiert werden; ganz im Gegenteil, sie könnten durchaus noch eine Aufstokkung erfahren (Grundlagenforschung: Beihilfeintensität maximal 50%). Als problematisch gälten sie, wenn mit ihnen andere Unternehmensaktivitäten zu verbinden wären. Zudem, je näher sie an den Markt herangerückt würden (Fertigungsüberleitung, siehe oben), ein um so geringeres Beihilfeelement würde akzeptiert. Und hier wiederum könnten Probleme auftreten.

In den „Umweltschutzförderungen“ treten, wie oben angeführt, dann keine Probleme auf, wenn mit ihnen keine Erweiterungen der Produktionskapazität, insbesondere in den „sensiblen“ Bereichen nach EG-Definition, zu verbinden sind, Anpassungen vorgenommen werden und wenn es sich dabei um „neue und bedeutende Verpflichtungen“ handelt. Im Tiroler Falle könnten jedoch die Beihilfeintensitäten in einzelnen Aktionen (maximale Intensität von 15%) problematisch werden.

Wie angeführt, versuchen die EG-Leitlinien für die Beihilfen mit regionaler Zielsetzung solche nach Art. 92 Abs. 3a) von solchen nach Abs. 3c) zu trennen, obwohl im Prüfungsverfahren durchaus beide Tatbestände nacheinander überprüft werden.

Im Zusammenhang mit der regionalen Beihilfepolitik verhält sich nunmehr die Kommission äußerst restriktiv gegenüber der regionalen Förderung „reicher, entwickelter“ Länder. Darüber hinaus werden die erlaubten Beihilfeintensitäten im „Gemeinschaftsrahmen“ beurteilt und von Zeit zu Zeit neu festgesetzt (z. B. BRD in letzter Zeit nach unten korrigiert, BSÄ 12 — 23% seit 1989) (siehe dazu auch Schmidhuber 1989, 161 ff.).

Für alle regionalen Beihilfen Österreichs scheint ein grundsätzliches Problem darin zu liegen, daß zunächst die österreichischen „Fördergebiete“ als „Problemgebiete“ gemäß EG-Kommission anzuerkennen wären. Ob mit der nunmehrigen Qualifizierung von Förderungsgebieten nach der ÖROK-Konferenz (Juli) 1989 bzw. 1990 (für 1 Jahr) und der folgenden Änderungen des Landes Tirol adäquate

Kriterien verwendet und entsprechende Gebiete definiert wurden, soll an dieser Stelle nicht eingehender behandelt werden.[19] Jedenfalls sprechen einige Argumente dafür, daß bereits die Kommissionsbemühungen, die regionalpolitischen Interventionen nach einem möglichst transparenten und nachvollziehbaren Modus zu beurteilen und dabei (noch?) relativ einfache, vergleichbare Indikatoren (wie die bereits erwähnte Arbeitslosenquote sowie das BIP pro Kopf in entsprechender Kaufkraftparität) heranzuziehen, für Österreich und speziell für Tirol bedeuteten, daß keine dieser Regionen sich nach Art. 92 Abs. 3a) qualifizieren würde (siehe dazu Thöni / Ciresa 1990 a, 19). Es scheint auch zuzutreffen, daß nur wenige „Problemregionen" Rückstände zum nationalen österreichischen Durchschnitt aufweisen, die im Gemeinschaftsrahmen als „schwerwiegend" zu bezeichnen wären.[20] Demnach müßten sich die meisten nach österreichischen Maßstäben „unterentwickelten Regionen" und die österreichischen „Fördergebiete besonderer Art" in der EG aufgrund einer „sozio-ökonomischen Analyse" im Gemeinschaftsumfeld erst als „Fördergebiete nach Art. 92 Abs. 3c)" qualifizieren.

Beurteilt man die Tiroler Aktionen für sich, so erscheinen dieselben zunächst als „Beihilfen von geringer Bedeutung". In der Kumulierung mit der BÜRGES-Gewerbestrukturverbesserungsaktion könnte die Aufstockung durch das Land Tirol bei „größeren Unternehmen" jedoch Probleme hinsichtlich der Höhe und der Beihilfeintensität aufwerfen; abgesehen von der Beurteilung der „Problemregionen" als solcher.

IV. Zusammenfassende Beurteilung des verbleibenden finanzpolitischen Spielraumes — dargestellt am Beispiel des Bundeslandes Tirol

1. Anpassungsnotwendigkeiten aufgrund des EG-Beihilfenaufsichtsrechts

Obwohl die EG bereits aufgrund des bisherigen Integrationsstatus rechtliche Möglichkeiten gehabt hätte, Druck auf die österreichische Förderungspolitik auszuüben, wurde aufgrund der internen Probleme derselbe nur marginal relevant (Raschauer 1974, Thöni / Ciresa 1990). Diese, wie sie Szopo (1991, 470) nannte, „förderungspolitische Autonomie" wird in Zukunft eingeengt. Die EG wird die einzelnen Förderaktionen auf allen Ebenen mehr und mehr durchleuchten und ihre Vereinbarkeit mit dem Beihilfenaufsichtsrecht prüfen.

Neben wohl geringfügigen quantitativen Förderungsveränderungen (bei den Kumulierungen) auf der Ebene des Landes Tirol wird es in der Hauptsache zu

---

19 Siehe hierzu EG-Kommission, Die Regionen in den 90er Jahren (4. Regionalbericht 1991); *Tödtling-Schönhofer* 1991.

20 Für die BRD liegen die derzeitigen „Schwellen", nach denen Gebiete förderungswürdig sind, bei 76% des Bundesdurchschnitts beim BIP pro Kopf oder bei einer Arbeitslosenquote von im Fünfjahresdurchschnitt mehr als 145% des Bundesdurchschnitts.

„Förderungsumbauten“ hinsichtlich Struktur und Vergabepraxis kommen müssen.

Aus Gründen des *quantitativen Umfangs* scheinen sich viele der tirolischen Förderungsaktionen aufgrund der „Regeln der EG“ als „Beihilfen(regelung) von geringer Bedeutung“ zu qualifizieren. Als „Programme“ übersteigen sie nicht die dafür vorgesehenen Schwellenwerte der EG und sind derart dem bevorzugten Genehmigungsverfahren unterworfen (nicht bei Kumulierungen).

Hinsichtlich der *Strukturänderungen* ist zu erwarten, daß undifferenzierte Investitionsförderung zurückgedrängt, während generell innovative Förderungen (z. B. Forschung und Entwicklung), Förderungen zur Internalisierung externer Effekte (z. B. Umweltschutz) sowie Förderungen zur Behebung von Informationsdefiziten (z. B. Ausbildung) und durchaus auch differenzierte regionale Förderungen an Bedeutung gewinnen werden.

Tirols „Finanzhilfelandschaft“ weist trotz erheblicher Reformen ein Grundproblem in den noch immer problematischen Zielpaketen in einzelnen Förderungsaktionen auf. Förderungsziele werden nur teilweise präzisiert (multiple Zielsetzungen), wodurch sich unterschiedliche Aggregationsniveaus zeigen; Förderungszwecke sind sehr allgemein gehalten, womit für „fast jedes Projekt eine Begründung ermöglicht bzw. verunmöglicht wird“. Die Förderungsgebiete entsprechen nur teilweise den Kriterien der EG. Die „Förderungssektoren“ sind teilweise noch immer zu weit gefaßt (z. B. industriell-gewerblicher Bereich). Entsprechend wird es hier zu weiterer Bereinigung kommen müssen.

Diejenigen Programme, die speziell auf kleinere und mittlere Unternehmen ausgerichtet sind, werden im Rahmen der materiellen Beurteilung eine wohlwollende Behandlung erfahren. Insbesondere ist dabei zu beachten, daß „mittlere Unternehmen nach österreichischem Maßstab“ nach EG-Maßstäben immer noch als „kleine Unternehmen“ anzusehen sind. Dennoch ist nicht zu übersehen, daß im Rahmen der materiellen Prüfung — wie die EG-Kommission im 1. Subventionsbericht formulierte — die Dimensionen „klein“ und „mittlere“ von Fall zu Fall überprüft werden, da auch kleine und mittlere Unternehmen in besonderen „marktlichen Rahmenbedingungen“ durchaus wettbewerbsverzerrend wirken können. Deshalb kann nicht, wie in einigen Studien angemerkt, alleine bereits aufgrund der „kleinen oder mittleren Größe“ gefolgert werden, daß derartige Fälle vonvornherein als „genehmigt“ anzusehen sind.

Der Fall eines Programms „von geringer Bedeutung“, das bevorzugt genehmigt wurde, könnte durchaus ex post (aufgrund der jährlichen Berichterstattung), trotz wohlwollender Generaltendenz der Beurteilung, aufgrund einer Nichtqualifikation als „Beihilfe für kleinere und mittlere Unternehmen“ auch eine Nicht-Genehmigung erfahren.

Im tirolischen Falle werden sich damit mögliche Probleme einer Genehmigung bei Programmen mit einer hohen Beihilfenintensität, insbesondere im Regionalbereich sowie bei den auftretenden „Kumulierungen" (neben den hier nicht zu behandelnden „Kapitalbeteiligungen der öffentlichen Hand oder deren Substitute") konzentrieren. Aber auch die Beihilfen für F & E und Umweltschutz könnten zu Problemfällen werden (Marktnähe, Intensität etc.).

Hinsichtlich des *Förderungsverfahrens* wird es auch in Tirol zu einer erheblichen Formalisierung kommen. Berichts- und Notifizierungspflicht, aber auch die Beurteilungskriterien der EG (Förderungsgebietsabgrenzungen, Beihilfeintensitäten etc.) werden Tirol zu mehr Transparenz, zeitgerechten Entscheidungen und entsprechenden Begründungen zwingen.

Damit ergeben sich zusammenfassend folgende *notwendige Anpassungen:*

— Präzisierung der Förderungsrichtlinien hinsichtlich der regional-, sektoral- und allgemeinpolitischen Zielsetzungen, bei weitgehender Ergänzung der letzten durch einen regionalen oder sektoralen Anwendungsplan;

— Erhebung aller Förderungsprogramme und -aktionen i. S. der Notifizierungsrichtlinien der EG, i. S. des umfassenden Beihilfenbegriffs der EG sowie hinsichtlich ihrer verschiedenen Kumulierungsmöglichkeiten (Förderungsarten (z. B. Bürgschaften, Darlehen, Zuschüsse); Förderungsprogramme (verschiedener gebietskörperschaftlicher und funktionaler Institutionen und ihrer Substitute, wie z. B. Bund, Länder, Gemeinden, Banken und Spezialbanken, Kammern, Sozial- und Arbeitsmarktverwaltung));

— Präzisierung der (Problem-)Förderungsgebiete entsprechend der Indikatoren-Handhabung der Kommission;

— Präzisierung der Förderungsrichtlinien hinsichtlich Grundlagenforschung und Angewandter Forschung;

— Überprüfung der Einzelprogramme und -aktionen sowie der Kumulierungsmöglichkeiten der Aktionen anhand der Beurteilungsmethoden der EG-Organe (NSÄ, Beihilfeintensität);

— Aufbau einer umfassenden Beihilfeberichterstattung über alle Ebenen und Substitute sowie Förderungsarten hinweg.

2. Abschließende allgemeine Bemerkungen

Wie bereits betont, wird die „förderungspolitische Autonomie" über die supranationale Ebene der EU eingeengt werden. In quantitativer Hinsicht sind für Tirol geringfügige Veränderungen zu erwarten. Qualitativ ergeben sich die bereits erwähnten Änderungsnotwendigkeiten in der Struktur und im Verfahren. Da das Verfahren der EG in keiner Weise als abgeschlossen gilt, sind zukünftig weitere „Verluste" zu befürchten.

Es sollte damit klar sein, daß die Praxis EG-gemeinschaftlicher Rechtsetzung und Beurteilung keine Rücksicht auf ausschließliche Länderzuständigkeiten nimmt (Hailbronner 1990, 149). Z. B. würde eine Verschiebung problematischer Bundesförderungen auf die Länderebene nicht vor der EG-Überprüfung schützen.

Das grundsätzliche Problem zentralisierter supranationaler Beurteilungen der Förderung und damit einhergehende Autonomieverluste im Rahmen des österreichischen föderalistischen Staatsaufbaus sowie der hoheits- und privatwirtschaftsverwaltungsmäßigen Kompetenz- oder besser „Nicht-Kompetenz"-Aufteilung im Bereich der Wirtschaftsförderung (Art. 10 — 15 B-VG, Art. 17 B-VG) könnte im weiteren zu „föderalistischen" Konflikten führen und bedürfte einer innerösterreichischen Vorab-Entscheidung (Tödtling-Schönhofer 1989, 153 f.). Wie Heintzen (1991, 322) berichtet, werden die Bundesländer (Regionen) von der Gemeinschaft und von den Nationalstaaten allmählich als eigenständige Handlungsebene anerkannt. „Die Gemeinschaft legt ihre „Landes-Blindheit" ab, die Mitgliedstaaten können die Mediatisierung nachgeordneter Gebietskörperschaften nicht mehr voll aufrechterhalten". Eine klarere Trennung (Entflechtung der Kompetenzen, siehe Smekal u. a. 1986, 301 ff.) der Förderungszuständigkeiten und koordinierte Vorgangsweisen gegenüber „Brüssel", wo Verhandlungsräume gegeben sind, werden zukünftig notwendig (siehe dazu Thöni / Ciresa 1990a, 20; zum grundsätzlichen Problem Biehl 1991).

Das Beihilfenaufsichtsrecht der EG läßt jedenfalls der Kommission, aber auch dem Rat genügend Spielraum, Ausnahmen vom Beihilfenverbot mit dem Gemeinsamen Markt für vereinbar zu erklären. In der Praxis haben es sich daher die Mitgliedstaaten heute vor Einführung neuer Beihilfen zu eigen gemacht, mit der Kommission die „Genehmigungsfähigkeit" festzulegen (Thöni / Ciresa 1990, 11; zu den verschiedenen Verfahren der Beihilfenaufsicht der Kommission siehe auch Streinz in diesem Band).

Gerade im Falle der Prüfungen nach Art. 92 Abs. 3a) und 3c) kommt der Kommission so viel Ermessensspielraum zu, um eine Teilakzeptanz (Reduktion des Förderungsausmaßes) und damit einen politischen Kompromiß zu erlauben (Fall „Renault") (siehe dazu Thöni / Ciresa 1990a, 14 ff.).

Diese Möglichkeiten machen auch auf der österreichischen Seite weitere Verfahrensüberlegungen (alleinige Präsenz des Bundes (auch für die Länder „sprechend") in Brüssel, gemeinsame Präsenz, getrennte Präsenz) notwendig, wobei nach der derzeitigen Rechtslage klar sein sollte, daß der Partner für die EG-Organe die Mitgliedstaaten sind und den Ländern, wie der Fall der Länderrepräsentanzen der BRD in Brüssel zeigt, „Lobbyisten-Funktion", die aber auch sehr bedeutend sein kann (Hailbronner 1990), zukommt.

Angesichts der Unmöglichkeit, anhand quantitativer oder qualitativer Kriterien eine absolute Eingriffsgrenze der EG zu bestimmen, stellt sich auch im österreichischen Kontext die Frage, „ob nicht jenseits eines unantastbaren Kernbereichs aus der föderalistischen Grundstruktur der Verfassung" verfahrensrechtliche und materiell-rechtliche Anforderungen als Kompetenzbeschränkungen der EG zu formulieren wären (Hailbronner 1990, 151). Z. B. könnten diese in Mitwirkungsrechten der Bundesländer im gemeinschaftlichen Rechtsetzungsverfahren bestehen (zur Diskussion Hailbronner 1990, 154 ff.).

Anhang

Beispielhaft sei auf die Finanzhilfeaktionen des Bundeslandes Tirol verwiesen:

Bis 1.7.1987:

Förderungsaktionen des Landes Tirol

— Darlehen des Kleingewerbeförderungsfonds in Tirol (KGF),
— Kreditkostenzuschüsse für Investitionsdarlehen (Zinsenzuschuß),
— Zuschüsse zu Kosten (Zinszuschußaktion) von Investitionskrediten,
— Förderung von Mittelbetrieben der gewerblichen Wirtschaft (gem. Tiroler Mittelstandsförderungsgesetz — TGF) (Darlehen),
— Gewährung von Zinsenzuschüssen zu Leasingfinanzierungen,
— Aktion zur Verbesserung der Wirtschaftsstruktur Tirols (Zinsenzuschuß),
— Förderung zur Steigerung der Exporttätigkeit (Kostenzuschuß für Beratung und Marktforschung),
— Förderung von Forschung, Entwicklung und Innovation (Prämie, Zinsenzuschuß),
— Bürgschaften der Tiroler Bürgschaftsgemeinschaft (TBG).

Gemeinsame Aktionen Bund-Land Tirol

— Gewerblich-industrielle Förderung (Bürges-Anschlußförderung) nach dem Gewerbestrukturverbesserungsgesetz 1969 (Zinsenzuschuß),
— Bürges-Anschlußförderung im Rahmen der Bürges-Kleingewerbekreditaktion (des BMfW und der Länder) (Prämie),
— Sonderförderungsaktion im Rahmen der gemeinsamen Regionalförderung Bund-Land Tirol („Osttirolaktion“) (Prämie, Darlehen),
— Fremdenvekehrs-Förderungsaktion des BMfW und der Bundesländer.

Gemeinsame Aktion Bund-Land Tirol-Landeskammer

— Gemeinsame Kleingewerbekreditaktion des BMfW, der Länder und Landeskammern, vereinigt mit dem Kleingewerbekreditfonds des Landes Tirol (Darlehen).

Das bedeutete:

Land	Aktionen	Förderungsziel
Tirol	13 + 1	2 regional, 11 allgemein (davon 1 Klein- und Mittelbetrieb (Betriebsmittel!), 1 Mittelbetrieb, 1 F & E bis Markteinführung, 1 Export) + 1 (Bund / Land) sektoral

Ab 1989:
Förderungsaktionen des Landes Tirol

— Förderung (Darlehen) von Klein- und Mittelbetrieben der gewerbliche Wirtschaft (Tiroler Wirtschaftsförderungsfonds),
— Zuschüsse zu den Kosten von Investitionskrediten (Zinsenzuschußaktion für produzierendes Gewerbe und Industrie, Bauwesen, Handel, Fremdenverkehr, Verkehr),

— Förderung von Forschung, Entwicklung, Innovation und flexibler Automation (Prämie, Zinsenzuschuß),
— Förderung der Verbesserung der Wirtschaftsstruktur Tirols (TIZIA) (Zinsenzuschuß),
— Übernahme von Bürgschaften durch die Tiroler Bürgschaftsgemeinschaft (TBG),
— Regionales Sonderförderungsprogramm in Tirol (Darlehen, Zinsenzuschuß, Prämie), das die
  — Zuschüsse zu den Kosten von Investitionskrediten,
  — Aktion zur Verbesserung der Wirtschaftsstruktur Tirols (TIZIA),
  — Förderung von Klein- und Mittelbetrieben aus dem Tiroler Wirtschaftsförderungsfonds,
  — Förderung von Forschung, Entwicklung und Innovation,
  — Bürges-Gewerbestrukturverbesserungsaktion — Aufstockung Tirol,
  — Bürges-Kleingewerbe-Kreditaktion — Aufstockung Tirol,
  — Fremdenverkehrsförderungsaktion des BMfW — Aufstockung Tirol inkludiert.

Das bedeutete:

Land	Aktionen	Förderungsziel
Tirol	8	7 regional, 4 davon gleichzeitig allgemein (davon wiederum 1 Klein- und Mittelbetrieb, 1 F & E bis zur Nullserie) + 1 allgemein (TBG)

Ab 1991:

Förderungsaktionen des Landes Tirol

wie 1989, jedoch:
— Zuschüsse zu den Kosten von Investitionskrediten,
— Förderungen zur Verbesserung der Wirtschaftsstruktur Tirols (TIZIA) nur mehr regional orientiert;
— Förderung von Forschung, Entwicklung und Innovation nicht mehr Teil des Sonderförderungsprogrammes.

plus
— Aktion zur Förderung von Ausbildungsmaßnahmen (Prämie),
— Aktion zur Förderung von Auslandsinvestitionen (Prämie),
— Tiroler Nahversorgungsförderungsaktion (Zinsenzuschuß),
— Bürges-"Komfortzimmeraktion" — Aufstockung Tirol für Personalzimmer (Prämie),
— Förderungen von Wohnungen für Dienstnehmer im Tourismusbereich i. R. der Wohnbauförderung (Darlehen),
— Regionale Innovationsprämie des Bundes und der Bundesländer.

Das bedeutet:

Land	Aktionen	Förderungsziel
Tirol	14	7 regional, 3 davon gleichzeitig allgemein, davon wiederum 1 Klein- und Mittelbetrieb) + 4 allgemein bzw. allgemein-funktional (F & E, Ausbildung, Auslandsinvestition) plus 3 sektoral

zum Vergleich:

Salzburg	11	2 regional, 2 sektoral, 7 allgemein bzw. allgemein-funktional (Klein- und Mittelbetrieb, Gründung, Innovation, Jugendbeschäftigung)

Beachte: Ab 9/93 erheblich veränderte Förderungsaktionen des Landes Tirol (15 veränderte Aktionen).

Literaturverzeichnis

Baltzarek, F. (1991): Die Entwicklung der Wirtschaftsförderung in Österreich, Wirtschaftspolitische Blätter 38, 426-430.

Biehl, D. (1991): Die EG-Finanzverfassung: Struktur, Mängel und Reformmöglichkeiten, in: Wildenmann, R. (Hrsg.): Staatswerdung Europas, Baden-Baden, 355-391.

Bleckmann, A. (1989): Das System des Beihilfeverbots im EWG-Vertrag, WiVerw 2, 75-91.

Bundesministerium der Finanzen (1978): Subventionen — Problematik und Entwicklungen, Bonn.

Dauses, M. A. (1989): Grundlagen der Rechtssprechung des Europäischen Gerichtshofes — Auswirkungen auf Bund und Länder, BayVBl. 20, 609-617.

Ewringmann, D. u. a. (1986): Die Gemeinschaftsaufgabe „Verbesserung der regionalen Wirtschaftsstruktur" unter veränderten Rahmenbedingungen, Berlin.

Hailbronner, K. (1990): Die deutschen Bundesländer in der EG, JZ 4, 149-158.

Heintzen, M. (1991): Subsidiaritätsprinzip und Europäische Gemeinschaft, JZ 7, 317-323.

Matthies, H. (1988): Grundlagen des Subventionsrechts und Kompetenzen aus EG-rechtlicher Sicht, ZHR 152, 442-454.

Müller-Graff, P.-Ch. (1988): Die Erscheinungsformen der Leistungssubventionstatbestände aus wirtschaftsrechtlicher Sicht, ZHR 152, 403-438.

Raschauer, B. (1974): Das Beihilfenverbot nach den Globalabkommen mit den Europäischen Gemeinschaften, ÖZW 4, 112-118.

Schiefer, B. (1990): Wirtschaftsförderung, LdR 45, 1-10.

Schmidhuber, P. M. (1989): Wettbewerbsschutz und Regionalförderung: Regionalpolitik und Beihilfenkontrolle in der Europäischen Gemeinschaft, in: Festschrift Benisch, 153-171.

Schmidjell, R. u. a. (1983): Die Regionalpolitik der österreichischen Bundesländer, Wien.

Smekal, Ch. (1991): Die regionale Wirtschaftsförderung, Wirtschaftspolitische Blätter 1991, 481-488.

Smekal, Ch. u. a. (1986): Wirtschaftsförderung in Tirol — Analyse der direkten Investitionshilfen, Innsbruck.

Steinhöfler, K. H. (1991): Mitnahmeeffekte, Wirtschaftspolitische Blätter 1991, 489-494.

Sucharipa, E. (1973): Tatbestand und Rechtsfolgen der Subventionierung aus völkerrechtlicher Sicht, in: Wenger, K. (Hrsg.): Förderungsverwaltung, Wien / New York, 393-418.

Supper, M. (1991): Zur Diskussion 100 Jahre Wirtschaftsförderung in Österreich, Wirtschaftspolitische Blätter 1991, 507-515.

Szopo, P. (1991): Die direkte Wirtschaftsförderung in Österreich, Wirtschaftspolitische Blätter 1991, 467-472.

Thöni, E. (1977): Privatwirtschaftsverwaltung und Finanzausgleich, Wien.

Thöni, E. / *Ciresa,* M. (1990): Österreich und das Beihilfenaufsichtsrecht der EG, Wien.

—— (1990a): Der Fall „Chrysler", Economy 10, 13-20.

Tichy, G. (1991): Die räumliche Struktur der Förderung von Industrie und Gewerbe, ÖIR-Gutachten, Wien.

Tichy, G. E. (1991): Rechtfertigung der Wirtschaftsförderung, Wirtschaftspolitische Blätter 1991, 449-459.

Tödtling-Schönhofer, H. (1989): Auswirkungen eines EG-Beitritts Österreichs auf die regionale Wirtschaftsentwicklung und die Regionalpolitik, in: Glatz, H., Moser, H. (Hrsg.): Herausforderung EG-Binnenmarkt: Kopfüber in die EG?, Wien, 135-163.

— (1991): Überprüfung der Abgrenzung der industriell-gewerblichen Förderungsgebiete auf ihre Vereinbarkeit mit den EG-Wettbewerbsregeln (Expertengutachten), ÖIR-Gutachten, Wien.

Amt der Tiroler Landesregierung (1988): Wirtschaftsförderung in Tirol, Gesetze und Richtlinien, Innsbruck.

Vertrag zur Gründung der Europäischen Wirtschaftsgemeinschaft v. 25. März 1957 (EWGV), in: Europarecht-Textausgabe, Baden-Baden 1987.

1. Subventionsbericht der EG 1988.

2. Subventionsbericht der EG 1990.

4. Regionalbericht der EG 1991.

Diverse Wettbewerbsberichte der EG.

Diverse EuGH-Urteile.

Diverse Entschließungen des Rates.

Spanien

Finanzhilfen der Autonomen Gemeinschaft Katalonien

Von Jaume Angerri

Die Industriepolitik Kataloniens geht von einigen Wirtschaftsfaktoren aus, die zeigen, daß Katalonien, obwohl es eine der meistindustrialisierten Regionen Spaniens ist, doch im europäischen Durchschnitt eine sehr niedrige Industrieinnovationsquote aufweist. Ich möchte hier einige Daten präsentieren: Katalonien hat 6% des spanischen Territoriums und 15% der Einwohnerzahl Gesamtspaniens. Das bedeutet 20% des Bruttoinlandsprodukts Spaniens, 25% des industriellen Mehrwertes und ein ähnlich hoher Prozentsatz in bezug auf die Ausfuhren.

Dieses marktökonomische Bild zeigt eine stärkere Entwicklung bezogen auf den spanischen Durchschnitt, dennoch sind auf dem Gebiet Kataloniens Schwankungen zu bemerken. Sie sind vor allem darauf zurückzuführen, daß die wirtschaftliche Konzentration in den städtischen Bereichen angesiedelt ist, in Barcelona und im Industriekomplex in Taragona. Im übrigen Gebiet Kataloniens gibt es Schwankungen, die jetzt ausgeglichen werden sollen, durch eine Politik der Stärkung der Infrastruktur und durch Programme zur Förderung der Industrie.

Diese Programme zur Förderung der Industrie bestehen in Subventionen für die Ansiedlung von regionalen und lokalen Industriebetrieben. Um in den Genuß dieser Mittel zu kommen, müssen die Industriebetriebe Kommunikationsmöglichkeiten aufweisen, zur Regionalregierung in Katalonien und zum Zentralstaat, damit die EG darüber informiert wird und eine Handlungsmöglichkeit bekommt. Zusammen mit diesen Programmen, die einen Ausgleich der Schwankungen mit sich bringen sollen, gibt es auch die horizontale Politik der Generalitat in Katalonien. Wir hatten hier sehr positive Erfahrungen mit der Errichtung eines permanenten Informationsbüros in Brüssel, eingerichtet von der Katalonischen Regierung, das diese verschiedenen Entwicklungsprogramme darlegte und sie den Kriterien der EG anpassen konnte. So war es z. B. möglich, Programme für Energiesparmaßnahmen bzw. für die Neuentwicklung von Energien als Ersatz für Erdgas und Elektrizität zu erstellen, Programme zur Förderung der Qualität der industriellen Produktionsmethoden, Programme zur Verbesserung der Sicherheitsvorschriften in den Industriekomplexen und Programme für die Verbesserung der Vermarktungsstrukturen auf internationaler Ebene. Gerade bei dem letzteren, d. h. bei der Verbesserung der Vermarktungsstrukturen auf internationaler Ebene, liegt meine Tätigkeit in der Regionalregierung Kataloniens und deswegen möchte ich mich darauf beziehen, und weil ich das für einzigartig halte, sowohl was die Kompetenz der Förderung auf diesem Gebiet betrifft, als auch die Mechanismen einer alternativen Finanzierung zur Schaffung von Arbeitsplätzen.

Die Förderung der internationalen Strukturen, die die katalonische Regierung durchführt, stützt sich auf etwas heterotoxes, da die Kompetenzen im Bereich Außenhandel verfassungsmäßig in Spanien beim Zentralstaat liegen, und zwar betrifft das die Zollvorschriften, die Außenhandelszölle und den gesamten Außenhandel; d. h. auch die Unterzeichnung von internationalen Verträgen ist Aufgabe des Zentralstaates. Die Kompetenz über das Währungssystem, über Banken, Versicherungen und das Kreditwesen allgemein obliegt auch dem spanischen Staat, desgleichen die Strukturen der Häfen und der Flugplätze. All dies ist Aufgabe des Staates.

Die Kompetenzen, die jetzt der Regionalregierung zuzuschreiben sind, besonders im Bereich Außenhandel, beziehen sich vor allem auf die internationalen Messen, da auf Grund von § 11 des Autonomiestatuts die Generalitat hier die Kompetenz hat, Messen durchzuführen. Auch im Bereich Schiffahrt ist im Regionalautonomiestatut eine Kompetenzzuweisung an die Generalitat vorgesehen. Von diesen zwei Elementen ausgehend, d. h. die Kompetenzen für die Handelsmessen und die Aufsicht über die Handelskammern, zeigt sich klar, daß hier eine Förderungspolitik unternommen wurde, mit dem Ziel, die Wettbewerbsfähigkeit der katalanischen Unternehmen zu verbessern, und zwar vor allem auf den internationalen Märkten, da der spanische Markt von den zentraleuropäischen Märkten ziemlich weit entfernt ist. Die geringe Öffnung für spanische Produkte war der Anlaß für die katalonische Regierung, dies als Herausforderung für die eigene Wirtschaft zu betrachten; d. h. wir haben versucht, die katalanische Wirtschaft in den internationalen Märkten zu verankern. Seit dem Jahre 1977, in dem die katalanischen Ausfuhren ungefähr 19% der gesamtspanischen Ausfuhren betrugen, wurde im Jahre 1990 eine Steigerung verzeichnet, die bis zu 25% des Gesamtausfuhrvolumens beträgt. Es gab also eine Steigerung von 19 auf 25% zwischen 1977 und 1990. Das konnte nur erreicht werden, weil wir eine größere Dynamik aufweisen, weil unsere Unternehmen ihre Wirtschaftstätigkeiten in dynamischer Weise entwickeln konnten. Sie nützten alle Mechanismen aus, die der gemeinsame Markt Spaniens bot, das bedeutete eine Ausweitung und eine Konsolidierung der bereits bestehenden Märkte. Die Regionalregierung hat eine Umsetzung der Förderung der Verbesserung der Vermarktungsstrukturen positiv durchführen können; das begann 1981, noch bevor Spanien der EG beitrat. Es kam zu direkten Verhandlungen der katalanischen Wirtschaft, in Zusammenarbeit mit den Messen, den Außenhandelsstellen und den Wirtschaftskammern. Seit der Mitgliedschaft in der EG wurde vor allem ein Mechanismus entwickelt, der das Privatrecht betrifft. Die Generalitat hat ein Konsortium mit eigener juristischer Persönlichkeit zur Förderung des Handels gebildet, das privatrechtlich tätig wird und dem es weiters möglich war, eine Förderung des katalanischen Handels selbständig zu betreiben, innerhalb der Voraussetzungen und der Bedingungen, die die Kommission der EG vorsieht. Im Jahre 1987 wurde auf Grund eines Gesetzeserlasses der Generalitat im Rahmen einer gemischten Wirtschaft ein Konsortium zur Wirtschaftsförderung geschaffen , dem 5 Staatssekretariate Kataloniens angehören. Mitglieder sind auch die Handelskammern in Katalonien, die Unternehmensorganisationen, was unseren industriellen Vereinigungen entspricht und die internationalen Handelsmessen, die in Katalonien durchgeführt werden. Die Förderungstätigkeit auf internationaler Ebene konzentrierte sich mehr und mehr auf dieses Konsortium, das sich auf das Privatrecht stützt. Es gibt sechs Einrichtungen, es gibt Finanzinstitutionen, Forschungsinstitutionen, die in 56 verschiedenen Bereichen tätig sind und in 62 Ländern bestehen. Die Zusammenstellung dieser Ziele ging von einem Programm aus, in dem die Schaffung von Förderungszentren im Ausland vorgesehen war. Dieses Programm der Schaffung von Förderungszentren im Ausland, das die katalonische Regierung vorangetrieben hat, sieht eine Selbstfinanzierung vor. Das bedeutet, daß man so erreichen konnte, daß die Wirtschaftspolitik Kataloniens selbständig tätig wurde in Zusammenarbeit mit den verschiedenen Institutionen, die im Bereich unserer autonomen Region tätig sind. Dieses Konsortium verfügt derzeit über 25 Institutionen als ausführende Organe in verschiedenen Städten: Paris, Mailand, Stuttgart, London, Berlin, Brüssel, Kopenhagen, Warschau, Budapest, Prag, New York, San Francisco, Sidney, Mexiko, Santiago de Chile, Montevideo, Casablanca, Istanbul, Singapur, Teheran, Tokio und sogar in Hongkong. Diesen Programmen ist wie schon bei einem gestrigen Vortrag erwähnt, eine besondere Bedeutung zuzuweisen, bei der Notwendigkeit von seiten der autonomen Gemeinschaften Wirtschaftstätigkeiten zu planen und die Entwicklungspolitik innerhalb der engen Korsetts, die die verschiedenen Reglements der EG eigentlich auferlegen, auch mit Phantasie anzureichern.

Das Förderungsprogramm, so wie es sich derzeit in Katalonien darstellt, hat für das Jahr 1992 folgendes vorgesehen: Es sollen weltweit 44 Handelsdelegationen errichtet werden. Alle Aktivitäten, die in Katalonien durchgeführt werden, haben einen engen Zusammenhang mit dem was der spanische Staat zur Förderung der Ausfuhren unternimmt. In diesem Sinne haben alle diese Einrichtungen engen Kontakt zu den Außenhandelsstellen des spanischen Staates und allen Maßnahmen, die das Konsortium zur Förderung des Handels Kataloniens setzt. In allen Einrichtungen der Generalitat Kataloniens sitzt auch immer ein Vertreter der spanischen Handelskammern. Das ist eine in Europa vielleicht einzigartige Regionalstruktur. Von 1988 an wurde das besonders gefördert, andere europäische Regionen waren bemüht, seither ähnliche Strukturen aufzubauen. Im Feber 1991 haben wir in Lyon ein Seminar abgehalten, bei dem verschiedene europäische Regionalvertreter anwesend waren und wir daraufkamen, daß es in Österreich 25 regionale Institute für die Wirtschaftsförderung gibt.

Ich habe jetzt nur ein Beispiel gebracht und dies vielleicht genauer ausgeführt und gezeigt, wie auch eine Region internationale Wirtschaftsförderung betreiben kann und ich möchte damit im Rahmen dieses Seminars zeigen, daß wenn wir alle die Ziele der Entwicklung und der Gleichheit der Chancen erreichen wollen, von denen hier schon gesprochen wurde, und die als Ziel einer Regionalpolitik angesehen werden können, es auch notwendig ist, daß alle regionalen Einrichtungen die notwendigen Korrekturmechanismen aufweisen, die finanziell genügend ausgestattet sein und im engen Handelsaustausch sowohl mit den staatlichen Einrichtungen als auch mit allen Einrichtungen der EG stehen müssen. Dieser direkte Handelsaustausch soll dazu führen, daß es in dem Kompetenzbereich eine größere Flexibilität auf jeder Ebene geben soll, wobei aber die Allgemeinziele und die regionalpolitischen Ziele nicht aus den Augen verloren werden dürfen. Deswegen müssen wir immer ausgehen von den Mechanismen der Zusammenarbeit, aber voll die verschiedenen Instrumentarien ausnützen, die die Wirtschaftspolitik vorsieht, die in den Regionen und den Ländern und den autonomen Körperschaften und autonomen Gemeinschaften bereits vorhanden sind. Ich möchte nun zum Schluß kommen und vielleicht noch ganz kurz aufzeigen, daß von seiten Kataloniens heutzutage die Diskussion um den zweiten Punkt, den ich hier besprochen habe, kreist, nämlich um die Finanzierung der Wirtschaftstätigkeiten der Region und die Förderungsmaßnahmen für die Industrie; eine Diskussion, die zwar noch immer modellhaft geführt wird, die aber zu einer Verbesserung des Finanzierungsmodells der Industrien der autonomen Gemeinschaften führen soll. Wie Sie wissen, gibt es in Spanien zwei Möglichkeiten der Finanzierung der autonomen Gemeinschaften. Es gibt die gemeinsamen Finanzierungen und die regionalen Finanzierungen. In diesem Sinn ist Katalonien eine autonome Gemeinschaft, die sich auch durch staatliche Förderungsmittel finanziert. Hier gibt es nun zwei Ansätze für Reformen. Die erste bezieht sich auf eine Steigerung der Förderungsmittel, der Zuwendungen von seiten des Staates zur Ausübung seiner Kompetenzen. Der zweite Punkt betrifft eine Erhöhung des Handlungsspielraumes für diese Zuwendungen, die der Staat der Generalitat zukommen läßt, um auch politisch wirksam werden zu können.

Deutschland

Die Finanzhilfen der deutschen Bundesländer

Von Rudolf Streinz

I. Problemstellung

Die regionale Wirtschaftsförderung gehört zu den wenigen wichtigen Materien, die den deutschen Bundesländern zur eigenständigen Politikgestaltung verblieben sind. Eines ihrer Instrumente ist die Verbesserung der regionalen Wirtschaftsstruktur, geregelt in dem gleichnamigen Gesetz vom 6. Oktober 1969 (GRWG)[1], die als Gemeinschaftsaufgabe gemäß Art. 91a Abs. 1 Nr. 2 GG, wenngleich eingebunden in Vorgaben des Bundes, der Kompetenz der Länder unterfällt[2]. Auf diesem Gebiet wurden vielfältige Aktivitäten entwickelt[3], die in ihrem Umfang auch innerstaatlich kritisiert wurden[4]. In der Tat kann nach dem Sinn der Institution gefragt werden, wenn zwischenzeitlich fast zwei Drittel des (alten) Bundesgebiets zu Fördergebieten gemäß Art. 91a Abs. 1 Nr. 2 GG geworden waren[5]. Neben diesen durch Bundesrecht koordinierten regionalen Förderungsakten gibt es weitere regionale Unterstützungen durch die einzelnen Bundesländer[6]. Ferner ergreifen die Länder Förderungsmaßnahmen zu konjunkturpolitischen, aber auch anderen (volkswirtschaftlichen, sozialpolitischen, agrarpolitischen) öffentlichen Zwecken, zur Entwicklung bestimmter Wirtschaftsbereiche und zugun-

---

1 BGBl. I, S. 1861.

2 Vgl. *Ruhe,* in: Seifert / Hömig (Hrsg.), Grundgesetz für die Bundesrepublik Deutschland, 3. Aufl., Baden-Baden, 1988, Art. 91a, Rdnr. 1.

3 Vgl. *Maunz,* in: Maunz / Dürig (Hrsg.), Grundgesetz-Kommentar, Loseblatt, München, Art. 91a, Rdnr. 40; *Schmidt-Bleibtreu / Klein,* Kommentar zum Grundgesetz, 7. Aufl., Neuwied / Darmstadt, 1990, Art. 91a, Rdnr. 7; *Stahl,* in: Eberstein (Hrsg.), Handbuch der Regionalen Wirtschaftsförderung, 2. Aufl., Loseblatt, Köln-Marienburg, B III, S. 9 ff.

4 Vgl. *Schmidt-Bleibtreu / Klein* (Fn. 3), Art. 91a, Rdnr. 7.

5 Vgl. *Maunz* (Fn. 3), Art. 91a, Rdnr. 39, m. w. Nw.

6 Vgl. *Pfeifer,* in: Eberstein (Fn. 3), A VI, S. 19 ff. m. w. Nw; *Leibrock,* Die verfassungs- und europarechtlichen Probleme der Regionalförderung, Diss. Saarbrücken, 1989, S. 14 ff.; *Zuleeg,* Nationales Subventionsrecht als Wirkungsfeld und Wirkungsfaktor des Europäischen Subventionsrechts. Landesbericht Bundesrepublik Deutschland, in: Börner / Bullinger (Hrsg.), Subventionen im Gemeinsamen Markt, Köln / Berlin / Bonn / München, 1978, S. 7-55 (32) m. w. Nw.

sten des Mittelstandes[7]. Daneben hat sich eine eigene Wirtschaftsförderungspolitik der Kommunen etabliert[8].

Zu den Fördermaßnahmen zählen u. a. auch Finanzhilfen der Länder. Dazu gehören die Gewährung verlorener Kapital- oder Zinszuschüsse und zinsverbilligter Darlehen, die Übernahme von Bürgschaften oder bestimmter Investitionsfolgekosten sowie die verbilligte Überlassung von Grundstücken, Produktionsanlagen oder sonstiger Baulichkeiten als direkte Finanzhilfen[9]. Den wirtschaftlich gleichen Effekt haben steuerliche Verschonungssubventionen als indirekte Finanzhilfen. Sie unterscheiden sich zwar rechtlich und faktisch nach den Voraussetzungen und Folgen stark von den direkten Finanzhilfen[10], sind unter dem Gesichtspunkt eines Beihilfenverbots aber wegen des gleichen wirtschaftlichen Effekts mit einzubeziehen[11].

Gemeinschaftsrechtlich sind diesen Aktivitäten Schranken gesetzt. Gemäß Art. 3 lit. f EWGV soll der Gemeinsame Markt in einem System unverfälschten Wettbewerbs hergestellt werden. Dementsprechend sieht der EWG-Vertrag Wettbewerbsregeln vor, zu denen neben dem Kartell- und Mißbrauchsverbot und den Dumpingbestimmungen auch das grundsätzliche Verbot für staatliche Beihilfen gehört, die den Wettbewerb verfälschen oder zu verfälschen drohen, soweit sie den Handel zwischen den Mitgliedstaaten beeinträchtigen. Das Montanrecht enthält in Art. 4 lit. c EGKSV ein völliges Beihilfenverbot, das aber wegen mangelnder Aufsicht der EG-Kommission einerseits, der Genehmigung von Subventionen durch den sog. „Subventionscodex" andererseits konterkariert wurde[12]. Im Gegensatz dazu hat die Kommission im Bereich des EWG-Vertrages ihre Aufgabe erkannt und versucht, ihr gerecht zu werden. In ihrem Wettbewerbsbericht von 1982 heißt es dazu: „Die Europäische Gemeinschaft beruht auf einem marktwirtschaftlichen System. Ihre Existenz und ihr Fortbestand ist mit der Aufrechterhaltung eines unverfälschten Wettbewerbs verknüpft. Es ist Sache der Kommission, nach Maßgabe der Verträge für die Erfüllung dieser Aufgabe zu sorgen . . . Vor diesem Hintergrund hat sich die Kommission für eine Politik der Strenge gegenüber staatlichen Beihilfen entschieden"[13]. Dies war auch geboten, weil die Bedeu-

---

[7] Vgl. *Zuleeg*, ebd., S. 33 ff., m. w. Nw.

[8] Vgl. *v. d. Heide / Cholewa*, in: Eberstein (Fn. 3), A VI, S. 3 ff.; *Steinmetz*, Kommunale Wirtschaftsförderung durch Subventionen. Möglichkeiten und Grenzen aus wirtschaftsrechtlicher Sicht, BayVBl 1983, S. 97-103.

[9] Vgl. *Steinmetz*, ebd., S. 97.

[10] Vgl. *Berg*, Wirtschaftsverwaltungsrecht, in: Maunz / Obermayer / Berg / Knemeyer, Staats- und Verwaltungsrecht in Bayern, 5. Aufl., München, 1988, S. 531-603 (551).

[11] Vgl. *v. Wallenberg*, in: Grabitz (Hrsg.), Kommentar zum EWG-Vertrag, Loseblatt, München, Art. 92, Rdnr. 4; *Wenig*, in: v. d. Groeben / Thiesing / Ehlermann (Hrsg.), Kommentar zum EWG-Vertrag, 4. Aufl., Baden-Baden, 1991, Art. 92, Rdnr. 4.

[12] Vgl. dazu *Börner*, Gemeinsamer Markt und nationale Subventionen, in: Magiera (Hrsg.), Entwicklungsperspektiven der Europäischen Gemeinschaft, Berlin, 1985, S. 83-94 (88 ff.).

tung der staatlichen Beihilfen ständig zunahm und weiter zunimmt[14]. In ihren Bestrebungen zur Herstellung des Binnenmarktes, die bis zum 31. Dezember 1992 erreicht sein soll, hat die Kommission ihre Aktivitäten zur Ermittlung und Bekämpfung nationaler Beihilfen intensiviert[15]. Dies betraf auch die deutschen Bundesländer, weil auch ihre Beihilfen staatliche Beihilfen im Sinne des Art. 92 Abs. 1 EWGV sind[16]. Bei Erfüllung der tatbestandlichen Voraussetzungen gilt dies übrigens auch für die Beihilfen der Kommunen, auf die die Kommission ihr Augenmerk ausdehnen wird[17]. Ein gravierendes Beispiel für die zunehmende Aktivität der Kommission ist das Vorgehen gegenüber der als zu intensiv angesehenen Regionalförderung in der Bundesrepublik Deutschland als einem „reichen" Mitgliedstaat. Der bayerische Staatsminister Edmund Stoiber sprach sogar von einem „Kreuzzug gegen die Regionalförderung in der Bundesrepublik Deutschland"[18]. Dies geschah aufgrund einer 1985 vorgenommenen Änderung bzw. verschärften Anwendung der seit 1. Januar 1979 geltenden Beurteilungskriterien für die regionale Wirtschaftsförderung der Mitgliedstaaten[19]. Diese Änderung, auf die im einzelnen noch einzugehen ist, führte dazu, daß eine große Anzahl von Regionen von vornherein nicht mehr förderungswürdig ist, da sie die erforderlichen Schwellenwerte nicht erreichen. Gegen die von der Kommission entwikkelten Kriterien wurden sowohl seitens des Bundes[20] als auch seitens der Länder unterschiedlich motivierte und begründete Einwände vorgebracht[21], wobei die

---

13 Kommission der Europäischen Gemeinschaften, Zwölfter Wettbewerbsbericht 1982, S. 9.

14 Vgl. Kommission der Europäischen Gemeinschaften, Erster Bericht über Staatliche Beihilfen in der Europäischen Gemeinschaft, Brüssel / Luxemburg, 1989, S. 11 ff.

15 Vgl. Kommission der Europäischen Gemeinschaften, Vollendung des Binnenmarktes — Weißbuch der Kommission an den Europäischen Rat, Dok KOM (85) 310, S. 38, Nr. 158; Erster Bericht (Fn. 14), S. 1 f.

16 Vgl. *v. Wallenberg* (Fn. 11), Art. 92, Rdnr. 16; *Wenig* (Fn. 11), Art. 92 Rdnr. 8. Beides war früher strittig, vgl. ebd. m. w. Nw., kann heute aber angesichts der eindeutigen Rechtsprechung des EuGH (vgl. Urteil vom 14.10.1987, Rs. 248 / 84 — Deutschland / Kommission —, Rspr. 1987, S. 4013 ff. [4041], Entscheidungsgrund 17: „regionalen und lokalen Einrichtungen der Mitgliedstaaten") nicht mehr angezweifelt werden. Vgl. *Müller-Graff,* Die Erscheinungsformen der Leistungssubventionstatbestände aus wirtschaftsrechtlicher Sicht, ZHR 152 (1988), S. 403 - 438 (415).

17 Vgl. *Bleckmann,* Die kommunale Leistungsverwaltung, insbesondere die Subventionsvergabe im europäischen Binnenmarkt, NVwZ 1990, S. 820 - 823 (820).

18 *Stoiber,* Auswirkungen der Entwicklung Europas zur Rechtsgemeinschaft auf die Länder der Bundesrepublik Deutschland, EA 42 (1987), S. 543 - 552 (547).

19 Die Mitteilungen der EG-Kommission über Beihilfen mit regionaler Zielsetzung vom 4. November 1971, ABl. Nr. C 111, S. 7 und vom 26. Februar 1975, BullEG 2 / 1975, S. 27, Nr. 2108, wurden durch die Mitteilung vom 21. Dezember 1978 geändert und ergänzt, ABl. 1979 Nr. C 31, S. 9. Vgl. dazu *Wenig* (Fn. 11), Art. 92, Rdnr. 85. Zur Änderung seit 1985 vgl. *Leibrock* (Fn. 6), S. 21 f.

20 Vgl. Bundestags-Drucksache 9 / 1449, S. 1 f.; Bundesministerium für Wirtschaft (Hrsg.), Regionale Wirtschaftsförderung in der Bundesrepublik Deutschland, S. 34.

21 Vgl. den Beschluß des Bundesrats vom 16. Mai 1986, Bundesrats-Drucksache 150 / 86, Ziffern 5 und 10.

Haltung der Länder wegen divergierender Interessenlagen unterschiedlich ist[22]. Der daraus entstehende Streit wurde zwischen der Bundesregierung und der EG-Kommission dahingehend beigelegt, daß die Kommission ihre Schwellenwerte zwar wie bisher als Aufgreifkriterien für ihre Beihilfeprüfung, nicht mehr aber als verbindliches Kriterium zur Bestimmung der einzelnen Fördergebiete betrachten wird; ferner will sie den Bundesländern einen Spielraum für wirtschafts- und regionalpolitische Maßnahmen lassen, wobei abgesenkte Schwellenwerte zur Orientierung dienen sollen. Im Gegenzug verpflichtete sich die Bundesregierung, den Gesamtumfang der Förderung nach dem GRWG und der ergänzenden ländereigenen Maßnahmen hinsichtlich der Bevölkerung des Bundesgebietes von 45% auf 38% zu senken, was dazu führte, daß die Förderung nach der Gemeinschaftsaufgabe von 31% auf 29% der Bevölkerung, die landeseigenen Fördergebiete um zwei Drittel reduziert werden mußten[23]. Die Länder sahen sich dadurch in einem Kernbereich ihrer Tätigkeit bedroht und einigten sich — ungeachtet der angesprochenen Interessengegensätze — auf der Ministerpräsidentenkonferenz im Oktober 1987 auf folgende Aussagen zur „Sicherung einer eigenständigen und effektiven Wirtschaftsförderung der Länder gegenüber der EG-Kommission“:

> „Die Regierungschefs der Länder bekräftigen ihre Auffassung, daß auch im Bereich der Regionalpolitik der Grundsatz eines dezentralen Aufbaus Europas und das Subsidiaritätsprinzip verstärkt Beachtung finden müssen. Sie halten es insbesondere für erforderlich, daß die EG-Kommission den Ländern zur Sicherung einer eigenständigen, effektiven und flexiblen Wirtschaftsförderung einen größtmöglichen Handlungsspielraum beläßt und Maßnahmen der Beihilfeaufsicht auf im europäischen Maßstab relevante Wettbewerbsverzerrungen konzentriert“[24].

In einem weiteren Punkt dieser Entschließung wird das Verhältnis nationaler Regionalförderung zur EG-Regionalpolitik angesprochen:

> „Die Regierungschefs der Länder erwarten vor der von der Bundesregierung in Aussicht genommenen substantiellen Aufstockung der Mittelausstattung für die EG-Strukturfonds, daß in dieser für die Position der Länder essentiellen Frage ein qualitativer Fortschritt erreicht wird“[25].

Diese EG-Strukturpolitik, durch die auch die deutschen Bundesländer nicht unerhebliche Zuschüsse erhalten[26], wird von diesen keineswegs nur positiv gese-

---

[22] Vgl. dazu *Leibrock* (Fn. 6), S. 26 f.

[23] Vgl. Kommission der Europäischen Gemeinschaften, 17. Wettbewerbsbericht 1987, Ziff. 241. Zum Vollzug vgl. 18. Wettbewerbsbericht 1988, S. 194 ff., und 19. Wettbewerbsbericht 1989, S. 181 ff. Vgl. dazu und zu den Auswirkungen auf Länderebene Bulletin der Bayerischen Staatsregierung Nr. 6/88 vom 22. März 1988, S. 3.

[24] Beschluß der Ministerpräsidentenkonferenz vom 21./23. Oktober 1987 („10 Münchner Thesen zur Europapolitik“), abgedruckt als Dokument 1 in: *J. Bauer* (Hrsg.), Europa der Regionen. Aktuelle Dokumente zur Rolle und Zukunft der deutschen Länder im europäischen Integrationsprozeß, Berlin, 1991, S. 13 ff.

[25] Vgl. ebd.

hen. Vielmehr wird befürchtet, daß die EG-Strukturpolitik als konkurrierende EG-Kompetenz zur Wirtschaftsförderung allgemein interpretiert und nach ihrem Gebrauchmachen nationale Kompetenzen verdrängend angesehen würde. Durch entsprechende Erfahrungen gewarnt, verlangen die Länder insoweit eine rechtlich verbindliche Klarstellung[27].

Die Stillhaltevereinbarung zwischen der Kommission und der Bundesregierung war bis zum 31. Dezember 1990 befristet, wobei die Kommission für die Zeit danach bereits damals eine weitere Einschränkung des Fördergebietsumfangs verlangte. Diese ist, auch unter Berücksichtigung der durch die Wiedervereinigung Deutschlands eingetretenen Veränderungen, bereits in einem ersten Schritt erfolgt, wobei die Aufteilung der Reduzierung im Innern nicht immer ohne weiteres einsichtig war[28]. Die Frage, inwieweit diese Schritte gemeinschaftsrechtlich geboten waren oder das Gemeinschaftsrecht lediglich als „Prügelknabe" für unpopuläre hausgemachte Entscheidungen herhalten muß — eine auch anderweitig beliebte Methode —, läßt sich nur beantworten, wenn die Anforderungen des EG-Beihilferechts im einzelnen herausgearbeitet und dadurch der den Mitgliedstaaten — und in der Bundesrepublik Deutschland als Bundesstaat den Ländern — verbliebene Spielraum aufgezeigt wird.

II. Einzelne Fälle beanstandeter Finanzhilfen deutscher Bundesländer

Um die Tätigkeit der EG-Kommission zu veranschaulichen, sollen einige Fälle aufgezählt werden, in denen sie Finanzhilfen deutscher Bundesländer beanstandet hat:

Durch Entscheidung vom 10. Juli 1985 hat die Kommission eine Beihilfe durch den Bund und das Land Nordrhein-Westfalen gemäß dem Investitionszulagengesetz für Polyamid- und Polypropylen-Garnhersteller in Bergkamen für gemeinschaftsrechtswidrig erklärt und die Pflicht zur Rückzahlung derselben ausgesprochen[29]. Die dagegen erhobene Klage der begünstigten Firma Deufil war erfolglos[30].

---

26 Vgl. z. B. EG-Magazin 1987, Nr. 7 / 8, S. 27: Europäischer Regionalfonds: Millionenbeträge für deutsche Vorhaben.

27 Vgl. den Beschluß des Bundesrats vom 15.5.1986, Bundesrats-Drucksache 150 / 86, Ziffern 5 und 10. Die Bedenken richten sich hier insbesondere gegen die durch Art. 10 der Einheitlichen Europäischen Akte (= Art. 145, dritter Spiegelstrich n. F. EWGV) eingeräumte Delegation von Befugnissen an die Kommission.

28 Vgl. EG-Kommission, 19. Wettbewerbsbericht 1989 (Fn. 23), S. 182. So war in Bayern nicht ohne weiteres einsichtig, warum einerseits Teile des Zonenrandgebiets aus der Förderung herausgenommen wurden, während andererseits z. B. Garmisch-Partenkirchen Fördergebiet wurde.

29 Entscheidung Nr. 85 / 471 / EWG, ABl. 1985 Nr. L 278, S. 26 ff.

30 EuGH, Urteil vom 24.2.1987, Rs. 310 / 85 — Deufil / Kommission —, Rspr. 1987, S. 901 ff.

Durch Entscheidung vom 14. Dezember 1985 wurde eine Subvention des Landes Rheinland-Pfalz an Primäraluminiumhersteller in Ludwigshafen für unzulässig erklärt und die Rückforderung angeordnet[31].

Durch Entscheidung vom 29. Juli 1986 wurde eine Beihilfe des Landes Rheinland-Pfalz an die faserverarbeitende Industrie in Scheuerfeld für unzulässig erklärt, da Art. 92 Abs. 3 lit. a EWGV, wonach Beihilfen zur Förderung der wirtschaftlichen Entwicklung von Gebieten, in denen die Lebenshaltung außergewöhnlich niedrig ist, oder eine erhebliche Unterbeschäftigung herrscht, als mit dem Gemeinsamen Markt vereinbar angesehen werden können, auf die Bundesrepublik Deutschland insgesamt nicht anwendbar sei, da alle ihre Regionen über dem relevanten Gemeinschaftsniveau lägen[32]. Diese Ansicht entspricht der Rechtsprechung des EuGH[33].

Anders war dagegen der Fall der Entscheidung vom 29. Juli 1986 über die Zulässigkeit einer Beihilfe des Landes Rheinland-Pfalz zugunsten eines Unternehmens der metallverarbeitenden Industrie in Betzdorf, die auf Art. 92 Abs. 3 lit. c EWGV gestützt war[34]. Solche Regionalbeihilfen sind bei Vorliegen der Voraussetzungen auch nach Ansicht der Kommission im gesamten Gemeinschaftsgebiet möglich, da hier das Gemeinschaftsniveau lediglich ein Parameter ist, an dem sich die Schwellenwerte orientieren, im übrigen aber anerkannt wird, daß auch wirtschaftliche Ungleichgewichte innerhalb „reicher" Länder ausgeglichen werden können müssen. Dies wurde vom EuGH bestätigt[35]. Die Kommission erklärte die Beihilfe für unzulässig, weil die von ihr zugrundegelegten Schwellenwerte in dem betreffenden Gebiet nicht erreicht wurden[36]. Zur Schwellenberechnung der Kommission mußte der Gerichtshof sich bisher nicht äußern. In dem für die Auslegung des Art. 92 Abs. 1 EWGV bedeutenden Urteil vom 14. Oktober 1987 kam er dazu nicht mehr, weil er die angefochtene Entscheidung der Kommission vom 23. Juli 1984[37], die ein regionales Wirtschaftsförderungsprogramm Nordrhein-Westfalens für mit dem Gemeinsamen Markt unvereinbar erklärte, bereits wegen Verstoßes gegen die Begründungspflicht des Art. 190 EWGV für nichtig erklärte[38]. Damit steht fest, daß die Kommission nicht wie bisher ohne weiteres von der Erfüllung des Tatbestandes des Art. 92 Abs. 1 EWGV durch jede Beihilfe ausgehen kann[39].

---

31 Entscheidung Nr. 86 / 60 / EWG, ABl. 1986 Nr. L 72, S. 30 ff.

32 Entscheidung Nr. 87 / 99 / EWG, ABl. 1987 Nr. L 40, S. 22 ff.

33 Vgl. Rs. 248 / 84 (Fn. 16), Rspr. 1987, S. 4042, Entscheidungsgrund 19.

34 Entscheidung Nr. 87 / 98 / EWG, ABl. 1987 Nr. L 40, S. 17 ff.

35 Vgl. Rs. 248 / 84 (Fn. 16), Rspr. 1987, S. 4042, Entscheidungsgrund 19.

36 Vgl. ABl. 1987 Nr. L 40, S. 20.

37 Entscheidung Nr. 85 / 12 / EWG, ABl. 1985 Nr. L 7, S. 28 ff.

38 Rs. 248 / 84 (Fn. 16), Rspr. 1987, S. 4042, Entscheidungsgründe 21 und 22.

39 Vgl. dazu *Leibrock* (Fn. 6), S. 91; *ders.,* Vereinbarkeit eines Regionalförderprogramms mit dem Gemeinschaftsrecht, NJW 1989, S. 1416 - 1418 (1417).

Größere Publizität erzielte die Auseinandersetzung zwischen dem Land Baden-Württemberg und der Kommission wegen der Beihilfe für eine Werkansiedlung von Daimler-Benz in Rastatt. Auf massiven Druck der Kommission beschränkte sich Baden-Württemberg auf den Ausbau der Infrastruktur in der weiteren Umgebung des Werkes für 100 Millionen DM, während die unmittelbar mit dem Neubau des Werkes zusammenhängenden Aufwendungen, für die das Land weitere 100 Millionen DM zuschießen wollte, nun von der Daimler-Benz AG selbst getragen werden[40].

Diese „kranken" Fälle[40a] dürfen nicht darüber hinwegtäuschen, daß — wie allgemein im Rechtsleben — der Regelfall anders aussieht. So werden ständig „geräuschlos" Beihilfemaßnahmen der deutschen Länder von der Kommission genehmigt, worüber das Bulletin der EG Auskunft gibt[41].

III. Die Kontrolle der EG über die Finanzhilfen der Länder

1. Tatbestandliche Erfüllung des Beihilfeverbots

Gemäß Art. 92 Abs. 1 EWGV sind staatliche oder aus staatlichen Mitteln gewährte Beihilfen gleich welcher Art, die durch die Begünstigung bestimmter Unternehmen oder Produktionszweige den Wettbewerb verfälschen oder zu verfälschen drohen, mit dem Gemeinsamen Markt unvereinbar, soweit sie den Handel zwischen den Mitgliedstaaten beeinträchtigen. Daß der Begriff der Beihilfe extensiv zu verstehen ist, zeigt bereits der Wortlaut der Vorschrift: „Beihilfen gleich welcher Art". Gefordert wird dies auch vom Zweck der Vorschrift, Wettbewerbsverfälschungen zu verhindern. Der EuGH definiert Beihilfen als staatliche „Maßnahmen, die in verschiedener Form die Belastungen vermindern, welche ein Unternehmen normalerweise zu tragen hat"[42]. Charakteristisch ist die begünstigende Wirkung bei den Unternehmen und Produktionszweigen, denen sie gewährt wird, und deren fehlende äquivalente Gegenleistung[43]. Das grundsätzliche Beihilfenverbot gilt nur, soweit im EWG-Vertrag nicht etwas anderes bestimmt ist. Neben Vorschriften über die Landwirtschaftspolitik (Art. 40 Abs. 3, Art. 42 Abs. 2 EWGV) und die Verkehrspolitik (Art. 77 EWGV) ist hier insbesondere Art. 103 EWGV zu nennen, wonach die Konjunkturpolitik zwar als Angele-

---

[40] Vgl. dazu *Leibrock* (Fn. 6), S. 83; *Rengeling,* Grundlagen des Subventionsrechts und Kompetenzen aus der Sicht von Bund und Ländern, ZHR 152 (1988), S. 455-471 (459).

[40a] Beispiele aus neuester Zeit, insbesondere die „neuen Bundesländer" betreffend, bei *Kokott,* Nationales Subventionsrecht im Schatten der EG. Das Beispiel der Rückforderung von Subventionen, DVBl. 1993, S. 1235-1240 (1235), Fn. 1.

[41] Vgl. z. B. BullEG 3-1990, S. 17; BullEG 9-1990, S. 20; BullEG 10-1990, S. 31.

[42] EuGH, Urteil vom 23.2.1961, Rs. 30/59 — De Gezamenlijke Steenkolenmijnen in Limburg / Hohe Behörde —, Rspr. 1961, S. 1 ff. (43).

[43] Vgl. *v. Wallenberg* (Fn. 11), Art. 92, Rdnr. 6 und 7.

genheit von gemeinsamem Interesse betrachtet wird, aber, wie aus dem Wort „ihre" hervorgeht, in der Kompetenz der Mitgliedstaaten verbleibt[44]. Als Maßnahmen der Konjunkturpolitik nach Art. 103 EWGV sind daher Beihilfen allgemeiner Art für die gesamte Wirtschaft erlaubt[45]. Allgemein betrifft Art. 92 Abs. 1 EWGV nur Beihilfen für „bestimmte" Unternehmen (Merkmal der Spezialität). Unter dem Gesichtspunkt der Beihilfenkontrolle sind daher auch Maßnahmen zur Verbesserung der Infrastruktur einer bestimmten Region unbedenklich[46]. Allerdings kann es hier Abgrenzungsprobleme geben[47]. So darf die Erschließung und Vorhaltung von Industrie- und Gewerbegebieten nicht gezielt im Interesse eines bestimmten Unternehmens erfolgen, dem dann das erschlossene Grundstück unter dem Verkehrswert veräußert wird[48].

Art. 92 Abs. 1 EWGV bezieht sich auf „staatliche oder aus staatlichen Mitteln gewährte Beihilfen gleich welcher Art" und damit auf alle Beihilfen, die aus öffentlichen Mitteln finanziert werden. Folglich unterliegen Beihilfen, die von regionalen oder lokalen Einrichtungen der Mitgliedstaaten gewährt werden, unabhängig vom Status oder von der Bezeichnung dieser Einrichtungen, der Prüfung nach Art. 92 EWGV. Der EuGH hat dies in einem Urteil, das ein regionales Wirtschaftsförderungsprogramm Nordrhein-Westfalens betraf, ausdrücklich bekräftigt[49].

Bei manchen Maßnahmen kann die Abgrenzung zwischen Beihilfen und Maßnahmen gleicher Wirkung wie mengenmäßigen Beschränkungen zweifelhaft sein. Die Frage ist praktisch bedeutsam, weil das Verbot der Maßnahmen gleicher Wirkung unmittelbar anwendbar ist, während das Beihilfeverbot einer Konkretisierung durch die Gemeinschaftsorgane bedarf[50]. Ein Beispielsfall ist die bevorzugte Behandlung inländischer Betriebe bei der Erteilung öffentlicher Aufträge. Der EuGH hatte sich in einem Urteil vom 20. März 1990 mit einer italienischen Regelung zu befassen, die zur Förderung der Region Mezzogiorno vorschrieb, daß bei öffentlichen Lieferaufträgen 30% innerhalb der Region vergeben werden müssen. Der Gerichtshof sah darin einen Verstoß gegen die Grundfreiheit des freien Warenverkehrs (Art. 30 EWGV). Auch die eventuelle Qualifikation dieser

---

[44] Vgl. *Krämer,* in: Grabitz (Fn. 11), Art. 103, Rdnr. 2. Gleiches gilt für die Art. 103 EGV, der die Koordinierungspflicht auf die gesamte Wirtschaftspolitik erweitert, die aber ebenfalls („ihre") grundsätzlich in der Kompetenz der Mitgliedstaaten verbleibt.

[45] Vgl. *v. Wallenberg* (Fn. 11), Art. 92, Rdnr. 21; *Berg,* Zonenrandförderung. Verfassungs- und gemeinschaftsrechtliche Grundlagen und Perspektiven, Berlin, 1989, S. 50.

[46] *Schmidhuber,* Wettbewerbsschutz und Regionalförderung: Regionalpolitik und Beihilfenkontrolle in der Europäischen Gemeinschaft, in: Andreae / Kirchhoff / Pfeiffer (Hrsg.), Festschrift für Werner Benisch, Köln / Berlin / Bonn / München, 1989, S. 153-171 (159).

[47] Vgl. *v. Wallenberg* (Fn. 11), Art. 92, Rdnr. 21 m. w. Nw.; vgl. auch *Thöni / Ciresa,* Österreich und das Beihilfenaufsichtsrecht der EG, Wien, 1990, S. 24 f.

[48] Vgl. *Schmidhuber* (Fn. 46), S. 159.

[49] Rs. 248 / 84 (Fn. 16), Rspr. 1987, S. 4041, Entscheidungsgrund 17.

[50] Vgl. *v. Wallenberg* (Fn. 11), Art. 92, Rdnr. 90.

Regelung als Beihilfe im Sinne des Art. 92 EWGV bewirke nicht, daß sie vom Verbot des Art. 30 EWGV ausgenommen sei. Art. 92 EWGV könne nach ständiger Rechtsprechung keinesfalls dazu dienen, die Vorschriften des Vertrages über den freien Warenverkehr außer Kraft zu setzen, da beide Regelungen ein gemeinsames Ziel dahingehend verfolgten, den freien Warenverkehr zwischen Mitgliedstaaten unter normalen Wettbewerbsbedingungen sicherzustellen[51]. Damit werden die Möglichkeiten der Mitgliedstaaten eingeschränkt, benachteiligte Gebiete durch die Vergabe öffentlicher Aufträge zu unterstützen. Denn Unternehmen, die in bestimmten Regionen ansässig sind, dürfen nicht vorab festgelegte Anteile an öffentlichen Ausschreibungen vorbehalten werden. In Betracht käme bei Vorliegen der Voraussetzungen als zulässige Beihilfe allein ein Bonus bei den Vergabekriterien, z. B. daß das Angebot eines Begünstigten das des Mindestnehmenden um einen bestimmten Prozentsatz überschreiten darf[52].

Die Beihilfe muß den Wettbewerb verfälschen oder zumindest zu verfälschen drohen. Diese Differenzierung erklärt sich aus dem noch zu erörternden System der Beihilfenaufsicht der Kommission, das sich in repressive und präventive Mittel gliedert. Denn die tatsächliche wettbewerbsverfälschende Wirkung einer Beihilfe dürfte im präventiven Verfahren schwer nachzuweisen sein, da sich hier mangels Auszahlung der Beihilfe noch keine tatsächlichen Auswirkungen auf den Wettbewerb gezeigt haben können. Das Merkmal der Wettbewerbsverfälschung wurde bisher nicht eingehend untersucht. Wie die Kommission ging die herrschende Literatur davon aus, daß grundsätzlich jede Beihilfe eine Wettbewerbsverfälschung bewirke, da durch sie den Unternehmen ein unentgeltlicher Vorteil zugewendet werde, welcher zu einer Verbesserung ihrer Wettbewerbsfähigkeit gegenüber den Konkurrenten, die keine gleichartigen Zuwendungen erhielten, führe[53]. Dieser Ansatz hat den Vorteil der Klarheit und dürfte nicht zuletzt deshalb von der Praxis aufgegriffen worden sein. Gleichwohl ist fraglich, ob er den tatsächlichen Gegebenheiten in allen Fällen entspricht. Ist dies aber nicht der Fall, wird eine tatbestandliche Eingriffsvoraussetzung unterstellt und die Kommission maßt sich eine ihr nicht zustehende Kompetenz an. Dies ist so lange im Ergebnis unbedenklich, wie die Kommission ungeachtet ihres Ansatzes

---

51 EuGH, Urteil vom 20. 3. 1990, Rs. C-21 / 88 — Du Pont de Nemours Italiana SpA / Unità sanitaria locale Nr. 2 von Carrara —, Rspr. 1990 I, S. 889 ff. (922), Entscheidungsgrund 20.

52 Vgl. die Bevorzugungsbestimmung in § 2 Zonenrandförderungsgesetz. Allgemein zu solchen Bevorzugungsbestimmungen *Stober,* Handbuch des Wirtschaftsverwaltungs- und Umweltrechts, Stuttgart / Berlin / Köln, 1989, S. 719.

53 Vgl. das Vorbringen der Kommission in EuGH, Urteil vom 24. 2. 1987, Rs. 304 / 85 — Falck / Kommission —, Rspr. 1987, S. 871 ff. (878 f.). Vgl. auch den Schlußantrag des Generalanwalts Capotorti zum Urteil des EuGH vom 17. 9. 1980, Rs. 730 / 79 — Philip Morris / Kommission —, Rspr. 1980, S. 2671 ff. (2698 f.). Aus der Literatur vgl. *Thiesing,* in: v. d. Groeben / v. Boeckh / Thiesing / Ehlermann, Kommentar zum EWG-Vertrag, 3. Aufl., Baden-Baden, 1982, Art. 92, Rdnr. 31. Vgl. auch *v. Wallenberg* (Fn. 11), Art. 92, Rdnr. 24 f.

das Vorliegen einer Wettbewerbsverfälschung belegt. So ist die Kommission auch bei allen Einzelbeihilfen verfahren und hat für deren Prüfung eine Reihe von auch vom EuGH bestätigten Kriterien entwickelt[54]. Bei der Prüfung von Regionalprogrammen hat sie dagegen ohne nähere Begründung festgestellt oder besser gesagt behauptet, daß sie geeignet seien, den Wettbewerb zu verfälschen[55]. Der Grund für dieses unterschiedliche Vorgehen liegt auf der Hand: Im Zeitpunkt der Anmeldung eines Förderprogramms bei der Kommission lassen sich dessen tatsächliche Einwirkungen auf den Wettbewerb noch nicht feststellen, da durch dieses Programm erst die Konditionen für eine spätere konkrete Beihilfengewährung geschaffen werden. Welche Unternehmen dann im einzelnen durch die aufgrund des Programms zu gewährenden Investitionshilfen gefördert werden, stellt sich erst nach Inkrafttreten des Programms heraus[56]. Dieser aus ihrer Sicht verständlichen, aber von Art. 92 Abs. 1 EWGV nicht gedeckten Vorgehensweise der Kommission wurde durch das Urteil des EuGH vom 14. Oktober 1987 die Grundlage entzogen. Der Gerichtshof hat nämlich ausdrücklich entschieden:

> „Art. 92 Abs. 1 EWG-Vertrag unterscheidet nicht zwischen den verschiedenen Beihilfearten und sieht nicht vor, daß eine von ihnen automatisch in seinen Anwendungsbereich fällt“[57].

Der EuGH sieht dabei durchaus die geschilderten Nachweisprobleme bei einer Prognose und trägt ihnen auch Rechnung, er entläßt die Kommission aber nicht völlig aus ihrer in Art. 92 Abs. 1 EWGV angelegten Begründungspflicht:

> „In bestimmten Fällen kann sich zwar bereits aus den Umständen, unter denen die Beihilfe gewährt worden ist, ergeben, daß sie den Handel zwischen Mitgliedstaaten beeinträchtigt und den Wettbewerb verfälscht oder zu verfälschen droht; stets hat jedoch die Kommission diese Umstände wenigstens in der Begründung ihrer Entscheidung zu nennen ... Im Falle eines Beihilfenprogramms kann sich die Kommission darauf beschränken, die Merkmale dieses Programms zu untersuchen, um zu beurteilen, ob es wegen hoher Beihilfenbeträge oder -sätze, wegen der Merkmale der geförderten Investitionen oder wegen anderer in dem Programm vorgesehener Modalitäten den Beihilfeempfängern gegenüber ihren Wettbewerbern einen spürbaren Vorteil sichert und so beschaffen ist, daß es seinem Wesen nach vor allem Unternehmen zugute kommt, die sich am Handel zwischen den Mitgliedstaaten beteiligen“[58].

Mit dieser Aussage hat der EuGH auch erstmals zu der umstrittenen Frage Stellung genommen, ob die Wettbewerbsverfälschung im Sinne des Art. 92 Abs. 1 EWGV „spürbar“ sein muß. Im Gegensatz zu Art. 85 EWGV wurde dies bislang überwiegend verneint[59]. Gleichwohl führt der EuGH auch bei Art. 92 Abs. 1

---

54 Vgl. Rs. 730 / 79 (Fn. 53), Rspr. 1980, S. 2688.

55 Vgl. die Entscheidung vom 23.7.1984 (Fn. 37), ABl. 1985 Nr. L 7, S. 31.

56 Vgl. *Leibrock* (Fn. 6), S. 90.

57 Rs. 248 / 84 (Fn. 16), Rspr. 1987, S. 4041, Entscheidungsgrund 18.

58 Ebd.

EWGV zu Recht das Kriterium der Spürbarkeit ein[60]. Denn das Ziel ist die Bekämpfung wirksamer wettbewerbsverfälschender Maßnahmen. Fraglich bleiben aber die Kriterien der Spürbarkeit. Hier spielen quantitative Aspekte sicher eine Rolle und sie müssen schon aus Gründen der Praktikabilität der Ausgangspunkt sein. Sie dürfen aber nicht schematisch angewendet werden, sondern müssen einer positiven wie negativen Widerlegung zugänglich gemacht werden[61].

Schließlich muß die Beihilfe geeignet sein, den Handel zwischen den Mitgliedstaaten zu beeinträchtigen. Da die Beihilfe die Wettbewerbsfähigkeit von Unternehmen gegenüber anderen verbessert, wird in der Regel bei einer festgestellten Wettbewerbsverfälschung auch eine zwischenstaatliche Handelsbeeinträchtigung anzunehmen sein. Etwas anderes gilt aber dann, wenn sich die Wirkung der Beihilfe tatsächlich nur auf das Gebiet eines Mitgliedstaates beschränkt[62]. Problematisch sind auch hier die Prognosen insbesondere bei der präventiven Prüfung von regionalen Förderprogrammen. Pauschal von einer Indizwirkung der festgestellten Wettbewerbsbeschränkung auf die zwischenstaatliche Handelsbeeinträchtigung auszugehen, wie es die Kommission bisher getan hat, verbietet aber das tatbestandliche Erfordernis des Art. 92 Abs. 1 EWGV. Es ist auch mit dem Urteil des EuGH vom 14. Oktober 1987 nicht mehr vereinbar. Vielmehr sind auch bei diesem Prüfungsschritt die dort genannten Kriterien anzuwenden[63].

2. Die Beihilfeaufsicht der Kommission

Das Verfahren, das bei der Gewährung einer Beihilfe durch einen Mitgliedstaat (und das heißt auch durch eine seiner autonomen Körperschaften wie der deutschen Bundesländer) einzuhalten ist, regelt Art. 93 EWGV. Dieser begründet eine umfassende Zuständigkeit der Kommission, die bestehende Beihilfen in einem repressiven Verfahren zu überwachen, beabsichtigte Beihilfen in einem präventiven Verfahren zu kontrollieren hat.

a) Repressives Verfahren

Gemäß Art. 93 Abs. 1 EWGV überprüft die Kommission fortlaufend in Zusammenarbeit mit den Mitgliedstaaten die in diesen bestehenden Beihilferegelungen.

---

59 Vgl. *v. Wallenberg* (Fn. 11), Art. 92, Rdnr. 27 m. w. Nw. Vgl. auch die Nachweise bei *Wenig* (Fn. 11), Art. 92, Rdnr. 21, der selbst — allerdings ohne Hinweis auf das Urteil des EuGH in der Rs. 278 / 84 — für die Spürbarkeitsregel eintritt. Ohne Berücksichtigung des genannten Urteils des EuGH gegen die Spürbarkeitsregel *Hoischen,* Die Beihilferegelung in Artikel 92 EWGV, Köln / Berlin / Bonn / München, 1989, S. 62 ff.

60 Ebenso *Leibrock* (Fn. 6), S. 98.

61 Vgl. dazu näher *Leibrock* (Fn. 6), S. 99 f.

62 Vgl. *v. Wallenberg* (Fn. 11), Art. 92, Rdnr. 28 f.; *Schweitzer / Hummer,* Europarecht, 3. Aufl., Frankfurt / Main, 1990, S. 337.

63 Vgl. *Leibrock* (Fn. 6), S. 95 f.

Fortlaufende Prüfung heißt, daß mit der einmaligen Kontrolle einer bestimmten Beihilfe dieser Fall nicht ein für alle Mal erledigt ist. Dies kann durchaus für das präventive Verfahren dahingehend genutzt werden, daß z. B. ein Regionalprogramm, das eine Prognose erfordert, genehmigt wird, dann aber, wenn sich herausstellt, daß eine auf seiner Grundlage gewährte Beihilfe sich als wettbewerbsverfälschend im Sinne des Art. 92 Abs. 1 EWGV erweist, gemäß Art. 93 Abs. 2 EWGV eingeschritten wird[64]. Stellt die Kommission nämlich, nachdem sie den Beteiligten eine Frist zur Äußerung gesetzt hat, fest, daß eine von einem Staat oder aus staatlichen Mitteln gewährte Beihilfe mit dem Gemeinsamen Markt nach Art. 92 unvereinbar ist, oder daß sie mißbräuchlich angewandt wird, so entscheidet sie, daß der betreffende Staat sie binnen einer von ihr bestimmten Frist aufzuheben oder umzugestalten hat. Kommt der Staat dieser Entscheidung nicht nach, so kann die Kommission oder jeder betroffene Staat ohne Durchführung des Vorverfahrens gemäß Art. 169 und 170 EWGV unmittelbar den EuGH anrufen[65].

b) Präventives Verfahren

Art. 93 Abs. 3 EWGV eröffnet der Kommission die Möglichkeit, beabsichtigte Beihilfen vor ihrer Einführung auf ihre Vereinbarkeit mit dem Gemeinsamen Markt hin zu überprüfen. Damit die Kommission diese Aufgabe erfüllen kann, obliegt es den Mitgliedstaaten, sie von jeder beabsichtigten Einführung oder Umgestaltung von Beihilfen rechtzeitig zu unterrichten (Art. 93 Abs. 3 Satz 1 EWGV). Streitig ist, ob alle Beihilfen gemeldet werden müssen, oder nur diejenigen, deren Zulässigkeit fraglich ist[66]. Da es Aufgabe des Prüfungsverfahrens ist, sowohl das tatbestandliche Vorliegen einer Beihilfe als auch deren Zulässigkeit zu ermitteln, ist der Kommission jede beabsichtige Beihilfe zu melden[67].

---

64 Vgl. den Vorschlag von *Leibrock* (Fn. 6), S. 104 f. Diese Möglichkeit wird von der Kommission durchaus gesehen. So hat sie in ihrer Entscheidung vom 23.7.1984 (vgl. Fn. 37) einen Teil des regionalen Wirtschaftsförderungsprogramms Nordrhein-Westfalens genehmigt (vgl. ABl. 1985 Nr. L 7, S. 30 f.), für die fortlaufende Überprüfung aber die Vorlage entsprechender Berichte verlangt. Die rechtspolitische Forderung geht dahin, bei der Prognose für Regionalprogramme generell großzügiger zu sein, wobei die Intensität der nachfolgenden Kontrolle entsprechend differenziert ausgestaltet sein kann.

65 Art. 93 Abs. 2 U Abs. 2 EWGV.

66 Vgl. *Wenig,* in: v. d. Groeben / Thiesing / Ehlermann (Fn. 53), Art. 93, Rdnr. 40 m. w. Nw. für beide Ansichten.

67 Ebenso *Wenig,* ebd.; *v. Wallenberg* (Fn. 11), Art. 93, Rdnr. 54. Das damit verbundene Problem, eine Vielzahl von Beihilfeanmeldungen unterschiedlichen Gewichts prüfen und verbescheiden zu müssen, versucht die Kommission durch ein differenziertes Bearbeitungssystem zu bewältigen, das für Beihilfen, die bestimmte Grenzwerte nicht überschreiten, ein vereinfachtes Bearbeitungssystem vorsieht. Vgl. dazu *v. Wallenberg* (Fn. 11), Art. 93, Rdnr. 55 m. w. Nw.

Ist die Kommission der Auffassung, daß das fragliche Vorhaben gemäß Art. 92 EWGV mit dem Gemeinsamen Markt unvereinbar ist, leitet sie das für das repressive Vorgehen in Art. 93 Abs. 2 EWGV vorgesehene Verfahren ein (Art. 93 Abs. 3 Satz 2 EWGV). Der betreffende Mitgliedstaat darf die beabsichtigten Maßnahmen nicht durchführen, bevor die Kommission eine abschließende Entscheidung erlassen hat (Art. 93 Abs. 3 Satz 3 EWGV). Wird die Maßnahme gleichwohl durchgeführt und erweist sie sich als materiell rechtswidrig[68], ist die Kommission berechtigt und zur Wahrung der einheitlichen Anwendung des Gemeinschaftsrechts grundsätzlich verpflichtet, von dem betreffenden Mitgliedstaat ihre Rückgängigmachung zu verlangen[69].

c) Genehmigungsfähige Beihilfen

Zur Erreichung des Zieles der Herstellung eines unverfälschten Wettbewerbs verbietet der EWG-Vertrag grundsätzlich Beihilfen, die die Tatbestandsmerkmale des Art. 92 Abs. 1 EWGV erfüllen. Da aber auch sozial- und regionalpolitische Aspekte der Mitgliedstaaten Berücksichtigung finden sollen, sind eine Reihe von erlaubten Beihilfen vorgesehen. Dabei wird eine differenzierte Lösung gewählt. Primärrechtlich, nämlich durch Art. 92 Abs. 2 EWGV, sind bestimmte Beihilfen ausdrücklich erlaubt. Diese sind abschließend aufgezählt, nämlich Beihilfen sozialer Art an einzelne Verbraucher, wenn sie ohne Diskriminierung nach der Herkunft der Waren gewählt werden (z. B. verbilligter Bezug von Agrarprodukten oder Schulmilch, ohne Bevorzugung der einheimischen Anbieter)[70], Beihilfen zur Beseitigung von Notständen oder Katastrophen sowie Beihilfen für die Wirtschaft bestimmter durch die Teilung Deutschlands betroffener Gebiete der Bundesrepublik Deutschland, soweit sie zum Ausgleich der durch die Teilung verur-

---

68 Ob bereits ein bloßer formaler Verstoß gegen Art. 92 ff. EWGV zur Rückforderung genügt, ist strittig. Dafür *Wenig* (Fn. 11), Art. 93, Rdnr. 53, der dies unverständlicherweise mit dem Gedanken des Vertrauensschutzes in Verbindung bringt. Insoweit zutreffend dagegen *v. Wallenberg* (Fn. 11), Art. 93, Rdnr. 75. Anders als *v. Wallenberg* sieht *Wenig* dagegen zutreffend, daß bei alleiniger materieller Rechtswidrigkeit eine Rückforderung aus Grundsätzen des Vertrauensschutzes nicht in Betracht kommt, wenn die Kommission die Unbedenklichkeit bescheinigt hatte, es sei denn, die Unbedenklichkeitserklärung der Kommission wurde durch falsche Angaben erschlichen oder ist wegen grober Verfahrensfehler der Kommission nichtig. Der EuGH hat in Rs. C-354 / 90 — Fédération nationale du commerce extérieur des produits alimentaires / Französische Republik —, Rspr. 1991 I, S. 5505 ff. (5529) entschieden, daß Art. 93 Abs. 3 Satz 3 EWGV den Behörden der Mitgliedstaaten eine Verpflichtung auferlege, deren Verletzung die Gültigkeit der Rechtsakte zur Durchführung von Beihilfemaßnahmen beeinträchtige. Der spätere Erlaß einer abschließenden Entscheidung der Kommission, mit der diese Maßnahmen für mit dem Gemeinsamen Markt vereinbar erklärt werden, habe nicht die Heilung der ungültigen Rechtsakte zu Folge. Zu Recht kritisch dazu *Kokott* Fn. 40a), S. 1236 ff.

69 Zur Verfolgungspflicht der Kommission vgl. EuGH Rs. 84 / 82 — Deutschland / Kommission —, Rspr. 1984, S. 1451 ff. (1489). Zur Rückforderungspflicht vgl. EuGH Rs. 52 / 84 — Kommission / Belgien —, Rspr. 1986, S. 89 ff. (102), Entscheidungsgrund 8.

70 Vgl. *Schweitzer* / *Hummer* (Fn. 62), S. 337; *Wenig* (Fn. 11), Art. 92, Rdnr. 29 ff.

sachten wirtschaftlichen Nachteile erforderlich sind (Zonenrandförderung, Berlinhilfe)[71]. Für die Regionalpolitik der Länder ist allein letzteres interessant, wobei sich die Frage stellt, wie lange dieser Bestimmung nach der Wiedervereinigung West- und Mitteldeutschlands noch eine Bedeutung zukommt und welche[72].

Daneben können bestimmte Beihilfen als mit dem Gemeinsamen Markt vereinbar angesehen werden. Dies bedarf einer Konkretisierung durch einen Rechtsakt der EG, für den im Falle des Art. 92 Abs. 3 lit. d EWGV[72a] (sonstige Arten von Beihilfen) der Rat, im übrigen (Art. 92 Abs. 3 lit. a bis c EWGV[72b]) die Kommission zuständig ist. Gemeinsam ist diesen Befreiungsmöglichkeiten, daß dabei der Kommission ein relativ weites Ermessen eingeräumt wird und Beihilfen grundsätzlich nur freigestellt werden dürfen, wenn ihre wettbewerbsverzerrenden Wirkungen von einer im Gemeinschaftsinteresse liegenden Gegenleistung kompensiert werden[73].

Für die Regionalförderung durch die deutschen Länder im Rahmen der Gemeinschaftsaufgabe oder einer zusätzlichen Wirtschaftsförderungspolitik kommen grundsätzlich sowohl die Möglichkeiten des Art. 92 Abs. 3 lit. a (Beihilfen zur Förderung der wirtschaftlichen Entwicklung von Gebieten, in denen die Lebenshaltung außergewöhnlich niedrig ist oder eine erhebliche Unterbeschäftigung herrscht) als auch des lit. c (Beihilfen zur Förderung gewisser Wirtschaftszweige oder Wirtschaftsgebiete, soweit sie die Handelsbedingungen nicht in einer Weise verändern, die dem gemeinsamen Interesse zuwiderläuft) in Betracht. Für die „alten" deutschen Länder scheidet jedoch ersteres aus. Denn aus Wortlaut und System der Vorschrift ergibt sich unstreitig, daß damit nur Gebiete gemeint sind, in denen die wirtschaftliche Lage im Vergleich zur gesamten Gemeinschaft äußerst ungünstig ist[74]. Die erforderliche Konkretisierung wurde von der Kommission dahingehend vorgenommen, daß es sich um Gebiete handeln muß, in denen das Bruttoinlandsprodukt höchstens 75 % des Gemeinschaftsdurchschnitts beträgt[75]. Dies stimmt mit der Kategorisierung der Regionen für den Einsatz der Strukturfondsmittel der EG im Rahmen der gemeinschaftlichen Regionalpolitik überein[76]. Die Länder der alten Bundesrepublik Deutschland gehören insgesamt

---

[71] Vgl. *Schweitzer / Hummer* (Fn. 62), S. 338; *Wenig* (Fn. 11), Rdnr. 34 ff.

[72] Vgl. *Wenig* (Fn. 11), Art. 92, Rdnr. 37.

[72a] Seit dem Inkrafttreten des Unionsvertrages von Maastricht am 1. 11. 1993 Art. 92 Abs. 3 lit. e EGV.

[72b] Jetzt Art. 92 Abs. 3 lit. a bis d EGV.

[73] Vgl. *v. Wallenberg* (Fn. 11), Art. 92, Rdnr. 45.

[74] Vgl. EuGH, Rs. 248 / 84 (Fn. 16), Rspr. 1987, S. 4042 (Entscheidungsgrund 19).

[75] Vgl. die Mitteilung der Kommission über die Methode zur Anwendung von Artikel 92 Absätze 3 a) und c) auf Regionalbeihilfen (88 / C 212 / 02) vom 12. 8. 1988, ABl. Nr. C 212, S. 2 ff. (3).

[76] Vgl. Art. 8 Abs. 1 der Verordnung (EWG) Nr. 2052 / 88 des Rates vom 24. 6. 1988 über Aufgaben und Effizienz der Strukturfonds und über die Koordinierung ihrer Interventionen untereinander sowie mit denen der europäischen Entwicklungsbank und der anderen vorhandenen Finanzinstrumente, ABl. Nr. L 185, S. 9 ff.

nicht dazu. Dagegen können alle neuen Bundesländer auf dem Gebiet der ehemaligen DDR über die Strukturfonds der EG[77] und wohl auch über Beihilfen gem. Art. 92 Abs. 3 lit. a EWGV gefördert werden. Die gemachte Einschränkung rührt daher, daß eine brauchbare Datenbasis bisher nicht vorliegt. Für die alten Bundesländer verbleibt somit, wenn sie Regionalbeihilfen vergeben wollen, die tatbestandlich Art. 92 Abs. 1 EWGV unterfallen, lediglich die Genehmigungsmöglichkeit seitens der Kommission gemäß Art. 92 Abs. 3 lit. c EWGV. Diese Vorschrift unterscheidet sich von lit. a grundlegend dadurch, daß sie einerseits die Fördergebietskulisse erweitert, indem, anders als in lit. a (außergewöhnlich niedrige Lebenshaltung, erhebliche Unterbeschäftigung), keine besonderen Anforderungen an das „Wirtschaftsgebiet" gestellt werden, andererseits die Genehmigungsvoraussetzungen wesentlich verschärft, da die Förderung die Handelsbedingungen nicht in einer Weise verändern darf, die dem gemeinsamen Interesse zuwiderläuft, während in den Fällen der lit. a von einer grundsätzlichen Förderungsbedürftigkeit und -würdigkeit ausgegangen wird[78]. Es liegt auf der Hand, daß die Konkretisierung dieser Bestimmung, die der Kommission obliegt, Probleme bereitet. Die Kommission hat dazu Grundsätze festgelegt und publiziert, die eine einheitliche Beurteilung der sehr unterschiedlichen Förderpraxis der Mitgliedstaaten gewährleisten sollen[79]. Danach erfolgt die Beurteilung in erster Linie anhand der Indikatoren Bruttoinlandsprodukt / Einwohner und Arbeitslosenquote, in zweiter Linie anhand weiterer Elemente wie Entwicklungstendenzen der beiden Hauptindikatoren, Wanderungssalden und demographischer Daten, Bevölkerungsdichte, Zahl der Erwerbspersonen und Erwerbstätigen, Kennziffern zur Industrie- und Infrastruktur, Produktivität und Steuerkraft, Abhängigkeit von krisenanfälligen Branchen und geographische Lage der Region. In einem ersten Schritt werden die Hauptindikatoren Bruttoinlandsprodukt / Einwohner und Arbeitslosenquote mit den entsprechenden Durchschnittswerten für den jeweiligen Mitgliedstaat verglichen. Die Region wird als förderungswürdig eingestuft, wenn die Werte deutlich unter bzw. über dem nationalen Durchschnitt liegen, wobei der Abstand umso größer sein muß, je besser die wirtschaftliche Lage des Mitgliedstaats insgesamt ist. Damit erfolgt die Betrachtung nicht aus einer rein nationalen Sicht, sondern es wird das Gemeinschaftsinteresse mit einbezogen. Die Mindestabweichungen, die Schwellenwerte für eine zulässige Förderung darstellen, werden von der

---

[77] Vgl. dazu *Stremmel / Wedderkopf,* EG-Regionalpolitik und Deutsche Einheit, Zeitschrift für Rechtspolitik 1990, S. 369-373 (370 ff.); *Priebe,* Die Beschlüsse des Rates zur Eingliederung der neuen deutschen Bundesländer, EuZW 1991, S. 113-115 (115); *Repplinger,* Hilfen der EG für die Einheit Deutschlands, EuZW 1991, S. 79-83 (80 ff.).

[78] Vgl. *Schmidhuber* (Fn. 46), S. 163.

[79] Vgl. Fn. 19. Die Regelungen sind auch abgedruckt in Kommission der Europäischen Gemeinschaften, Wettbewerbsregeln der EWG und der EGKS für staatliche Beihilfen, Luxemburg, 1987, S. 79 ff. Aktuell ist die Mitteilung vom 12.8.1988 (vgl. Fn. 75), ABl. 1988 Nr. C 212, S. 2 ff. Alle Regelungen sind jetzt enthalten in Kommission der Europäischen Gemeinschaften, Wettbewerbsrecht in den Europäischen Gemeinschaften. Band II: Wettbewerbsregeln für staatliche Beihilfen, Brüssel / Luxemburg, 1990, S. 92 ff.

Kommission jährlich der aktuellen wirtschaftlichen Entwicklung angepaßt. 1987 führte die Kommission als weiteres Element für die Beurteilung der Fördergebietskulisse einen an der wirtschaftlichen Lage und Entwicklung des Mitgliedstaates (hier: Bundesrepublik Deutschland) maximalen Anteil der Bevölkerung in den Regionalfördergebieten ein[80].

Daß dic Kommission allgemeine, transparente und sachorientierte Kriterien für die Genehmigung von Beihilfen entwickeln muß, dürfte unstreitig sein. Dies gebieten schon die Grundsätze der Rechtssicherheit, des Gleichheitssatzes und der Ermöglichung einer gerichtlichen Kontrolle. Diese ist zwar beschränkt, weil der Kommission ein Ermessen eingeräumt ist. Dabei darf aber nicht ohne weiteres die deutsche Differenzierung zwischen Ermessen und unbestimmtem Rechtsbegriff und die daran anknüpfende unterschiedliche gerichtliche Kontrolldichte[81] zugrundegelegt werden[82]. Jedenfalls unterliegt einer gerichtlichen Nachprüfung, ob sich die Kommission bei der Festlegung der Kriterien im Rahmen ihrer Kompetenzen bewegt hat und ob sie sich im Einzelfall an ihre eigenen Kriterien gehalten hat. Ersteres wird von den deutschen Bundesländern, aber auch in der Literatur bezweifelt[83].

Die Frage der Kompetenzüberschreitung hängt an der Abgrenzung von (zulässiger) Prävention von Wettbewerbsfälschungen und (unzulässiger) eigenständiger Gestaltung der Wirtschaftsstruktur der Mitgliedstaaten durch die Kommission. Problematisch ist, daß die Setzung von Schwellenwerten die mitgliedstaatliche Kompetenz zur Gestaltung der Wirtschaftsstruktur massiv trifft, da eine große Anzahl von Regionen gänzlich aus der Förderung herausfällt. Dies ist von der Kommission auch beabsichtigt, um den regionalen Ausgleich innerhalb der Gemeinschaft zu beschleunigen. Diese Zielrichtung ist jedoch durch die Kompetenz zur Beihilfenaufsicht nicht mehr gedeckt[84]. Zwar hat die EG die Kompetenz zu einer gemeinschaftlichen Strukturpolitik. Diese ist bereits in der Präambel des EWG-Vertrages angelegt, wurde, gestützt auf Art. 145 und 235 EWGV, realisiert und kann sich jetzt seit Inkrafttreten der Einheitlichen Europäischen Akte auf konkretere Grundlagen, nämlich Art. 130a ff. EWGV, stützen[85]. Das genannte

---

80 Vgl. Kommission der Europäischen Gemeinschaften, 17. Wettbewerbsbericht 1987, S. 181 ff., insbesondere Ziff. 241. Zur folgenden Praxis vgl. EG-Kommission, 18. Wettbewerbsbericht 1988, S. 194 f., und 19. Wettbewerbsbericht, 1989, S. 181 ff.

81 Vgl. dazu *Maurer,* Allgemeines Verwaltungsrecht, 7. Aufl., München, 1990, S. 97 ff.

82 Vgl. *Schwarze,* Europäisches Verwaltungsrecht. Entstehung und Entwicklung im Rahmen der Europäischen Gemeinschaften, Baden-Baden, 1988, Band 1, S. 280 ff.

83 Vgl. dazu *Leibrock* (Fn. 6), S. 24 ff., S. 100 ff.; *M. Schneider,* Einwirkungen der EG-Kommission auf die Zuständigkeiten der Länder, in: Magiera / Merten (Hrsg.), Bundesländer und Europäische Gemeinschaft, Berlin, 1988, S. 235 - 248 (245 ff.); *M. Seidel,* Grundlagen des Beihilfenaufsichtsrechts der Europäischen Gemeinschaften, in: Börner / Neundörfer (Hrsg.), Recht und Praxis der Beihilfen im Gemeinsamen Markt, Köln / Berlin / Bonn / München, 1984, S. 55 - 82 (59 f.).

84 Zutreffend *Leibrock* (Fn. 6), S. 107.

Ziel der Kommission ist in Art. 130a Abs. 2 EWGV aufgeführt, wonach der Abstand zwischen den verschiedenen Regionen und der Rückstand der am wenigsten begünstigten Gebiete verringert werden soll. Die Strukturpolitik der EG, die insbesondere durch den Einsatz von Mitteln des Europäischen Fonds für Regionale Entwicklung (EFRE) erfolgt (vgl. Art. 130c EWGV), hängt auch durchaus mit der nationalen Regionalförderungspolitik zusammen, was in der Rahmenverordnung Nr. 2052 / 88 des Rates über Aufgaben und Effizienz der Strukturfonds und über die Koordinierung ihrer Interventionen untereinander sowie mit denen der Europäischen Investitionsbank und der anderen vorhandenen Finanzinstrumente vom 15. Juli 1988[86] deutlich wird. Die Kommission darf aber nicht das Beihilfeaufsichtsrecht dazu mißbrauchen, den Handlungsspielraum der Mitgliedstaaten über die in Art. 92 EWGV festgelegten Erfordernisse des Wettbewerbs hinaus einzuschränken. Die Gemeinschaft darf sich bei der Definition der wirtschafts- und regionalpolitischen Ziele nicht an die Stelle der Mitgliedstaaten oder ihrer Untergliederungen setzen[87]. Insoweit ist die Forderung, die Wahl der Kriterien und Indikatoren zur Bestimmung der nationalen Fördergebiete müsse der alleinigen Entscheidungsbefugnis der Mitgliedstaaten bzw. seiner Untergliederungen vorbehalten bleiben, da die Gemeinschaft keine „positive“ Beihilfepolitik zur Durchsetzung ihrer struktur-, regional- und sonstigen wirtschaftspolitischen Vorstellungen betreiben dürfe[88], zutreffend, aber nur dann, wenn im Auge behalten wird, daß diese Wahl der Mitgliedstaaten den gemeinschaftsrechtlichen Schranken des Beihilfeverbots, aber auch nur diesen, genügen muß. Diese Kompetenzverteilung zwischen Gemeinschaft und Mitgliedstaaten entspricht allein den Zielen des Art. 92 EWGV, die nicht nur die Beseitigung struktureller Ungleichgewichte zwischen den Mitgliedstaaten, sondern auch innerhalb der Mitgliedstaaten fordern. Gemeinschaftliche und nationale Strukturpolitik sind unter Beachtung dieses Zusammenhangs zu koordinieren[89]. Mit dem Einsatz des Beihilfenaufsichtsrechts zu einem repressiven, die regionalpolitischen Aktivitäten „rei-

---

85 Vgl. *Stabenow,* in: Grabitz (Fn. 11), Art. 130a bis Art. 130e; *Beschel,* in: v. d. Groeben / Thiesing / Ehlermann (Fn. 11), Vorbemerkung zu Art. 130a bis Art. 130e m. w. Nw.

86 ABl. Nr. L 185, S. 9 ff. (10): „Die Gemeinschaftsaktion soll die Aktionen der Mitgliedstaaten ergänzen oder in einer Beteiligung an nationalen Maßnahmen bestehen. Um deren eigene Initiativen auf der für geeignet gehaltenen räumlichen Ebene zu ergänzen und zu verstärken, ist für eine enge Konzertierung zwischen der Kommission, dem betreffenden Mitgliedstaat und von ihm bezeichneten, auf nationaler, regionaler, lokaler oder sonstiger Ebene zuständigen Behörden zu sorgen; dabei verfolgen alle Parteien als Partner im Rahmen ihrer eigenen Zuständigkeiten und Befugnisse ein gemeinsames Ziel“.

87 Vgl. *Schneider* (Fn. 83), S. 246. Zustimmend auch *Schmidhuber* (Fn. 46), S. 168 f., dessen Ansicht als EG-Kommissar (wenngleich in einer Publikation „privat“ geäußert) besondere Bedeutung zukommt.

88 Vgl. *K. Stahl,* Der Einfluß der Europäischen Gemeinschaften auf die Ausgestaltung der regionalen Wirtschaftspolitik in der Bundesrepublik Deutschland, Informationen zur Raumentwicklung 1986, S. 797 ff. (801).

89 Zutreffend *Schmidhuber* (Fn. 46), S. 169 ff.

cherer" Mitgliedstaaten einseitig beschränkenden Instruments überschreitet die Kommission ihre Kompetenzen und damit die Grenzen des ihr eingeräumten Ermessens.

d) Das Problem der Rückforderung rechtswidrig gewährter Beihilfen

Wird eine Beihilfe unter Verstoß gegen das Gemeinschaftsrecht gewährt, so verpflichtet die Kommission seit einiger Zeit regelmäßig die Mitgliedstaaten, diese vom Empfänger zurückzufordern und erhebt bei Nichterfüllung Klage zum EuGH[90]. Dies ist, wie bereits ausgeführt[91], grundsätzlich auch geboten. Probleme können sich aber daraus ergeben, daß die Rückforderung nach nationalem Recht erfolgt und hier der Grundsatz des Vertrauensschutzes eingreifen kann[92]. Dieser kann nicht ausgeschlossen werden, zumal er im Gemeinschaftsrecht selbst verankert ist. Der EuGH hat in seinem Urteil vom 24. Februar 1987 (Fall Deufil)[93], ungeachtet dessen, daß die Entscheidung im Ergebnis wohl richtig war, diese Problematik nicht erfaßt[94]. Geboten ist eine differenzierende Lösung dahingehend, ob die Beihilfe erkennbar problematisch war, so daß sich der Empfänger ihrer Genehmigung durch die Kommission vergewissern mußte[95]. Auch der EuGH ist mittlerweile zu einer differenzierenden Lösung gelangt, die jedenfalls im Ansatz durchaus zutreffend ist[96]. Wenn man zutreffend zwischen den Geneh-

---

90 Vgl. z. B. EuGH, Urteil vom 2.2.1989, Rs. 94 / 87 — Kommission / Deutschland —, Rspr. 1989, S. 175 ff.; Urteil vom 20.9.1990, Rs. C-5 / 89 — Kommission / Deutschland —, Rspr. 1990 I, S. 3437 ff.; Urteil vom 21.3.1990, Rs. C-142 / 87 — Belgien / Kommission —, Rspr. 1990 I, S. 959 ff.

91 Vgl. oben Fn. 69.

92 Die Frage kann hier nicht vertieft werden. Vgl. dazu z. B. *Fischer,* Zur Rückforderung von unter Verstoß gegen Art. 92, 32 EWGV gewährten nationalen Beihilfen, DVBl. 1990, S. 1089 - 1095; *Ehlers,* in: Erichsen / Martens (Hrsg.), Allgemeines Verwaltungsrecht, 9. Aufl., 1992, S. 62 ff.; *Papier,* Rechtsformen der Subventionierung und deren Bedeutung für die Rückabwicklung, ZHR 152 (1988), S. 493 - 508 (504 f.); *Steindorff,* Rückabwicklung unzulässiger Beihilfen nach Gemeinschaftsrecht, ZHR 152 (1988), S. 474 - 492 (481 ff.); *Streinz,* Vertrauensschutz und Gemeinschaftsinteresse beim Vollzug von Europäischem Gemeinschaftsrecht durch deutsche Behörden, Die Verwaltung 23 (1990), S. 153 - 182 (176 ff.); *ders.,* Der Einfluß des Europäischen Verwaltungsrechts auf das Verwaltungsrecht der Mitgliedstaaten. Dargestellt am Beispiel der Bundesrepublik Deutschland, in: Schweitzer (Hrsg.), Europäisches Verwaltungsrecht, Wien, 1991, S. 241 - 292 (279 ff.); *Schmidt-Räntsch,* Zur Behandlung EG-widriger Beihilfen, EuZW 1990, S. 376 - 379; *Kokott* (Fn. 40a), S. 1235 ff.

93 Rs. 310 / 85 (Fn. 30), Rspr. 1987, S. 901 ff. (927 f.)

94 Vgl. *Streinz* (Fn. 92), Europäisches Verwaltungsrecht, S. 280 f.

95 Vgl. ebd. S. 281 m. w. Nw.

96 Daß die allgemeinen Grundsätze der Anwendung nationalen Rechts und seiner Schranken anzuwenden, sind, stellt EuGH, Rs. 94 / 87 (Fn. 90), Rspr. 1990 I, S. 192 (Entscheidungsgrund 12) klar. Die gebotene Differenzierung nimmt EuGH, Rs. C-5 / 89 (Fn. 90), Rspr. 1990 I, S. 3456 ff. vor. Dem EuGH ist durchaus zuzustimmen, wenn er annimmt, daß es einem sorgfältigen Gewerbetreibenden regelmäßig möglich ist, sich zu vergewissern, ob das Verfahren des Art. 93 EWGV beachtet wurde (vgl. Entschei-

migungsanforderungen an Regionalprogramme und Einzelbeihilfen unterscheidet, darf man konsequenterweise aus der Genehmigung eines Regionalprogramms nicht ohne weiteres auf die Unbedenklichkeit einer Einzelbeihilfe aus diesem schließen.

e) Rechtsschutz der Bundesländer gegen Entscheidungen der Kommission

Von den deutschen Bundesländern wird gefordert, eine eigene Klagebefugnis beim EuGH eingeräumt zu bekommen[97]. Dabei wird übersehen, daß der EuGH eine solche Klagebefugnis in seinem Urteil vom 8. März 1988 bereits anerkannt hat[98]. Dabei ging es bezeichnenderweise um die — zulässige, aber nicht begründete — Klage einer Region gegen eine Entscheidung der Kommission, mit der diese die Gewährung einer Beihilfe durch die nach innerstaatlichem Recht dafür zuständige Region untersagte. Die dogmatische Begründung der Klagebefugnis durch den EuGH ist zwar völlig unzureichend, sie läßt sich aber durchaus aus Art. 173 Abs. 2 EWGV[98a] ableiten[99]. Die Forderung nach einer ausdrücklichen Verankerung im EWG-Vertrag bleibt jedoch berechtigt.

Innerstaatlich steht einer solchen Klage die Außenvertretungsbefugnis des Bundes gemäß Art. 32 GG nicht entgegen[100]. Denn es handelt sich um die Abwehr eines Eingriffs der Kommission in Rechte, die nach der innerstaatlichen Kompetenzordnung den Ländern zustehen. Dies muß, wenn es schon das Gemeinschaftsrecht ermöglicht, auch diesen obliegen.

---

dungsgrund 14). Der EuGH konzediert aber auch, daß sicherlich nicht auszuschließen ist, daß der Empfänger einer rechtswidrigen Beihilfe sich ausnahmsweise auf Umstände berufen kann, aufgrund deren sein Vertrauen in die Ordnungsmäßigkeit der Beihilfe geschützt ist, so daß er sie nicht zurückzuerstatten braucht. In einem solchen Fall ist es Sache des nationalen Gerichts, so es befaßt wird, alle Umstände zu würdigen und dem EuGH gegebenenfalls Auslegungsfragen vorzulegen (Entscheidungsgrund 16). Zutreffend hebt der EuGH die Verantwortung des Mitgliedstaats für eine ordnungsgemäße Handhabung des Beihilfenrechts hervor (ebd. S. 3457 f.). Unbefriedigend insoweit EuGH, Rs. C-354 / 90 (Fn. 68); vgl. *Kokott* (Fn. 40a), S. 1239 f. Der Fall zeigt, daß Antworten auf ihre Verallgemeinerungsfähigkeit geprüft werden müssen.

[97] Vgl. *Borchmann,* Doppelter Föderalismus in Europa. Die Forderungen der deutschen Länder zur politischen Union, EA 46 (1991), S. 340-348 (342).

[98] Vgl. EuGH Urteil vom 8.3.1988, verb. Rs. 62 und 72 / 87 Exécutif Régional Wallon / Kommisson, Rspr. 1988, S. 1573 ff. (1592).

[98a] Jetzt Art. 173 Abs. 4 EGV.

[99] Vgl. dazu *Streinz,* Die Landesparlamente im Spannungsfeld zwischen Integration und Regionalismus, in: Club Niederösterreich (Hrsg.), Die Europäische Integration — Perspektiven für Österreich, Heft 2 / 1990, S. 34-57 (46 ff.).

[100] Hinsichtlich der Forderung der Länder, eine eigene Klagebefugnis durch Änderung der EG-Verträge eingeräumt zu bekommen, verweigert das Auswärtige Amt unter Hinweis auf die Außenvertretungskompetenz des Bundes jegliche Konzession an die Länder, vgl. *Borchmann* (Fn. 97), S. 344. Dieses Argument kann aber einer durch das Gemeinschaftsrecht bereits eingeräumten Klagemöglichkeit der Länder bei Verletzung in eigenen Rechten keinesfalls entgegengehalten werden.

IV. Die Bewahrung einer eigenständigen Rolle der Bundesländer in der Regionalförderung

Es wurde gezeigt, daß die Klagen der deutschen Bundesländer, daß die Kommission unter Überschreitung ihrer Kompetenzen die ihnen zukommende Regionalförderung beschränke, ja zum Teil vollständig unmöglich mache, teilweise berechtigt waren. Die Einwände der Länder werden aber nur dann ernst genommen, wenn sie ihrerseits die berechtigte Rolle der Kommission in der Beihilfenaufsicht anerkennen und sich entsprechend verhalten. Das Urteil des EuGH vom 14. Oktober 1987[101] hat diese berechtigte Rolle unter Zubilligung praktikabler Ermessensspielräume bestätigt, im übrigen aber die Kommission in ihre Schranken gewiesen. Auf seiner Grundlage läßt sich die erforderliche Abgrenzung und Zuordnung von gemeinschaftlicher Regionalpolitik und Wettbewerbspolitik einerseits, mitgliedstaatlicher — und das heißt in einem Bundesstaat auch landeseigener — Regionalförderung andererseits vornehmen. Die EG ist auch im Rahmen der Regionalpolitik verpflichtet, auf Strukturen der Mitgliedstaaten zu achten. Daraus folgt, daß nicht nur die Durchschnittswerte der EG, sondern auch die Verhältnisse innerhalb des Mitgliedstaates bei der Beurteilung der Vereinbarkeit der nationalen Regionalförderung angemessen zu beachten sind. Bei erheblichen wirtschaftlichen Abweichungen einzelner Gebiete vom Durchschnitt des Mitgliedstaats müssen ausgleichende Regionalbeihilfen als zulässig angesehen werden, sodaß auch in einem wirtschaftlich prosperierendem Land wie der Bundesrepublik Deutschland die Beseitigung regionaler Ungleichgewichte nach eigenen Vorstellungen und Kriterien erlaubt ist, solange dadurch nicht unzulässige Wettbewerbsverzerrungen hervorgerufen werden. Die Kommission hat seither durchaus guten Willen erkennen lassen, wie z. B. der 1987 gefundene Kompromiß, der eine flexible Handhabung der Schwellenwerte verspricht, oder die Erhöhung der Werte der praktizierten De-minimis-Regel am 20. Februar 1990 zeigen[102]. Dies allein genügt freilich nicht[103], macht aber Hoffnung, daß weitere Schritte folgen. Die Regionalpolitik wäre nämlich ein besonders geeignetes Beispiel, den Gedanken des Subsidiaritätsprinzips konstruktiv für die Erreichung der gemeinsamen Ziele einzusetzen.

---

[101] Rs. 248 / 84 (Fn. 16), Rspr. 1987, S. 4013 ff.

[102] Vgl. die Mitteilung der Kommission „Anmeldung von Beihilferegelungen von geringer Bedeutung" (90 / C40 / 02) vom 20.2.1990, ABl. 1990 Nr. C 40, S. 2, abgedruckt auch in Wettbewerbsrecht (Fn. 79), S. 20 ff.

[103] Für eine materielle „De-minimis"-Regel (materielle Bagatellregelung), wie sie von den Ländern gefordert wird, vgl. *Schneider* (Fn. 83), S. 247 f., auch *Schmidhuber* (Fn. 46), S. 169 f.

Diskussion zu Thema 3 und Generaldebatte

Leitung: Univ.-Prof. Dr. Heinz Schäffer

Der Diskussionsleiter wirft die Frage auf, inwieweit Gebietsabgrenzungen und Kriterien für die Zulässigkeit bzw Genehmigungsfähigkeit von Förderungen mit der Kommission verhandelbar seien. *Streinz* konzediert, daß die meisten Fälle tatsächlich durch Verhandlungen mit dem begünstigten Unternehmen, dem gewährenden Mitgliedstaat, der Region und der EG-Kommission bereinigt würden. Veröffentlichungen darüber gebe es allerdings keine. Auch bei der Genehmigung von Programmen sei viel verhandelbar. Die Länder sollten allerdings Positionen, die nicht haltbar sind, nicht einbringen, sondern sachbezogen an die Kommission herantreten. Es gebe auch eine Forderung, ein eigenes Klagerecht der Länder zu verankern. In einem Einzelfall hat der EuGH auch schon der belgischen Region Wallonien ein Klagerecht gegen die Kommission zugestanden, allerdings mit der dogmatisch nicht haltbaren Begründung, daß das Klagerecht von niemandem bestritten worden sei. Eine mögliche dogmatische Begründung lasse sich aus Art. 173 Abs. 4 EGV (Gebietskörperschaften als juristische Personen) ableiten, denn das jeweilige Land sei ja unmittelbar und individuell betroffen. *Thöni* bezieht sich auf die österreichische Exportförderung. Es werde auf zwei Ebenen gefördert, 1. über direkte finanzielle Hilfen und 2. über die Außenhandelsvertretungen der Bundeswirtschaftskammer. Dem stehe eigentlich das EG-Exportförderungsverbot innerhalb der Mitgliedstaaten entgegen. Nach *Angerri* sind die von ihm geschilderten Außenhandelsstellen Kataloniens ein Beispiel dafür, welche Mechanismen und Handlungsspielräume eine autonome Region auch innerhalb des durch die EG vorgegebenen Rahmens noch haben könne. Es handle sich um eine privatrechtliche Konstruktion, die nicht den Einschränkungen der Kommission unterworfen sei. *Schäffer* wirft ein, daß es sich um eine Art gesellschaftliche Selbstverwaltung handle, wie sie in öffentlich-rechtlichen Verbänden oder Kammerorganisationen stattfinde.

Huber sieht in dem großen Ausgleichsziel und der regionalen Eigenständigkeit einer Teilregion zwangsläufig einen Widerspruch. Dies deshalb, weil nach EG-Recht nur benachteiligte Gebiete gefördert werden dürften und dabei EG-Maßstäbe, und nicht nationale angelegt würden. Dieses Grunddilemma lasse sich nur mildern, aber nicht aufheben. Die EG-Beschränkungen für die nationale Regionalförderung wären allerdings trotzdem sinnvoll, weil sie generelle Spielregeln und Übergrenzen darstellten, die allzu große Ungerechtigkeiten zwischen den einzelnen Mitgliedstaaten verhindern sollten. Ein weiterer Punkt sei die Zweifelhaftigkeit des ökonomischen Nutzens zahlreicher finanzieller Beihilfen gerade in Österreich, die in nur bescheidenen Summen bestehen und relativ kleinen Unternehmen gewährt würden. Ihnen könne man höchstens politische Rationalität zugestehen, d. h. Gewährung gesellschaftlicher Stabilität und Verhinderung von Aufruhr.

Huber merkt an, daß viele Innovationen im Förderungswesen ohne die für Österreich typische Konkurrenz zwischen Förderungseinrichtungen nicht stattgefunden hätten. Das gelte sowohl für die unterschiedlichen Förderungsinstitutionen auf der gleichen staatlichen Ebene, z. B. die verschiedenen Bundesförderungseinrichtungen, aber auch im Verhältnis zwischen Bund und Ländern. Man denke nur daran, wie sich der Gesichtspunkt der Regionalförderung in Österreich durchgesetzt habe. Man sollte also die Förderungslandschaft in Österreich zwar reformieren, es aber doch vermeiden, große monolitische Förderungsinstitutionen zu gründen. *Schäffer* stimmt zu, daß der Gesichtspunkt der Ideenkonkurrenz wichtig sei, gibt aber zu bedenken, daß die Gefahr des Subventionswettlaufs drohe. In Österreich bestehe die Tendenz zum Wachstum und zum Wuchern des Subventionswesens. Von Zeit zu Zeit unternommene Versuche der Eindämmung bzw Durchforstung und Redimensionierung hätten keine durchschlagenden Erfolge auf nationaler Ebene gezeitigt. Hier sei die Einschaltung der internationalen Ebene nicht unwichtig, erstens wegen der Ausgabenhöhe insgesamt, zweitens wegen des in der EG betonten ordnungs- und wettbewerbspolitischen Gesichtspunktes und drittens biete die supranationale Ebene eine bessere Argumentationsmöglichkeit bei der Durchsetzung wirtschaftspolitischer Orientierungen gegenüber Begehrlichkeiten und „unheiligen" politischen Koalitionen. Zuletzt kommt *Schäffer* noch auf das schon mehrmals skizzierte Bild vom „großen europäischen Haus" zurück. Es handle sich nicht um ein neues Haus, denn alle Mitgliedstaaten hätten schon ihre nationalen Häuser. Diese müßten aber zu einer großen Wohnanlage zusammengefügt werden, worin es eine für alle Hausbewohner geltende vernünftige Hausordnung geben müsse. Zuletzt brauche man gleichsam noch gute Innenarchitekten, die die Ausgestaltung der einzelnen Räume übernehmen. Dies aber sollte — im europäischen Ordnungsrahmen — doch jedem Land und jeder Region nach ihren Vorstellungen und Bedürfnissen überlassen bleiben.

Anhang

Anhang 1

Beteiligung der Länder, Regionen und autonomen Gemeinschaften in Angelegenheiten der Europäischen Gemeinschaften

Entschließung der Fünften Konferenz „Europa der Regionen"*

Die Regierungschefs, Präsidenten und Vertreter der in Braunschweig versammelten Länder, Regionen und Autonomen Gemeinschaften aus den Mitgliedstaaten der Europäischen Gemeinschaften

— in Bekräftigung ihres gemeinsamen Zieles, die Politische Union nach den Architekturprinzipien des Föderalismus und der Subsidiarität zu bauen, und der hierzu ergangenen konkreten Vorschläge der Konferenz „Europa der Regionen" in München, Brüssel, Riva del Garda und Linz,

— in der Überzeugung, daß zur Verwirklichung dieser Ziele die künftige Europäische Union in drei Stufen gegliedert und den Regionen eine Mitwirkungsmöglichkeit an den Entscheidungen der Union eingeräumt werden muß,

— in Kenntnis des in Maastricht am 9./10. Dezember 1991 beschlossenen und am 7. Februar 1992 unterzeichneten Vertrags über die Politische Union

nehmen die folgende Erklärung an:

I.

Die genannten Konferenzteilnehmer nehmen mit Genugtuung zur Kenntnis, daß in den *Vertrag über die Politische Union* das Subsidiaritätsprinzip, die Mitwirkungsmöglichkeit der Länder, Regionen und Autonomen Gemeinschaften im Rat und der Regionalausschuß aufgenommen und damit wesentliche Vorschläge der Konferenz „Europa der Regionen" verwirklicht worden sind. Sie würdigen dies als einen ersten Durchbruch der von ihnen erarbeiteten *Grundsätze des Föderalismus, des Regionalismus und der Subsidiarität auf europäischer Ebene*. Dieser erste Erfolg ist nicht zuletzt dem gemeinschaftsweit geschlossenen und beharrlichen Einsatz der Länder, Regionen und Autonomen Gemeinschaften zu verdanken, wie sie u.a. in den Beschlüssen der Konferenz „Europa der Regionen" und der Versammlung der Regionen Europas zum Ausdruck kommt.

---

* Konferenz am 29. und 30. April 1992 in Braunschweig / Niedersachsen. Hervorhebungen (in Kursivdruck) vom Herausgeber.

II.

Im einzelnen stellen die genannten Konferenzteilnehmer zu den Vereinbarungen von Maastricht fest:

1. Regionalausschuß

Sie bedauern, daß durch die Aufnahme der Kommunen in den Regionalausschuß das eigentliche Ziel der Regionen, eine Vertretung ausschließlich der dritten Ebene in der Europäischen Gemeinschaft zu schaffen, nicht vollständig erreicht ist. Zudem fehlt ein Klagerecht des Regionalausschusses. Daher fordern sie die Mitgliedstaaten auf, bei der nächsten Fortschreibung des Vertrags die Vorschriften über den Regionalausschuß mit dem Ziel zu ändern oder zu ergänzen, daß

— er ausschließlich den Vertretern der dritten Ebene vorbehalten bleibt und die Kommunen eine anderweitige eigenständige Vertretung — etwa den bestehenden Beirat der regionalen und lokalen Gebietskörperschaften — erhalten,

— er statt der nur beratenden Funktion ein Mitentscheidungsrecht erhält,

— ihm ein eigenständiges Klagerecht eingeräumt wird.

Sie dringen darauf, daß die Europäischen Gemeinschaften in Abstimmung mit der Versammlung der Regionen Europas unverzüglich die Voraussetzungen dafür schaffen, daß der Regionalausschuß mit Inkrafttreten des Vertrags über die Europäische Union seine Arbeit aufnehmen kann. Zudem appellieren sie an die Mitgliedstaaten, die Auswahl der in den Regionalausschuß zu entsendenden Vertreter ausschließlich den Ländern, Regionen und Autonomen Gemeinschaften oder, wo solche nicht vorhanden sind, den unmittelbar der obersten staatlichen Ebene nachgeordneten Gebietskörperschaft zu überlassen. Dabei wird davon ausgegangen, daß in den Regionalausschuß ausschließlich Vertreter der Länder, Regionen und Autonomen Gesellschaften entsandt werden und Kommunalvertreter nur aus solchen Mitgliedstaaten benannt werden, in denen eine regionale Ebene nicht besteht.

Sie erwarten, daß der Regionalausschuß die ihm eingeräumten Handlungsmöglichkeiten auf allen Gebieten von Anfang an mit ganzem Einsatz nutzt, damit die nunmehr geschaffenen Mitwirkungsmöglichkeiten der Regionen in der Europäischen Gemeinschaft umfassend ausgeschöpft werden.

2. Subsidiaritätsprinzip

Die genannten Konferenzteilnehmer appellieren an die Organe der Europäischen Gemeinschaften bei Wahrnehmung aller ihrer Aufgaben das *Subsidiaritätsprinzip strikt anzuwenden, damit es seine kompetenzbegrenzende und den Handlungsvorrang der niedrigeren Ebene sichernde Wirkung voll entfalten kann.* Vom Regionalausschuß erwarten sie, daß er auf die Einhaltung des Subsidiaritätsprinzips besonders achtet.

3. Mitwirkung im Ministerrat

Sie erwarten von den Regierungen der Mitgliedstaaten, entsprechend der vertraglich eröffneten Möglichkeit im Ministerrat immer dann die Mitwirkung von Ministern der

Regionalregierungen vorzusehen, wenn dort Angelegenheiten behandelt werden, die nach dem Recht des Mitgliedstaates im Schwerpunkt die Zuständigkeit der regionalen Ebene berühren.

4. Neue Zuständigkeitsbereiche der Gemeinschaft

Die Konferenzteilnehmer aus den EG-Mitgliedstaaten weisen darauf hin, daß durch die Ausdehnung der Zuständigkeiten der Gemeinschaft auf neue Bereiche wie Kultur, allgemeine Bildung, Gesundheit, transeuropäische Netze, Industrie und Verbraucherschutz die *Kompetenzen und Handlungsfreiräume der Länder, Regionen und Autonomen Gemeinschaften zusätzlich gefährdet werden können.* Daher appellieren sie an die Europäische Gemeinschaft, von diesen neuen Möglichkeiten nur zurückhaltend und unter strengster Beachtung des Subsidiaritätsprinzips Gebrauch zu machen, damit die gewachsenen föderalen und regionalen Strukturen in den Mitgliedstaaten auch weiterhin als Garanten der Vielfalt Europas, der Bürgernähe, der Demokratie und der Freiheit erhalten bleiben und ihre Kraft für den weiteren Aufbau der Politischen Union genutzt werden kann.

5. Klagerecht

Sie bedauern, daß ihrer Forderung nach einem eigenständigen Klagerecht der Länder, Regionen und Autonomen Gemeinschaften in dem Vertrag über die Politische Union nicht entsprochen wurde. Daher regen sie gegenüber den Regierungen der Mitgliedstaaten an, innerstaatliche Regelungen dahingehend zu treffen, daß sie auf Verlangen der Regionen von den im Vertrag über die Politische Union vorgesehenen Rechtsschutzmöglichkeiten Gebrauch machen, wenn diese durch ein Handeln oder Unterlassen von Organen der Union in eigenen Zuständigkeiten oder wesentlichen Interessen verletzt sind.

6. Wahl des Europäischen Parlaments

Sie bedauern, daß entgegen ihrem Vorschlag der Vertrag kein allgemeines und gleiches Stimmrecht für das Europäische Parlament auf der Basis regional bezogener Wahlverfahren vorsieht. Sie fordern die Mitgliedstaaten auf, dieses Anliegen zum nächstmöglichen Zeitpunkt zu verwirklichen.

7. Gestaltungsfreiheit für Strukturpolitik der Regionen

Mit der beabsichtigten Mittelerhöhung für die Strukturfonds der Gemeinschaft, der Einrichtung des in Maastricht vereinbarten Kohäsionsfonds und der geplanten Konzentration der Strukturmittel auf die ärmsten Regionen und Mitgliedstaaten muß ein *erheblich verbesserter Handlungsfreiraum für die eigenständige Strukturförderung der Länder, Regionen und Autonomen Gemeinschaften* einhergehen. Nur dann können sie auch künftig ihren Auftrag erfüllen, regionalen Unterschieden durch eine eigenständige und effektive Wirtschaftsförderung entgegenzuwirken. In Beachtung der Grundsätze des Föderalismus und der Subsidiarität muß die EG-Kommission ihre Beihilfeaufsicht auf

Maßnahmen beschränken, die europaweite Wettbewerbsverzerrungen mit sich bringen. Nicht die Nivellierung, sondem die Stärkung vorangeschrittener Regionen kommt auch den entwicklungsfähigen Regionen zugute.

III.

Die Konferenzteilnehmer empfehlen den Mitgliedstaaten, ihre Regionen zu stärken oder Regionen zu schaffen, wo solche noch nicht vorhanden sind, damit zum Ausgleich die in der Politischen Union zu erwartende weitere Zentralisierung durch ein kräftiges Gegengewicht ausgeglichen wird. Nur durch Ausbau und Stärkung der Regionen wird es gelingen, die Bürgernähe des Verwaltungshandelns zu sichem und die Vielfalt der historischen, politischen, kulturellen und sprachlich-ethnischen Traditionen als das besondere Erbe Europas zu bewahren.

IV.

Die Regierungschefs, Präsidenten und Vertreter der in Braunschweig versammelten Länder, Regionen und autonomen Gemeinschaften aus den nicht den Europäischen Gemeinschaften angehörenden Staaten unterstützen den Inhalt dieser Entschließung.

Anhang 2

Länderstandpunkte für die EG-Beitrittsverhandlungen

Beschluß der (österreichischen) Länderhauptmännerkonferenz vom 19. Juni 1992*

1. *Die Landeshauptmännerkonferenz ist seit 4. Juni 1987 durch eine Reihe von Beschlüssen immer wieder für eine Beteiligung Österreichs an der europäischen Integration eingetreten.* Sie hat bereits am 13. November 1987 die Bundesregierung ersucht, die Teilnahme Österreichs am gemeinsamen Markt mit dem *Ziel der Vollmitgliedschaft Österreichs in der EG so rasch wie möglich anzustreben.* Sie hat folglich am 29. Juni 1989 die Auffassung der Bundesregierung unterstützt, daß die angestrebte volle und umfassende Teilnahme Österreichs am Binnenmarkt der EG letztlich nur durch eine EG-Mitgliedschaft erreicht werden kann. *Die Länder vertreten diese Linie auch weiterhin, weil Österreich nur bei einer EG-Mitgliedschaft das künftige Europa mitgestalten kann.*

2. Die Länder erwarten eine angemessene Beteiligung an den EG-Beitrittsverhandlungen im Sinne der Vereinbarung zwischen dem Bund und den Ländern gemäß Art. 15a B-VG über die Mitwirkungsrechte der Länder und Gemeinden in Angelegenheiten der europäischen Integration. Diese Beteiligung soll auch durch eine Einbindung von Ländervertretern in österreichische Verhandlungsdelegationen erfolgen.

   Insbesondere in folgenden Bereichen haben die Länder besondere Interessen, die in die Verhandlungen einzubringen wären.

   2.1. Transitverkehr:

   Die auf Umweltbelange ausgerichtete Verkehrspolitik Österreichs im Straßengüterverkehr ist beizubehalten. Insbesondere darf der Inhalt des bilateralen Transitabkommens Österreich-EG durch einen Beitrittsvertrag nicht aufgehoben werden. Neben dem alpenquerenden ist der stark steigende Transitverkehr von und nach Osteuropa gleichrangig zu berücksichtigen.

   2.2. Liegenschaftsverkehr:

   Österreich soll zu keiner weitergehenden Liberalisierung des Grunderwerbes durch Personen ohne Wohnsitz im Inland verpflichtet werden als derjenige EG-Mitgliedstaat, dem diesbezüglich das EG-Recht den größten Handlungsspielraum zugesteht. Es ist daher ein ähnlicher Vertragsbestandteil anzustreben wie das

---

* Quelle: 17. Bericht des Instituts für Föderalismusforschung über die Lage des Föderalismus in Österreich (Wien 1993), S. 217 ff. Hervorhebungen (in Kursivdruck) vom Herausgeber.

Protokoll betreffend den Erwerb von Immobilien in Dänemark zum Vertrag über die Europäische Union.

2.3. Landwirtschaft:

Die Struktur der bäuerlichen Familienbetriebe in der österreichischen Landwirtschaft soll erhalten bleiben. Bei den EG-Beitrittsverhandlungen sind daher jene Wettbewerbsnachteile der österreichischen Produzenten hervorzuheben, die sich vor allem aus der Struktur der bäuerlichen Familienbetriebe, der topographischen und klimatischen Gegebenheiten und der Schonung der Umwelt ergeben, um eine flächendeckende bäuerliche Bewirtschaftung abzusichern. Die Weiterexistenz der Betriebe sollte neben dem Erlös der von ihnen erzeugten Produkte auch durch eine Abgeltung für Landschaftspflegeleistungen zur Erhaltung der Natur- und Kulturlandschaft gewährleistet sein.

2.4. Regionalpolitik und Wirtschaftsförderung:

Die Strukturprobleme mancher benachteiligter Gebiete in Österreich sowie die Entwicklungsunterschiede zwischen den einzelnen Bundesländern sind in die Verhandlungen mit dem Ziel einzubringen, daß sie in der EG-Regionalpolitik Berücksichtigung finden, insbesondere durch die Anerkennung der Förderungswürdigkeit auch kleinräumiger Problemgebiete.

Im Hinblick auf die diesbezügliche Bedeutung der Eurostat-NUTS-Gliederung *ist die Anerkennung der Bundesländer als Regionen auf NUTS-II-Ebene anzustreben.* Die weitere Untergliederung in statistische Gebietseinheiten der NUTS-II-Ebene sollte grundsätzlich in jedem Land möglich sein.

2.5. Ländervertretung in europäischen Gremien:

Die Länder streben eine dauernde Vertretung in jenen europäischen Gremien an, die den selbständigen Wirkungsbereich der Länder berühren oder sonst für sie von Interesse sein können. Als solche kommen insbesondere in Betracht:

— der EG-Rat,
— der Ausschuß der Regionen,
— der Transitausschuß,
— die maßgeblichen Ausschüsse und Beiräte der EG-Kommission,
— die Gremien der Europäischen Organisation für technische Zulassungen (EOTA) sowie
— die Gremien des Europäischen Komitees für Normung (CEN), die das Bauwesen betreffen.

2.6. Finanzpolitik:

Durch die voraussichtliche Position Österreichs als Nettozahler in der EG sowie durch die Steuerharmonisierung, insbesondere im Bereich der Mehrwertsteuer, könnten sich für die Landesbudgets erhebliche Einnahmenausfälle ergeben. Es wäre daher dafür Sorge zu tragen, daß die Länder und Gemeinden ihre Aufgaben auch weiterhin erfüllen können. Darüber hinaus werden besondere Maßnahmen erforderlich sein, um die bestehenden Unterschiede in der Finanzmittelausstattung der einzelnen Länder auszugleichen und um bestehende Unterschiede in den Lebensverhältnissen abzubauen.

3. Die Länder behalten sich vor, diese Problemfelder noch zu präzisieren und spezifische Interessen einzubringen, sowie bindende Stellungnahmen auf Grund der Vereinbarung gemäß Art. 15a B-VG über die Mitwirkungsrechte der Länder und Gemeinden in Angelegenheiten der europäischen Integration abzugeben.

Verzeichnis der Teilnehmer

Alonso, Luis, p. A. Generalitat de Catalunya, Departament de la Presidència, Institut d'Estudis Autonòmics, Palau Centelles, Baixada de Sant Miquel 8, E-08002 Barcelona.

Angerri, Jaume, Präsident des Consorci de Promoció Commercial de Catalunya (Barcelona).

Bachmann, Susanne, Dr., Univ.-Ass., Universität Salzburg, Institut für Verfassungs- und Verwaltungsrecht, Kapitelgasse 5-7, A-5020 Salzburg.

D'Andrea-Schneidinger, Alice, Kuferzeile 17, A-4810 Gmunden.

Esteve Pardo, José, Prof. Dr., Universidad de Barcelona, Facultet de Dret, Avda Diagonal, 684, E-08034 Barcelona.

Gasteiger, Arno, Dr., Landeshauptmannstellvertreter, Amt der Salzburger Landesregierung, Chiemseehof, A-5010 Salzburg.

Grussmann, Wolf-Dietrich, Dr., Univ.-Ass., Universität Salzburg, Institut für Verfassungs- und Verwaltungsrecht, Kapitelgasse 5-7, A-5020 Salzburg.

Haslauer, Wilfried, Dr., Landeshauptmann a. D. (inzwischen verstroben).

Huber, Wolf, Dipl.-Ing. Mag. OR, Bundeskanzleramt, Abteilung für Raumplanung und Regionalpolitik, Renngasse 5, A-1010 Wien.

Jahnel, Dietmar, RA Dr., Univ.-Ass., Universität Salzburg, Institut für Verfassungs- und Verwaltungsrecht, Weiserstraße 22, A-5020 Salzburg.

Kainz, Manfred, Mag., Vereinigung Österreichischer Industrieller, Schwarzenbergplatz 4, A-1030 Wien.

Karner, Josef, Mag., Büro des LH-Stv. DDr. Peter Schachner, A-8011 Graz-Burg.

Kirchtag, Wolfgang, Dr., Landtagspräsidium, Chiemseehof, A-5010 Salzburg.

Lluch, Amparo, Mag., Dissertantin bei Prof. Pernthaler, p. A. Universität Innsbruck, Innrain 80, A-6020 Innsbruck.

Lotze, Klaus-Peter, Dr., Regierungsdirektor, Bayerisches Staatsministerium für Wirtschaft und Verkehr, Prinzregentenstraße 28, D-80538 München.

Marin, Emili, (p. A. Alonso).

Montoro Chiner, María Jesús, Prof. Dr., Universidad de Barcelona, Facultat de Dret, Departament de Dret Administratiu, Avda. Diagonal, 684, E-08034 Barcelona.

Patrono, Mario, Prof. Dr., Libera Università Internazionale degli Studi Sociali (LUISS), Viale Pola, 12, I-00198 Roma.

Puig, Miquel, Generaldirektor für Industrie der Generalitat von Catalunya (Barcelona).

Radichevich, Gabriela, Dr., V.-Ass., Universität Salzburg, Institut für Verfassungs- und Verwaltungsrecht, Kapitelgasse 5-7, A-5020 Salzburg.

Reif-Breitwieser, Friedrich, RA Dr., Hohlweggasse 13, A-1030 Wien.

Reinoso, Pere, (p. A. Alonso).

Ruth, Peter, Dr., Präsidentenkonferenz der Landwirtschaftskammern Österreichs, Löwelstraße 12, A-1014 Wien.

Salinas, Fernando, Bonavista 112, E-08960 Sant Just Desvern (Barcelona).

Schäffer, Heinz, Univ.-Prof. Dr., Universität Salzburg, Institut für Verfassungs- und Verwaltungsrecht, Kapitelgasse 5-7, A-5020 Salzburg.

Schindegger, Friedrich, Dipl.-Ing. Dr., Österreichisches Institut für Raumplanung, Franz-Josefs-Kai 27, 1010 Wien.

Sprohar-Heimlich, DDr., Helga, Univ.-Ass., Universität Salzburg, Institut für Handelsrecht, Churfürststraße 1, A-5020 Salzburg.

Stober, Rolf, Prof. Dr., Universität Münster, Bispinghof 24 / 25, D-48143 Münster.

Stolzlechner, Harald, Univ.-Prof. Dr., Universität Salzburg, Institut für Verfassungs- und Verwaltungsrecht, Kapitelgasse 5-7, A-5020 Salzburg.

Streinz, Rudolf, Prof. Dr., Universität Bayreuth, Universitätsstraße 30, D-95447 Bayreuth.

Thöni, Erich, Univ.-Prof. Dr., Institut für Finanzwissenschaft der Universität Innsbruck, Herzog-Friedrichstr. 3, A-6020 Innsbruck.

Tornos i Mas, Joaquim, Prof. Dr., Universidad de Barcelona, Facultat de Dret, Avda. Diagonal, 684, E-08034 Barcelona.

Vilaseca i Marcet, Josep, Dr., Direktor des Institut d'Estudis Autonòmics, Palau Centelles, Baixada de Sant Miquel, 8, E-08002 Barcelona.